유아 과학교육

이순형 · 김혜라 · 권미경 · 서주현 · 전가일
김유미 · 임여정 · 김은영 · 심도현 공저

학지사

SCIENCE EDUCATION FOR YOUNG CHILDREN

머리말

인간이 인지적으로 발달하고 성취하는 것이 얼마나 중요한 일인지는 두말할 필요가 없다. 인지는 신체, 정서와 함께 상호작용하며 발달하여 인간이 사회 속에서 자신의 기능을 적절히 발휘하면서 살 수 있도록 한다. 특히 인지적인 능력은 유아기뿐 아니라 아동기, 청소년기의 학업과 관련되면서 대학 입시에 영향을 미치고 결국 직업 선택과 직업 지위를 결정하는 데 영향을 주는 요인이 되고 있다.

생애 초기 중 유아기는 뇌 발달이 가장 빠른 시기다. 유아기의 뇌세포 수는 성인기 뇌세포 수의 150%이며, 이 뇌세포들은 적절한 인지적 자극을 통해 수초화를 형성하여 뇌 발달을 촉진한다. 생애 초기 뇌 발달은 평생 지적 성장을 좌우하고 지적 성취를 이루는 토대가 되기 때문에 유아기에 적절한 지적 자극을 받는 것은 대단히 중요하다. 과학 능력 발달을 증진시키기 위해서도 이러한 지적 자극은 필수적이다.

유아들은 자연을 통해서, 또한 일상생활 속에서 과학적인 자극을 받는다. 뛰어가던 유아는 맞바람을 통해 가슴에 부딪히는 힘을 느낀다. 바람을 맞으며 돌아가는 팔랑개비를 보고서 대관령에 서서 바람을 맞고 돌아가는 팔랑개비 모양의 풍력발전을 이해한다. 바다를 바라보면서 바람과 파도의 높이를 직감적으로 알고 그 힘의 크기에 압도당한다. 살고 있는 아파트 놀이터에서 시소를 타고 무게의 크고 작음을 통해 힘의 균형을 느끼기도 한다. 우리 주위의 사물이 모두 물리적 지식의 원천이 되기 때문이다. 마찬가지로 앞마당에 핀 꽃과 무당벌레를 보고서 유아는 생명현상을 알고 하늘의 해, 달, 별, 구름을 보면서 지구와 우주에 대해 관심을 갖게 된다.

유아가 자연과 일상생활 속에서 받아들이는 지식은 초보적이고 피상적인 것이다. 아직은 자연과 일상생활에서 얻은 것들이 구체적인 과학적 원리에서 구성된 개념체로서 지식이 되지 못한 채 막연한 느낌으로 남아 있다. 부모나 교사는 유아의 내면을 읽어 내는 안테나를 지니고 있는 사람들로서 유아의 내면에서 느껴지는 것, 즉 유아가 막연히 직감적으로 느끼는 물리적 현상의 원리를 구체적 사물을 통해서 명확하고도 실제 사용이 가능한 교육내용으로 구성하는 작업을 할 필요가 있다. 이 책은 이러한 요구에 부응하여 유아 과학교육의 전문가인 여러 저자가 모여 집필한 결과물로서, 1장은 이순형, 2장은 권미경, 3, 4장은 김혜라, 5장은 심도현, 6장은 김은영, 7장은 서주현, 8, 9장은 김유미, 10장은 임여정, 전가일이 각각 맡아 집필하였다.

이 책은 유아 과학교육을 새로운 관점에서 접근하고 기본 과학 지식을 바탕으로 구성하였다. 유아가 가지고 있는 초보적 과학지식, 과학적 사고, 그리고 과학기술을 제시하고 그것들을 알고 익히게 하여 유아가 명확한 과학 개념을 알고 과학적 문제해결력을 향상시킬 수 있도록 구성하였다. 이 책을 통해 교사나 부모가 유아 과학교육을 명료하게 이해하여 유아의 과학적 사고를 흥미롭게 지도할 수 있기를 기대한다. 아울러 교사나 부모는 유아가 스스로 과학 개념을 깨치는 과정을 지켜보면서 지적 성장의 기쁨을 함께할 수 있기를 기대한다.

끝으로 이 책이 나오기까지 애써 주신 학지사 김진환 대표를 비롯한 출판 관계자 여러분께 감사의 마음을 전한다.

2011년 정초에 설산 관악에서

서울대학교 아동가족학과 교수 이순형

차례

$E=mc^2$

제1장

유아 과학교육의 기초

1. 유아 과학교육의 철학
2. 유아 과학교육철학의 변화
3. 유아 과학교육의 정의와 목표
4. 유아 과학교육 기준
5. 유아 과학내용 기준

1. 유아 과학교육의 철학

유아 과학교육의 철학은 유아관, 유아와 환경의 관계, 그리고 유아의 교육관에 토대를 두고 있다.

1) 유아관

유아 과학교육은 능동적이고 자율적인 유아관에 토대하고 있다. 유아는 스스로 발달하는 능동적 존재이지 성인이 제공하는 것에 의존하는 수동적 존재가 아니다. 유아는 자유의지를 지닌 단지 몸이 '작은 사람' 일 뿐이다. 유아는 탐구 동기를 가진 존재로서 나름의 고유한 방식으로 지각하고 사고하고 판단하는 자율적 존재다. 그리고 유아는 주위 환경을 스스로 보고 사고하고 판단하므로 나름대로 자신의 정신발달 수준에 맞추어 점진적으로 인지발달을 이루어 나간다.

2) 유아와 환경의 관계

우리가 접하는 세계는 물체로 구성되어 있다. 물체에는 자연물과 인공물이 있다. 세계에 존재하는 자연물이나 인공물은 본질적으로 물질로 구성되어 있으며, 그 물질은 과학의 대상이 될 수 있다.

유아는 자연물이나 인공물로 구성된 물체를 나름대로 지각하고 판단하는 능력을 지니고 있다. 따라서 유아는 자연물이나 인공물을 지각하고 판단할 때 그 자연물이나 인공물이 막연하게나마 물질의 특성을 가지고 있다고 생각한다. 흐르는 수돗물을 손으로 만질 때 물의 감촉이나 흐르는 물의 힘과 속도를 느낀다. 또한 모든 물체가 고유한 특성을 지니고 있다는 사실을 막연히 안다. 물체의 특성과 그 고유한 성질이 어떻게 다른지도 구분할 수 있다. 세상의 모든 물체가 과학적 분석이 가능한 대상임을 어렴풋이 아는 것이다. 따라서 유아는 과학적 감각을 가지고 과학적 사고를 할 수 있다.

3) 유아 과학교육관

유아가 자연환경을 접하면서 사물의 특성을 학습하는 것은 자연스러운 과정이다. 자연은 생명을 낳고 키우는 과정을 보여 줄 뿐 아니라 생명이 없는 나무와 돌과 흙의 성질을 보여 준다. 유아는 성인의 도움 없이도 스스로 자연 속에서 생명의 시작이나 동식물의 성장과 발달을 통한 생명현상의 다양한 변화뿐 아니라 종말을 알 수 있다.

능동적 유아가 세상 사물에 대해서 과학적 감각을 가지고 사고할 수 있는 능력을 키우려면 발달하는 유아에게 어떠한 과학교육 방법이 적절할까? 유아교육학자들은 유아의 능동성을 고려할 때 자율적 학습방식이 바람직하다고 말한다. 즉, 유아의 자율적 의지를 존중하고 유아가 스스로 깨닫게 하는 학습방식이 바람직하다. 반면에 유아를 수동적 존재로 보고 지도하는 방식, 즉 성인의 가르침을 수동적으로 받아들이게 하는 학습방식은 바람직하지 않다고 본다.

전통적으로 유아교육은 부모나 교사 등 성인에 의한 지도방식을 따르는 경우가 많았다. 즉, 외부의 학습 요구에 따르는 경우가 많았다는 것이다. 그러한 외부 교육방식은 외적 동기 제공방식인데 부모라는 외부인의 기대와 강요가 결국 유아의 내적 동기화를 방해하는 경우가 허다하다. 유아가 물체를 만지고 그 특성을 깨달아 가는 과학학습의 즐거움을 알기 이전에 부모의 강요로 인한 타율적 학습자의 심리적 부담을 느끼는 경우가 많다. 따라서 바람직한 유아 과학교육을 위해서는 유아가 스스로 과학적 지식을 깨닫고 과학 지식의 증가에서 즐거움을 느낄 줄 알고 스스로 내면적 동기부여가 되어야 한다.

2. 유아 과학교육철학의 변화

21세기에 세계 여러 나라의 과학교육철학은 미국이 주도하였다. 미국의 주도로 이루어진 과학교육에 대한 기본 철학은 생활중심, 학문중심, 사회책임 중심으로 변화하였다. 1950년대 중반까지 과학교육은 듀이(J. Dewey)의 철학에 입각한 생활중심 교육과정이 강조되었다. 듀이는 실용주의 철학사상을 기초로 하여 유아의 생활을 중심으로 유아의 흥미가 자연스럽게 발현되는 방향대로 그들의 이해 수준에 맞추어 과학 지식을 교육해야 한다고 주장하였다. 이러한 영향으로 미국에서는 학습자의 흥미, 욕구로부터 출발하여 실생활에 응용할 수 있는 과학적 지식과 능력, 태도를 습득시켜 합리적인 생활을 도모하도록 하는 생활과학에 중점을 둔 과학교육이 실시되었다.

그러나 이러한 유아 과학교육과정은 그것이 진행되는 동안 본래의 의도와는 달리 비체계적이고 산만하며(권재술, 1991), '생활중심 과학교육'에서는 구체적 경험을 지나치게 강조하여 추상화된 과학 지식을 습득할 수 있는 수학교육과 과학교육을 소홀히 하는 경향이 생겼다는 비판을 받았다. 뿐만 아니라 1957년 구소련의 스푸트니크호 발사는 전 세계적으로 과학교육이 생활중심에서 다시 학문중심으로 전환하게 된 계기가 되었다.

그 후 학문중심의 과학교육 개혁 노력이 대대적으로 시작되었고 전 세계적으로 과학교육 프로그램 개발이 시도되었다. 미국에서는 국립과학재단(National Science Foundation: NSF)의 과학교육 개혁 주도하에 교사 재교육과 교육과정 개혁에 중점을 둔 과학교육 프로그램이 개발되기 시작하였다. 과학교육 프로그램 개발에 과학자, 교육학자, 심리학자, 교사가 함께 참여했다. 그들은 과학적 탐구활동과 지식의 구조화에 치중하였으며 과학적 지식의 간단한 확인이나 시범 활동보다는 직접 실험활동을 강조하였다.

학문중심 교육의 개혁은 학문중심 교육과정을 강조해서 지식의 본질, 기본 개념의 효과적 습득과 더불어 유아의 탐구력, 발견력, 창조력을 개발하고, 과학 지식의 결과를 가르치기보다는 지식이 성립하는 과정을 강조하였다. 이 시기에는 피아제(J. Piaget), 브루너(J. S. Bruner), 가네(R. M. Gagné) 등의 이론을 토대로 대략 500여 종에 이르는 과학교육 프로그램이 개발되었다. 미국의 대표적 학문과정 중심의 과학교육 프로그램으로는 ESS(Elementary Science Study), SCIS(Science Curriculum Improvement Study), SAPA(Science-A Process Approach)가 있다(Howe, 1993). 이러한 경향은 1970년대에도 이어져 피아제 이론에 토대해 카미(C. Kamii)와 드브리스(R. DeVries)의 물리적 지식활동 프로그램(Physical Knowledge Activities: PKA)이 개발되었다.

그러나 1970년대 중반 이후 학문중심 교육에 대한 비판적 견해가 나타났다. 막대한 재정지원으로 개발된 과학교육 프로그램이 학교 현장에서 점차 사용되지 않았고, 학생의 과학학습 성취도가 낮아지는 경향이 나타났다. 그리고 과학기술과 관련된 각종 사회문제와 핵문제, 자원고갈 문제, 인구증가 문제, 빈부격차 문제와 같은 도시환경 사회문제가 증가하면서 학문중심 교육과정에 대한 강한 회의가 일었다. 학문중심 과학교육이 사회문제를 해결하지 못하고 있다는 것이다.

이러한 비판을 토대로 친사회 과학교육 개혁이 시도되었다. 구체적으로 미국에서는 1970년대 중반 이후 학문중심 교육 개혁운동에 대한 분석과 재검토 연구가 진행되어 1983년 「국가의 위기: 교육개혁의 필연성(A Nation at Risk: The Imperative for Educational Reform)」이라는 보고서가 제출되었다. 이 보고서에서는 미국 교육에서 과학교육과 기술교육 수준이 질적으로 저하되고 있으며 이에 따른 교육개혁이 필요함을 주장하였다. 아울러 학교 과학교육은 과학자 양성을 위한 것이 아니라 일상생활에 과학 지식을 적용하고 과학과 기술의 발달이 사회와 환경에 주는 영향을 고려하는 '모든 학생을 위한 과학교육'이 되어야 한다고 제안하였다. 그 대안으로 미국 국립과학재단(NSF)이 「21세기를 위한 교육: 1995년까지 초·중등학교 학생들의 수학, 과학, 그리고 기술 교육을 개선하기 위한 실천 계획서」를 제출하였다. 이 보고서에서는 21세기 교육은 생활 주변에서 부딪히는 문제를 합리적으로 해결할 수 있는 문제해결력과 과학기술에 관한 교육을 초등학교부터 강력하게 추진해야 한다고 제안하였다. 이 시기에 유네스코(1985)는 아시아-태평양 지역 교육개혁 프로그램에서 과학교육은 '모든 사람을 위한 과학(science for all)'이 되어야 한다고 주장하였다. 친사회과학 프로그램으로는 과학과 사회의 관련성을 강조하는 사티스(Science and Technology in Society: SATIS), 사이언스 플러스(Science Plus), 시스콘(Siscon)과 같은 STS(Science Technology Society) 교육운동 프로그램(NSTA, 1982; Roy & Waks, 1985)과 프로젝트 2061: 모든 미국인을 위한 과학교육(Project 2061-Science for All Americans; AAAS, 1989) 등이 있다. 이처럼 과학교육을 둘러싼 가치와 철학적 배경의 변화를 통해 과학교육의 목표와 내용도 변화·발전되어 왔음을 알 수 있다.

3. 유아 과학교육의 정의와 목표

1) 유아 과학교육의 정의와 특성

유아의 과학교육은 인간이 태어나고 삶을 영위할 터전인 자연에 대한 탐구를 교육하는 것이다. 자연은 물질, 생물, 지구를 비롯해 우주를 포함하는 광범위한 것이다.

유아 과학교육은 영유아가 자연현상에 대해서 의문을 가지고 탐구하도록 교육하는 것이다. 유아의 인지발달 특성상 구체적이고 감각적인 것일수록 학습이 쉽기 때문에 감각적 내용을 토대로 자연의 물리, 생명 현상을 널리 알도록 한다.

구체적으로 유아 과학교육의 특성은 다음과 같다.

① 유아가 자연세계에 대해 안다.
② 유아가 자연세계를 이해하는 일의 소중함과 즐거움을 경험한다.
③ 유아가 사적 의사결정 과정에서 적절한 과학적 과정과 원리를 사용한다.
④ 유아가 과학 및 기술과 관련된 문제에 대한 교실 내 토론에 지적으로 참여한다.

2) 유아 과학교육의 목표

과학교육은 기본적으로 과학적 역량을 증진시키는 것을 목표로 하는 활동이다. 여기서 과학적 역량이란 과학적 개념과 과정에 대한 지식과 이해를 바탕으로 개인적 의사결정, 사회적 · 문화적 참여, 경제적 생산을 할 수 있는 능력이다. 유아 과학교육은 유아의 과학적 역량을 증진시키기 위한 목적에서 이루어지는 교육활동이다.

과학의 목표는 자연세계에 대한 이해이며, 과학기술의 목표는 인간의 필요를 충족시키기 위하여 자연세계에 변형을 가하는 것이다. 따라서 과학교육은 과학 지식과 기술 모두를 포괄한다. 유아 과학교육의 목표 역시 유아가 자연세계에 대한 이해를 증진하도록 과학 지식과 기술을 모두 증진시키는 것이다.

과학교육은 교육내용과 교육과정으로 구성된다. 과학교육의 내용은 과학과 관련된 특별한 기능, 이해, 능력을 포함하는 광범위한 개념이다. 교육과정은 이러한 교육내용을 전달하는 방법으로서, 교실 내에서 과학교육 내용의 구조, 조직, 균형, 제시방법을 포함한다. 따라서 유아 과학교육은 과학과 관련된 내용의 구조, 조직과 균형 및 제시방법을 포함하는 것이어야 한다.

4. 유아 과학교육 기준

1) 유아 과학교육 기준의 정의

『국가과학교육 기준(National Science Education Standards)』은 과학적 역량을 갖춘 시민이라는 목표를 바탕으로 개발되었다. 학생이 과학적 소양을 갖추기 위해 필요한 과학적 지식과 이해가 제시되어 있으며, 교육을 위한 교육내용과 교육과정이 포함되어 있다. 『국가과학교육 기준』에서 빈번히 사용되는 용어인 '과학적 역량' '과학 내용과 교육과정' '과학 지식과 이해' '과학적 탐구' '과학과 과학기술'의 정의를 살펴보면 다음과 같다(NRC, 2000; 이순형 외, 2010에서 재인용).

(1) 과학적 역량

과학적 역량이란 개인의 의사결정, 사회적 · 문화적 사건에의 참여, 경제적 생산성을 위해 필요한 과학적 개념과 과정에 대한 지식과 이해를 뜻한다. 과학적 역량은 개인이 경험에 관한 호기심으로 문제를 제기하고 그 답을 찾거나 결정할 수 있다는 것을 의미한다. 과학적 역량은 일생 동안 그 폭과 깊이를 더해 가지만, 어렸을 때 확립된 과학에 대한 태도와 가치관은 성인으로서 과학적 역량을 계발하는 데 기초가 된다.

(2) 과학 내용과 교육과정

학교 과학의 내용은 과학과 관련된 특별한 기능, 이해, 능력을 포함하는 넓은 개념으로 정의된다. 내용 기준은 과학 단원, 수업, 교과과정, 학교 과학 프로그램에 국한되지 않으며, 다양한 강조점에 따라 여러 가지 서로 다른 교육과정으로 조직될 수 있다. 교육과정은 교육내용을 전달하는 방법이며, 교실 내에서 내용의 구조, 조직, 균형, 제시방법을 포함하는 개념이다. 교육의 개념, 과정, 주제의 범위와 계열을 정하고 조정하는 것은 과학 프로그램에서 교육과정을 설계하고 실행하는 사람들의 몫이다.

(3) 과학 지식과 이해

『국가과학교육 기준』에서 수행이란 과학 지식의 획득 및 이해의 증진을 의미한다. 과학 지식은 사실, 개념, 원리, 법칙, 이론, 모형을 포괄하며, 이는 여러 가지 방법을 통해 획득될 수 있다. 이해는 지식의 활용능력을 포함하는 개념이며, 과학적인 아이디어와 그렇지 않은 것을 구별하는 능력을 수반한다. 과학을 이해하기 위해서는 과학의 아이디어와 그들 간 관계, 관계에 대한 합리적인 추론, 아이디어를 활용해 다른 자연현상을 설명하고 예측하는 방법, 관계를 다른 여러 사건에 적용하는 방법 등 여러 가지 유형의 지식을 하나로 통합하는 능력이 필요하다.

(4) 과학적 탐구

과학적 탐구란 과학자가 자연세계를 연구하고 자신의 활동을 통해 얻은 증거를 토대로 설명을 제시하는 다양한 방법을 뜻한다. 또한 자연세계에 대한 과학자들의 연구방법을 이해하고 과학적인 아이디어에 대한 지식과 이해를 증진시키기 위한 학생들의 활동을 의미한다. 탐구는 관찰, 문제 제기, 책이나 다른 정보원을 통해 알려진 지식의 확인, 탐구의 설계, 실험적 증거에 따른 기존 지식에 대한 재고, 도구를 사용한 자료의 수집과 분석 및 해석, 해답의 제안, 설명, 예측, 결과에 대한 의사소통과 같은 다양한 활동을 수반하는 다면적 활동이다. 더불어 탐구는 가정의 확인, 비판적이고 논리적인 사고, 대안적인 설명에 대한 고려를 요구한다.

(5) 과학과 과학기술

과학교육에서 과학과 과학기술을 구별하는 주요한 특징은 그 목적에 있다. 과학의 목적은 자연세계를 이해하는 것이며, 과학기술의 목적은 인간의 필요를 충족시키기 위하여 자연세계에 변형을 가하는 것이다. 『국가 과학교육 기준』에서는 탐구로서의 과학(science as inquiry)과 설계로서의 과학기술(technology as design)을 병렬적으로 기술하고 있다.

2) 유아 과학교육 기준의 개발 원리

유아 과학교육의 기준은 미국 국립과학원(National Academy of Science)에서 다음과 같은 원리에 따라 개발되었다. 첫째, 과학은 모든 학생을 위한 것이다. 즉, 나이와 성별, 인종적·문화적 배경, 신체장애, 과학에 대한 포부나 관심, 동기에 관계없이 높은 과학적 소양을 성취할 수 있는 기회가 모든 학생에게 제공되어야 한다. 둘째, 과학학습은 능동적 과정이다. 즉, 과학학습은 학생들 스스로 하는 것이며 누군가가 그들을 위해 해주는 것이 아니다. 셋째, 학교 과학은 현대 과학활동을 특징짓는 지적·문화적 전통을 반영한다. 학생들은 과학과 자연에 대한 풍부한 지식을 얻기 위해 과학적 탐구방법, 증거에 관한 규칙, 질문을 형성하는 방법, 설명을 제시하는 방식에 익숙해져야 한다. 넷째, 과학교육은 체계적인 교육개혁의 일부다. 국가적인 목표와 기준은 주와 지역 차원의 체계적 개혁을 촉발하는 데 기여하며, 국가와 지역 차원의 개혁 노력은 상호 보완적으로 영향을 미친다. 과학교육은 보다 큰 교육체제 내에서 다른 교육체제와 공통된 요소를 가지는 동시에, 교육의 독특한 요소를 가지고 있는 하나의 하위 체계라고 할 수 있다.

과학교육의 개발 원리

1. 과학은 모든 학생을 위한 것이다(Science is for all students).
2. 과학학습은 능동적 과정이다(Learning science is an active process).
3. 학교 과학은 현대 과학활동을 특징짓는 지적 · 문화적 전통을 반영한다(School science reflects the intellectual and cultural traditions that characterize the practice of contemporary science).
4. 과학교육 개혁은 체계적인 교육개혁의 일부다(Improving science education is part of systemic education reform).

국립과학원은 과학교육 원리가 과학내용의 표준화에 반영되어야 한다고 강조했다. 마찬가지로 이러한 원리가 교실에서 실시되는 과학 프로그램에 반영되어야 하며, 그렇지 않을 경우에는 어려움과 긴장이 발생할 수 있다고 지적했다.

5. 유아 과학내용 기준

과학내용 기준(Science Content Standards)은 자연과학 영역에서 유아나 초등학교 아동이 반드시 알고 이해하며 수행해야 하는 사항을 중심으로 선정되었다. 과학내용 기준은 8개 범주로 구성되며, 범주 간에 상호 연계가 이루어지는 것이 바람직하다.

유아 과학내용 기준

1. 과학의 개념과 과정의 통합(Unifying concepts and processes in science)
2. 탐구로서의 과학(Science as inquiry)
3. 물상과학(Physical science)
4. 생명과학(Life science)
5. 지구 및 우주 과학(Earth and space science)
6. 과학과 기술(Science and technology)
7. 개인과 사회적 관점에서의 과학(Science in personal and social perspectives)
8. 과학의 역사와 본성(History and nature of science)

1) 과학의 개념과 과정의 통합

개념적, 과정적 도식은 과학의 서로 다른 분야를 통합하여 유아나 초등학교 아동이 세상을 이해하도록 돕는다. 기본이 되는 원칙은 과학내용 기준에 포함되어 있기 때문에 과학내용 기준의 각 범주의 여러 수준에서 반복하여 나타난다.

과학의 개념과 과정의 통합은 다음과 같은 요소를 포함한다.

- 체계, 순서, 조직
- 증거, 모형, 설명
- 변화, 항상성, 측정
- 진화와 평형
- 형태와 기능

2) 탐구로서의 과학

탐구로서의 과학을 가르치는 것은 교사로 하여금 유아나 초등학교 아동의 능력을 계발하고 과학에 대한 이해를 향상시키도록 하는 기회를 제공한다. 유아나 초등학교 아동은 과학적 개념과 어휘를 습득해야 할 뿐만 아니라 탐구기능을 개발해야 한다. 탐구 수행과정에 초점을 맞춤으로써 아동은 과학적인 의문을 제기하고, 주변 세계의 여러 가지 특징을 조사하며, 관찰을 통해 제기된 의문에 대한 합리적인 설명을 구성하는 능력을 키울 수 있다.

탐구로서의 과학은 다음과 같은 요소를 포함한다.

- 과학적 탐구 수행에 필요한 능력
- 과학적 탐구에 대한 이해

3) 물상과학

물상과학에서는 유아나 초등학교 아동이 일상적으로 접하는 물체와 물질의 특징에 대해 더 잘 이해할 수 있는 기회를 제공하는 주제가 포함되어 있다. 유아는 여러 가지 물체와 그 활동을 질적으로 조사하고 기술하는 것으로 물질에 대한 공부를 시작한다. 주의 깊게 관찰하고 기술하고 측정하여 알게 된 물체의 성질, 시간에 따른 변화, 물질의 상호작용에 의한 변화에 대한 이해는 연령이 증가하여 추상적인 아이디어를 도입할 때 필요한 선행 지식을 제공해 준다.

물상과학은 다음의 요소를 포함한다.

- 물체와 물질의 성질

- 물체의 위치와 운동
- 빛, 열, 전기, 자기

4) 생명과학

유아는 생물의 일생, 서식지에 대한 직접적인 경험을 통하여 생물학적 개념에 대한 이해를 쌓을 수 있다. 이러한 경험은 아이들의 호기심에서부터 출발한다. “식물은 어떻게 음식을 먹나요?”, “공룡은 어디로 갔어요?” 유기체가 어떻게 생명을 유지하며 살 수 있는지에 대한 이런 궁금증을 바탕으로 생물의 특징과 일생, 자연환경을 구성하는 모든 요소 간의 복잡한 상호작용에 대한 이해의 기반을 구축하게 된다.

생명과학은 다음의 요소를 포함한다.

- 생물의 특징
- 생물의 일생
- 생물과 환경

5) 지구 및 우주 과학

유아나 초등학교 아동은 주변에서 볼 수 있는 흙, 암석, 냇물, 비, 눈, 구름, 무지개, 태양, 달, 별 등에 관심을 보인다. 그들이 자신의 주변 물체와 물질을 자세히 관찰하고, 성질을 파악하고, 서로 구별하고, 현상의 이유를 설명해 보도록 격려해 주어야 한다. 나아가 그들이 자신의 주변 세계에 점차 익숙해지면 주기적인 변화나 불규칙적인 변화를 관찰하고 기록할 수 있는 기회를 주도록 한다.

지구 및 우주 과학은 다음의 요소를 포함한다.

- 지구 구성물질의 성질
- 하늘의 물체
- 땅과 하늘의 변화

6) 과학과 기술

과학과 기술 기준은 유아나 초등학교 아동에게 자연과 인간에 의해 창조된 세계 사이를 연결하는 동시에 의사결정 능력을 발달시킬 수 있는 기회를 제공한다. 이 기준은 문제에 대한 해법을 고안하는 능력과 과학과 기술의 관계, 과학과 기술에 사람이 관여하는 방식에 대한 이해를 강조한다. 과학기술을 이용해 문제를 해결하는 능력은 과학기술적인 목적을 가지고 과제를 해결하는 직접 경험을 통해 발달할 수 있다.

과학과 기술은 다음의 요소를 포함한다.

- 과학기술을 이용한 설계능력
- 과학과 기술에 대한 이해
- 자연물과 인공물의 구분능력

7) 개인과 사회적 관점에서의 과학

유치원이나 초등학교에서 아동은 처음으로 과학이 관련된 개인과 사회의 여러 당면 과제를 이해할 수 있는 경험을 한다. 건강, 인구, 자원, 환경에 대한 중추적인 아이디어는 학생들이 장차 시민으로서 사회를 이해하고 행동하는 데 필요한 기반을 제공해 준다.

개인과 사회적 관점에서의 과학은 다음의 요소를 포함한다.

- 개인의 건강
- 인구의 특징과 변화
- 자원의 종류
- 환경의 변화
- 지역사회의 당면 과제와 과학과 기술

8) 과학의 역사와 본성

교사는 유치원이나 초등학교 아동이 자연세계에 대해 질문하고 탐구하는 태도를 길러 주어야 한다. 아동은 문제에서부터 시작하여 해답에 대해 서로 의견을 교환하는 단계에 이르는 탐구과정을 수행할 수 있다. 또한 아동은 과학의 역사를 통해 과학적 탐구와 중요한 인물에 대해 배울 수 있다. 이 과정은 과학의 역사와 본성에 대한 세련된 아이디어 개발의 기초를 제공해 준다.

과학의 역사와 본성은 다음의 요소를 포함한다.

- 인간의 노력으로서의 과학

1004

$$E=mc^2$$

제2장

유아 과학교육의 이론적 기초

1. 피아제의 인지적 구성주의 관점
2. 비고츠키의 사회적 구성주의 관점
3. 브루너의 발견학습이론 관점
4. 가드너의 다중지능이론 관점
5. 뇌 인지과학적 관점
6. 정보처리이론 관점

갓 태어난 어린 아기는 스스로 할 수 있는 것이 별로 없지만 성장하면서 점차 많은 능력을 갖게 된다. 그렇다면 유아는 어떻게 발달하는가? 또 유아의 발달에 영향을 미치는 요소는 무엇일까? 이 두 질문에 대한 답을 찾아가는 과정을 통해 유아의 발달과 교육에 대한 이론이 형성되었다. 유아의 발달을 설명하는 관점은 발달을 유전적 요인에 의한 것으로 보는지 혹은 환경적 요인에 의한 것으로 보는지에 따라 다양하다. 이 장에서는 그중 유아 과학교육에 영향을 미치는 이론을 살펴보면서 각 이론이 유아 과학교육에 주는 시사점을 찾아본다.

1. 피아제의 인지적 구성주의 관점

피아제(J. Piaget)는 인간의 지식이 어떻게 형성되고 발달하는지에 대해 연구하여 인간은 환경과 상호작용하며 지식을 구성해 가는 유기체라는 결론에 도달하였다. 피아제는 인간을 환경으로부터 받는 자극을 수동적으로 스펀지처럼 흡수하는 존재가 아닌 능동적 존재로 보았다. 즉, 인간은 외부의 자극을 자신의 경험에 비추어 해석하고 자기 나름대로 재구성하여 환경에 대해 더 발전된 이해의 틀을 형성해 간다는 것이다.

1) 중심개념

(1) 도식과 평형화

피아제 이론에서 도식(scheme)이란 사물이나 사건을 이해하는 틀로 인간이 가지고 있는 인지구조다. 인간은 환경에 적응하기 위해 도식을 가지고 태어나며, 환경으로부터 들어오는 정보는 적응(adaptation)기제에 의해 변화되며 새로워진다. 이러한 인지적 도식이 적응기제에 의해 변화되는 과정은 동화(assimilation)와 조절(accommodation)로 나누어 볼 수 있다. 동화는 외부로부터의 자극을 해석하는 데 자신이 이미 지닌 인지구조의 변화 없이 이해하는 적응과정이다. 이에 반해 조절은 자신이 지닌 인지구조를 변화시켜 적응하는 과정이다. 피아제는 이러한 인지의 변화과정에는 평형(equilibrium)을 이루려는 원리가 작용한다고 설명했다. 환경으로부터 새로운 자극이 들어오면 기존에 지닌 인지구조와 갈등이 생기면서 일시적인 인지적 불균형 상태가 되지만 평형을 추구하는 특성에 의해 그 구조를 맞추어 가면서 좀 더 발전된 평형에 도달하려 한다는 것이다. 이러한 과정을 반복하면서 인간의 인지구조는 새롭게 발달해 간다고 보았다.

인지구조가 동화와 조절이라는 적응기제에 의해 변화하는 과정의 예를 생각해 보자. 모유만 먹던 아기가 젖병이라는 새로운 외부 자극을 접하게 되었을 때 아기는 어떠한 반응을 보일까? 처음에는 자신이 가지고 있던 엄마 젖을 빨던 방식대로 빨아 보지만 젖병 속 우유를 잘 먹을 수가 없다는 것을 알게 된다. 이때 아기는 기존에 가지고 있던 인지구조와 갈등 상태를 경험하게 되는 것이다. 그 후 아기는 자신의 인지구조를 변화시키는 조절과정을 통해 젖병을 잘 빨 수 있게 되는 평형화에 이른다.

모유만 먹던 아기 → 젖병 경험(갈등 상태) → 적응(평형화)

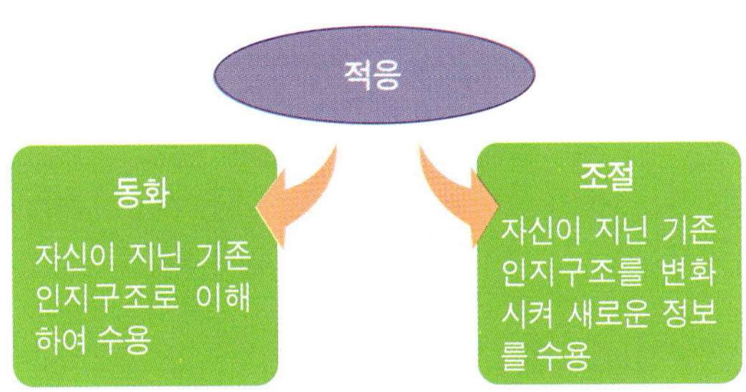

인지적 갈등 유발 시 동화와 조절을 이용하여 적응하는 과정은 인지적 평형을 추구하는 과정이다.

그림 2-1 피아제의 적응기제

(2) 인지발달 단계

피아제는 인지발달을 질적으로 다른 4단계로 구분하였고, 이는 연령이 증가하면서 더 높은 단계로 변화된다고 하였다. 인지발달의 첫 단계인 출생 후부터 2세까지의 시기에 해당하는 감각운동기는 감각적 도식을 이용해 세상을 파악하는 시기로, 오감을 통해 환경과 상호작용하면서 대상영속성 등의 개념을 익혀 간다. 다음으로 2세경부터 6~7세경까지 전조작기로 아직 조작적인 사고가 어렵다는 의미를 가진다. 전조작기의 유아는 사물에 대해 직관적으로 사고하고 자기중심적이며 물활론적 사고를 하는 특징이 있으며 보존 개념과 유목 개념이 형성되지 못한 인지적 한계를 보인다. 전조작기 이후 인지발달 단계는 구체적 조작기(6, 7세경~11, 12세경)로 이 시기의 유아는 눈에 보이는 구체적 사물에 대해서 가역적 사고가

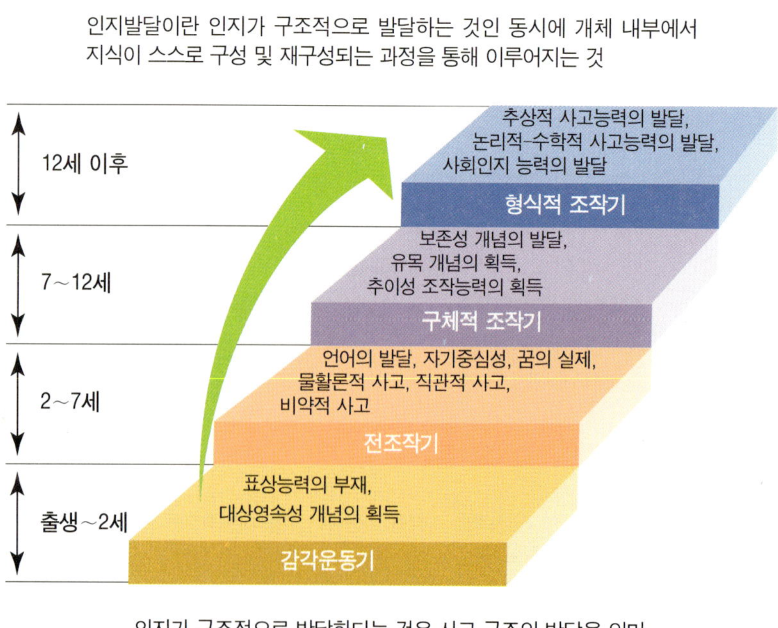

그림 2-2 피아제의 인지발달 단계

가능하고 논리적으로 사고할 수 있다. 인지발달 단계 중 가장 마지막 단계인 형식적 조작기는 초기 청소년기부터 해당되는 시기로, 눈에 보이지 않는 관계나 사실에 대해 추상적 사고가 가능하고 논리적 사고의 비약적 발전을 이루게 된다.

(3) 지식의 종류

피아제는 지식을 그 근원과 구조에 따라 물리적 지식, 논리-수학적 지식, 사회적 지식의 세 가지 유형으로 구분하고, 각 지식의 유형에 따라 지식 전달과정에도 차이가 있다고 보았다(Kamii, 1985). 지식의 유형별 주요 내용과 특징은 다음과 같다.

① 물리적 지식

물리적 지식(physical knowledge)이란 외형적으로 드러나는 색, 모양, 크기, 무게 등과 같이 보면 알 수 있는 사물의 속성에 대한 지식이다. 이 유형의 지식은 학습자 외부의 대상에 관한 지식으로 학습자가 사물을 움직여 보고 관찰하는 것과 같은 학습자의 직접적 경험을 통해 얻을 수 있는 지식이다.

② 논리-수학적 지식

논리-수학적 지식(logical-mathematical knowledge)은 물리적 지식처럼 외부의 물체를 보면 알 수 있는 것이 아니며, 학습자가 사고과정 중에 유목관계, 보존 개념 같은 사물 간의 관계성을 이해함으로써 구성되는 지식이다. 이 유형의 지식은 직접 가르칠 수 없으며 스스로 경험한 것을 생각하고 그 가운데 관련성을 찾는 학습자 내부의 과정을 통해 구성된다.

③ 사회적 지식

사회적 지식(social knowledge)은 사회 속에서 형성되며 사람들 간에 맺어진 임의의 약속으로 이루어진 지식으로 다른 사람에게서 배우는 과정을 통해 학습된다. 예를 들어, 언어, 모든 사물의 명칭, 색 이름, 수 이름, 사회의 예절과 규칙 등이 해당된다.

유아가 단풍잎과 은행잎을 통해 얻는 이해를 구분하여 유형별 지식의 예를 들어 보면, 물리적 지식은 '나뭇잎이다', '노랗다', '빨갛다' 처럼 감각적으로 인지되는 잎의 특성에 대한 이해를 의미한다. 그러나 '이 잎이 저 잎보다 더 크다', '이 두 잎의 색은 서로 다르다', '모양과 색은 달라도 모두 나뭇잎이다' 등의 비교를 통한 인지적 관계 형성에서 얻는 이해는 논리-수학적 지식이다. 그리고 '이것을 단풍잎이라 한다', '이런 색을 빨간색이라 부른다' 등의 이해는 사회적 지식이라고 볼 수 있다.

표 2-1 피아제의 지식의 종류

지식의 종류	지식의 근원	지식의 구성방법
물리적 지식	외부(물체 자체)	탐구, 탐색 및 직접 경험
논리-수학적 지식	내부	인지적 관계 형성
사회적 지식	외부 (인간과 인간 간의 임의의 약속)	직접 가르침 (반복학습)

2) 유아 과학교육에의 적용

피아제는 유아를 환경과 상호작용하면서 능동적으로 지식을 재구성해 가는 존재로 바라보았지만 구체적으로 유아 과학교육에 관하여 언급한 내용은 많지 않다. 그러나 피아제가 제시한 개념인 인지도식과 평형화, 인지발달의 과정, 지식의 종류에 대한 그의 이론은 유아를 위한 과학교육에 시사하는 바가 크다. 피아제 이론을 바탕으로 하는 유아 과학교육에 관한 시사점은 다음과 같이 정리해 볼 수 있다.

① 감각운동기와 전조작기의 유아를 위한 과학교육은 유아가 직접 탐색할 수 있도록 구체적으로 구성하여야 한다. 피아제의 이론은 과학 지식 전달에 그치는 것이 아닌 유아가 직접 조작적으로 경험하는 것이 의미가 있으며, 능동적인 활동, 그리고 과학의 내용보다는 과정을 통해 유아 스스로 지식을 구성하는 것이 중요하다는 것을 시사한다. 따라서 유아에게 환경과 상호작용하면서 적극적으로 탐색할 수 있는 과학 경험을 구성하고 제공하는 것이 매우 중요하다.

② 과학교육은 유아의 사고발달을 자극하는 내용이어야 한다. 전조작기의 유아는 물활론적 사고 경향, 자기중심성, 직관적 사고와 양과 수에 대한 보존 개념이 형성되지 못한 특징을 보인다. 유아의 사고발달을 자극할 수 있도록 객관적이고 구체적으로 과학 경험을 구성함으로써 유아의 전조작기 사고 경향이 갖는 한계를 극복하도록 도울 수 있다.

③ 과학교육에서는 유아의 개인차를 고려해야 한다. 개인은 자신이 처한 환경과의 상호작용을 통해 성장하므로 유아 역시 개인마다 그 이전의 경험에 따라 다른 지식을 지니고 있다. 똑같이 코끼리에 대해 배우더라도 코끼리를 직접 본 적이 있는 유아와 경험하지 못한 유아는 형성되는 개념에서 차이를 보일 것이다. 유아가 이미 지닌 경험을 토대로 더 적극적으로 새로운 지식을 형성해 갈 수 있도록 과학활동의 계획 단계부터 유아가 주도적으로 참여할 수 있게 배려한다.

④ 과학교육에서는 다루는 지식의 종류에 따라 다른 방법을 고려해야 한다. 피아제는 물리적 지식, 논리-수학적 지식, 사회적 지식 등 지식의 종류에 따라 교수법이 달라야 함을 강조하였다. 유아를 위한

과학교육의 내용을 선정하고 계획할 때는 이를 고려해야 한다.

⑤ 과학교육은 유아의 인지적 갈등을 유발하도록 구성한다. 피아제는 새로운 지적 자극에 따라 유아가 인지적 균형과 불균형을 반복하면서 더 나은 단계로 인지적 평형을 추구해 간다고 설명하였다. 따라서 유아가 기존에 가지고 있는 인지구조와 갈등을 경험하면서 평형을 깰 수 있는 경험을 제공하는 것이 필요하다. 이는 과학적 현상과 사실에 대해 유아가 먼저 예측해 보게 하고, 실험과 관찰을 통해 결과를 그 예측과 비교하며 탐구할 수 있도록 배려해야 함을 시사한다.

2. 비고츠키의 사회적 구성주의 관점

비고츠키(L. Vygotsky)는 지식이 인간의 내부에서 구성되어 간다고 보는 면에서는 피아제와 같은 구성주의 관점으로 구분될 수 있으나 지식 구성과정에서 사회적·문화적 요인의 영향을 강조하여 사회적 구성주의로 구분된다. 비고츠키는 개인의 발달을 이해하기 위해서는 그가 속한 사회의 환경을 반드시 고려하여야 함을 강조하면서 사회화 과정과 개인의 인지발달 과정 간의 관계를 설명하고자 하였다.

1) 중심개념

(1) 지식의 사회적 기원

비고츠키는 유아의 발달을 자연적 발달과 사회적 발달의 두 가지 측면으로 설명했다. 유아는 생물학적 성장과 신체구조 및 정신구조의 성숙 등의 자연적 발달을 이루어 가는 동시에 사회문화적 활동에 참여하면서 사회문화적 발달을 이루어 가게 된다는 것이다. 그리고 유아는 이 발달을 통해 정신기능을 습득하게 되지만 사회문화적 발달을 통해서만이 고등 정신기능을 획득하게 됨을 강조했다. 유아는 그 사회가 지닌 신념, 관습, 기술 등을 성인 그리고/또는 환경과 상호작용하면서 익혀 간다. 이 과정에서 사회의 독특한 모습과 문화는 새로운 세대로 전수되어 간다. 이러한 문화 전달과정은 언어를 매개로 전해지므로 언어와 사회관계의 중요성이 강조된다. 비고츠키가 설명하는 고등 정신기능으로서의 지식은 기본적으로 한 사회의 시대적인 산물로서 같은 언어 공동체가 공유하는 사회적 측면에 그 기원을 두는 특성을 갖는다(한순미, 1999).

(2) 근접발달영역

비고츠키는 근접발달영역(zone of proximal development: ZPD)을 유아가 독립적으로 문제 해결을 하는 실제적 발달 수준과 성인의 안내나 더 능력 있는 또래와의 협동을 통해서 문제 해결을 하는 잠재적 발달 수준 사이의 간격(gap)으로 정의하였다. 잠재적 발달 수준은 이미 완성된 발달 및 성숙의 과정뿐만 아니라 앞으로 도달할 성숙 및 발달의 과정을 파악할 수 있게 해 주어 유아 발달의 역동적 가능성을 고려하게 하는 중요한 개념이라고 보았다. 따라서 그는 실제적 발달 수준을 측정하는 것만큼이나 잠재적 발달 수준을 측정하는 것이 중요하다고 강조했다.

(3) 비계설정

비계는 주로 건축학에서 사용하는 용어로 건물의 외벽을 높게 쌓아올리기 위해 바깥 부분에 지지대로 쌓는 발판을 의미한다. 이는 유아의 근접발달영역 내에서 효과적인 교수-학습을 위해 성인이 유아에게 도움을 적절히 조절하여 제공하는 것을 은유적으로 표현한 것이다. 효과적인 비계설정(scaffolding)을 위해서는 공동의 문제 해결, 상호주관성, 따뜻함과 반응

(Berk & Winsler, 1997), 언어의 매개(한순미, 1999) 등의 요소가 필요하다. 이 중 상호주관성은 어떤 과제를 시작할 때는 서로 다르게 이해하던 두 참여자가 공유된 이해에 도달하는 것을 말한다. 이를 적용하여 유아를 위한 교육 현장에서도 교사와 유아, 유능한 또래와 유아가 함께 문제해결을 하도록 협력하며, 유아의 관점에서 눈높이를 맞추어 이해를 나누고, 편안하고 지지적인 분위기에서 유아가 도전할 수 있도록 배려하고, 또 적절한 언어적 자극을 주는 것이 효과적인 비계설정의 과정이 될 것이다.

2) 유아 과학교육에의 적용

비고츠키는 사회적 상호작용을 중심으로 유아의 발달과 사회화를 설명하였다. 비록 그가 일찍 세상을 떠나서 그 이후 학자들에 의해 정리된 측면도 있지만, 비고츠키는 지식의 사회적 기원과 근접발달영역, 비계설정 등의 개념을 소개하였다. 비고츠키 이론을 바탕으로 하는 유아 과학교육에 관한 시사점은 다음과 같이 정리해 볼 수 있다.

① 각 문화마다 강조하는 가치와 활동, 도구가 서로 다르고 고등 정신기능도 문화에 따라 다양하다. 비고츠키의 이론은 유아 개인의 사회문화적 맥락에 따라 과학교육의 내용, 시기, 방법이 달라야 함을 시사한다.

② 비고츠키는 학습이 발달을 이끈다고 보았다. 이는 과학교육의 내용을 고려할 때 유아의 현재 발달 수준보다 조금 앞선 교육내용으로 구성할 것을 시사한다. 처음에는 유아가 충분히 이해하지 못하더라도 교사 및 유능한 또래와의 상호작용으로 적절한 도움(비계설정)을 받으면 점차 이해할 수 있게 되기 때문이다.

③ 사회적 상호작용, 근접발달영역과 비계설정을 통한 환경의 중요성

을 강조한 비고츠키의 이론은 유아의 과학학습 과정에 교사가 안내자, 비계 설정자, 소집단 구성자, 환경 제공자로서 적극적인 역할을 할 것을 시사한다.

④ 또래와의 상호작용이 빈번할 수 있는 소집단 구성은 유아가 주관성을 극복하게 도와주고 비계를 설정하도록 해 주며, 자연스럽게 안내된 참여를 하도록 해 준다. 이는 유아의 과학학습 과정에 협동적 소집단 활동이 유리함을 시사하며, 최근 연구(김효진, 권민균, 2007)도 유아의 과학학습에 소집단 활동이 효과적임을 보고하고 있다.

3. 브루너의 발견학습이론 관점

브루너(J. S. Bruner)는 경험중심 교육과정에서 학문중심 교육과정으로의 변화를 주도한 대표 학자로 학습과정에서 학습자가 지닌 특성보다는 가르치려는 지식의 구조를 파악하여 내용을 어떻게 조직하느냐가 더 중요하다고 보았다. 그는 학습이 유아의 발달에 맞게 올바른 형식으로 제공된다면 연령에 상관없이 어떤 내용이든 가르칠 수 있다고 주장하였다. 그는 자신의 이론에서 지식의 구조, 발견학습, 표상 양식 등의 중요한 교육적 개념을 제시했다.

1) 중심개념

(1) 지식의 구조

지식의 구조란 교과의 기본 구조를 의미한다. 학습자가 기본 구조를 이해하면 그 지식을 다른 상황에서도 응용할 수 있는 능력이 생기고, 결국 교육을 통해 실생활의 문제해결력을 기를 수 있다는 것이다. 브루너는 교육이 학습자가 일상생활에서 만나는 문제를 해결하는 데 도움이 되는 '살아 있는 지식'을 가르쳐야 한다고 주장하였고, 지식 자체가 아닌 '지식의 구조'를 가르쳐야 한다고 강조했다. 그는 사람들이 따로따로 존재하는 단절된 사실들은 쉽게 잊어버리지만 원리와 개념을 중심으로 사실을 조직하고 새로운 사실을 추론하면 더 오랫동안 기억할 수 있다고 보았다. 그러므로 이를 위해 교과별로 각 학문의 기조를 이루는 개념과 원리를 선정하고 그 구조를 중심으로 교과내용을 선정해야 한다고 하였다.

(2) 발견학습

발견학습은 지식의 구조를 가르치는 방법적인 원리다. 유아가 탐구과정을 통해 새로운 개념을 터득할 때 더 효과적인 학습이 가능하므로 이 방법은 교사의 도움 없이 유아가 학습 과제와 그 해결방법 및 결론 등을 스스로 찾아가도록 유도한다. 이는 유아의 학습을 위한 내적 동기 유발에 좋은 방법이다. 효과적인 발견학습을 위해 교사는 설명이나 지시는 최소한으로 줄이고 유아의 자발적인 발견을 격려하는 역할을 한다. 그러나 실제 수업 상황에서는 유아 스스로 발견하는 것이 늘 쉽지는 않기 때문에 교사가 충분한 예시나 힌트를 주어 유아의 발견을 유도하는 안내된 발견학습(guided discovery learning)이 이루어진다.

(3) 표상 양식

브루너는 피아제의 인지발달이론 중 유아의 인지발달이 사물이나 현상의 구조를 파악하는 방식에서 질적인 차이를 보인다는 점에 주목하고, 이러한 차이를 교수-학습의 관점에서 표상 양식(modes of representation)이라는 개념으로 발전시켰다. 브루너는 유아가 머릿속에 사물을 표상하는 방식은 인지발달의 수준에 따라 질적으로 뚜렷한 차이가 있다고 보았다. 그는 표상 양식의 유형을 동작적, 영상적, 상징적 표상 양식의 세 가지 수준으로 구분하고, 이런 표상 양식은 유아의 인지발달과 더불어 변화한다고 설명하였다. 그리고 사물이나 현상에 대한 모든 지식은 간단하고 구체적인 형태에서 상징적이고 추상적인 형태로 제시될 수 있으므로 학습자인 유아가 이해할 수 있는 적절한 표상 양식으로 학습을 구성해야 함을 강조하였다.

1 동작적 표상 양식

동작적 표상 양식(enactive representation mode)은 유아가 사물에 대해 감각적인 방법을 이용하여 관찰한 구체적 행위를 통해서 인지하는 초보적 단계다. 유아가 신체적 활동과 감각을 통해 환경을 탐색하고 사물을 경험하고 조작하며 그 특성을 이해해 가는 단계다.

2 영상적 표상 양식

영상적 표상 양식(iconic representation mode)은 피아제의 구체적 조작기처럼 눈으로 본 것에 대해서는 논리적인 조작이 가능하지만 가상 세계는 다룰 수 없어 감각 이미지에 의존하는 단계다. 다시 말해서, 유아가 사물과의 직접적인 상호작용을 통해 배우는 것이 아니라 물리적으로 존재하지 않는 사건이나 사물을 그것을 대표하는 영상 경험을 통해서 이해하는 단계다. 이는 유아가 이중표상(dual representation) 능력을 지님으로써 가능해진다. 이중표상 능력이란 한 물체를 동시에 두 가지 다른 측면으로 생각할 수 있는 능력이다. 예를 들어, 유아가 신발 사진을 보면서 그것이 사진이면서 동시에 신발을 표현하고 있음을 이해하는 능력이다.

3 상징적 표상 양식

상징적 표상 양식(symbolic representation mode)은 직접 경험하지 않은 것에 대한 논리적 사고가 가능하여 언어나 숫자 같은 상징적 방식으로 학습이 가능한 단계다. 이 단계에서는 감각이미지에 의존하기보다 사고표현의 수단인 언어나 문자, 기호, 수학공식이나 화학기호 등을 이해하고 사용할 수 있다.

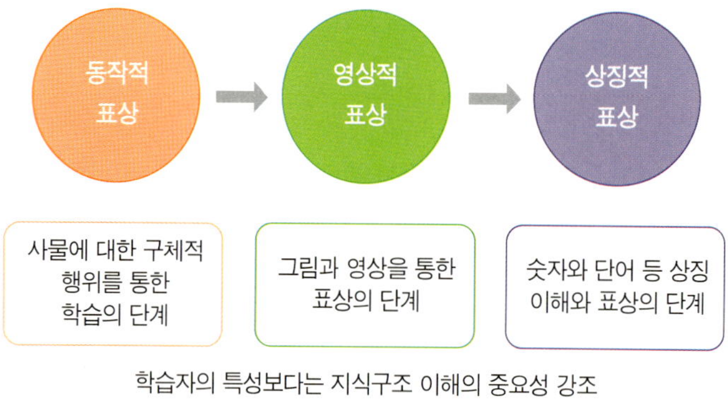

그림 2-3 **브루너의 표상 양식의 단계**

2) 유아 과학교육에의 적용

브루너는 살아 있는 교육의 중요성을 강조하며 교육을 통해 실생활에서의 문제해결력을 길러야 함을 강조하였다. 지식의 구조, 발견학습, 표상 양식 등의 개념을 통해 다양한 교수방법의 토대를 제시하였다. 브루너 이론을 바탕으로 하는 유아 과학교육에 관한 시사점은 다음과 같이 정리해 볼 수 있다.

① 브루너는 지식의 구조를 가르쳐야 한다고 강조하였는데, 이는 유아 과학교육을 위한 내용의 선정에 기본적인 과학 원리와 개념을 담을 것을 시사한다. 유아가 터득한 과학적 원리는 변화하는 사회 안에서 성장하는 유아가 새로운 변화를 주도적으로 수용하는 데 도움을 줄

것이다.

② 유아가 타고난 호기심으로 주변을 탐색한다는 특성을 고려할 때, 유아 스스로 탐구하고 발견하도록 돕는 학습방법은 유아의 본질적 특성에 맞는 교수방법으로 여겨진다. 이러한 맥락에서 유아 과학교육에서 유아가 능동적으로 효과적인 발견학습을 이루어 갈 수 있도록 적합한 탐구환경을 준비하여야 하며 적절한 교사의 개입이 필요함을 시사한다.

③ 브루너의 표상 양식의 개념은 유아의 과학적 개념의 형성을 위해 과학교육에 사용되는 교구나 매체는 유아가 이해할 수 있는 수준의 표상 양식으로 구성되어야 함을 시사한다. 어려운 과학적 개념일지라도 유아의 이해 수준에 맞는 표상 양식으로 제시된다면 학습이 가능할 것이다.

4. 가드너의 다중지능이론 관점

가드너(H. Gardner)는 인간의 지능을 하나의 숫자로 표시하는 기존 IQ 차원의 지능은 인간 지적 능력이 갖는 다양성을 표현하기에 부적절하다고 지적하며 그의 책 『마음의 틀(Frames of Mind)』에서 다중지능이론을 소개한다. 그는 인간 지능의 역동적이며 다면적인 특성으로 인해 개인마다 다른 능력을 지니게 된다고 설명한다.

1) 중심개념

(1) 다중지능의 개념

가드너에 따르면 인간의 지능은 최소한 여덟 가지 이상의 서로 다른 종류의 지능으로 구성되어 있으며 이들은 각기 뇌의 특정 부위와 관련된다. 또 유아가 서로 다른 능력을 가지고 태어나기 때문에 개인은 서로 다른 발달을 보이며, 유아의 어떤 지능 영역에서의 강점은 고정된 것이 아니며 풍부한 환경적 조건과 교육에 의해 증진될 수 있다. 실제 생활연령(나이)에 따른 정신연령의 정도를 측정하는 IQ와는 달리, 가드너(1993)는 인간의 지능을 실생활에서 직면하는 문제를 해결하는 능력, 새로운 문제에 대한 해결방안을 생성하는 능력으로서 자신이 속한 문화권에서 가치 있는 무엇인가 만들어 내는 능력으로 정의한다.

(2) 다중지능이론의 기본 전제

가드너의 다중지능이론(multiple intelligence theory)은 다양한 의학적 실험과 분석, 문화 연구 등 다면적 접근을 통해 도출되었다(김명희, 김영천, 1998). 첫째, 인간의 지능은 적어도 여덟 가지 서로 다른 능력의 조합으로 이해되어야 하며 이러한 조합에 따라 독특한 개인 특성이 형성된다. 둘째, 지능의 개념은 문화적으로 상대적인 것이다. 예를 들어, 사냥과 채집 경제에서는 신체-운동적 지능이 생존을 위해 중요한 지능이었던 것처럼 사회와 시대 상황에 따라 가장 중요한 지능의 영역은 다르다. 셋째, 인간이 지닌 여덟 가지의 지능은 모두 일정 수준까지 개발 가능하며 적절한 환경 조건과 자극을 통해 향상될 수 있다.

(3) 다중지능의 영역

가드너는 지능의 종류를 다음의 여덟 가지로 제시하였지만 이들이 지능의 세계를 모두 표현하고 있는 것은 아니라고 하였다.

① 언어적(linguistic) 지능: 단어의 의미와 소리에 대한 민감성과 언어의 구조 및 사용방법에 대한 민감성 등의 지적 과정과 관련된 능력

이다.

② 논리-수학적(logical-mathematical) 지능: 추상적인 상징체계를 조작하고 그 사이의 관계를 지각하며 논리적이고 체계적으로 아이디어를 평가하는 능력이다.

③ 공간적(spatial) 지능: 시간과 공간 관계를 정확하게 지각하고 이러한 지각을 변형하며, 시각적 경험을 머릿속으로 재구성하는 능력이다.

④ 음악적(musical) 지능: 음의 높낮이 선율에 대한 민감성, 악구를 결합하는 능력, 음악의 정서적 측면을 이해하는 능력이다.

⑤ 신체-운동적(bodily-kinesthetic) 지능: 자신을 표현하고 목적을 이루기 위해 몸을 기술적으로 사용하고 사물을 기술적으로 다루는 능력이다.

⑥ 대인관계(interpersonal) 지능: 타인의 기분, 기질, 동기 및 의도를 파악하고 적절하게 반응하는 능력으로 다른 사람을 이해하는 능력

그림 2-4 가드너의 여덟 가지 다중지능 영역

이다.

⑦ 개인이해(intrapersonal) 지능: 자신의 내면 상태에 대한 민감성, 자신의 강점과 단점을 파악하고 자신에 대한 정보를 적절하게 사용하여 적응적으로 행동하는 능력이다.

⑧ 자연적(naturalist) 지능: 자연친화적이고, 동식물을 좋아하고, 이를 잘 구별하는 능력으로 자연현상에 대한 유형을 규정하고 분류하는 능력이다.

이러한 다중지능 중 유아의 과학적 태도와 능력에 관련된 지능으로는 상황을 논리적으로 분석하고 과학적 방법을 탐구하는 논리-수학적 지능과 동식물을 중심으로 한 환경에 대한 민감 정도를 보여 주는 자연적 지능이 있다.

2) 유아 과학교육에의 적용

다중지능이론은 인간 지능의 다면성과 문화적 특수성, 개인차를 강조하고 있다. 특히 인간이 지닌 지능은 모두 일정 수준까지 개발 가능하며 적절한 환경 조건과 자극을 통해 향상될 수 있다는 주장은 교육의 효과에 기대를 갖게 한다. 다중지능이론을 바탕으로 하는 유아 과학교육에 관한 시사점은 다음과 같이 정리해 볼 수 있다.

① 인간 지능은 개발 가능한 것이고, 지능의 다양한 측면을 고려할 때 유아를 위한 교육과정은 통합적 방법으로 접근함이 적절하다는 것을 시사한다. 유아 과학교육도 총체적 관점에서 다른 발달 영역과 연계할 때 더욱 효과적인 학습이 가능할 것이다.

② 다중지능이론은 지능의 개념이 문화적으로 상대적인 것이므로 사회

적 · 시대적 상황에 따라 중요한 지능의 영역이 변화될 수 있음을 강조한다. 이러한 관점에서 과학과 기술의 발달이 급격하게 이루어지는 사회를 살아나갈 유아에게 과학적 태도와 탐구력은 현대사회에서 필수적이며 이를 증진하기 위해 과학교육이 중요함을 시사한다.

③ 유아 지능의 개인차로 인해 나타나는 강점 영역과 약점 영역을 파악하여 강점 영역 지능은 과학적 능력을 향상시키기 위한 도구로 활용하는 노력이 필요함을 시사한다. 이를 위해 교사는 유아를 면밀히 관찰하여 강점 영역과 약점 영역뿐만 아니라 유아가 선호하는 학습 양식과 흥미, 관심 영역을 파악하여야 한다.

5. 뇌 인지과학적 관점

과학기술의 발달로 살아 있는 생명체의 활동과 뇌의 반응에 대한 측정이 가능해지면서 뇌 인지과학에 대한 연구가 활발히 진행되고 있다. 여기에서는 유아의 발달과 뇌의 영역과 기능 사이의 관계를 확인하는 구체적인 결과를 통해 효과적인 유아 과학교육을 위한 인지과학적 관점을 확인한다.

1) 중심개념

(1) 뇌의 성장

뇌는 발생학적 측면과 진화론적 측면에서 동일한 순서로 발달한다. 태아의 뇌발달을 살펴보면 뇌의 여러 부분 중 생명 연장과 가장 관련이 깊은 연수 등 중심부부터 발달하여 대뇌피질이 가장 늦게 발달한다. 마찬가지로 하등동물은 아주 어린 태아처럼 단순한 뇌를 가지나, 고등동물로 갈수록 인간과 유사한 뇌 구조를 지닌다(김성일, 2010). 뇌는 유아기 동안 다른 신체 부분보다 빠르게 발달하는데, 만 2~6세가 되면 뇌의 무게가 성인의 70~90%까지 증가하고 만 7세경이면 성인과 거의 비슷한 수준으로 뇌가 성장하게 된다(Berk, 2005). 뇌는 성장하면서 무게가 증가하는 것뿐만 아니라 기능과 구조가 더욱 정교해진다.

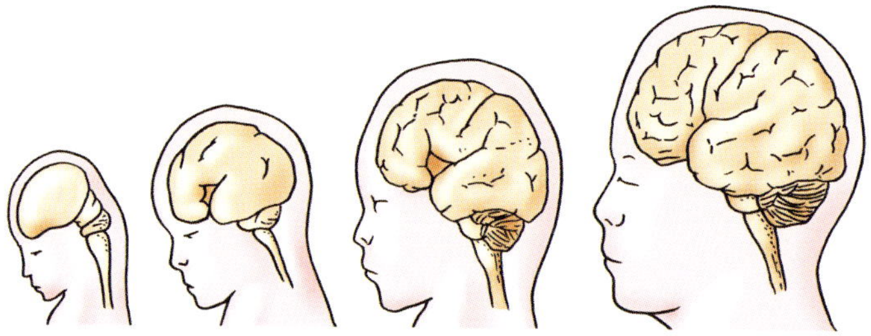

그림 2-5 태내에서의 뇌의 발달

(2) 뇌의 구조

인간의 뇌는 서로 다른 기능을 수행하는 몇 개의 부분으로 이루어져 있다. 머리의 대부분을 이루는 대뇌는 가장 늦게 발달하며 좌뇌와 우뇌는 뇌량을 중심으로 연결되어 있다. 대뇌의 바깥 부분인 대뇌피질은 사고와 기억, 언어 같은 고도의 정신기능을 담당한다. 대뇌의 아래쪽에 좌우 한 쌍으로 구성된 소뇌는 몸의 균형과 자세를 유지하는 역할을 한다. 중뇌는 눈과 관련하여 눈동자의 움직임과 홍체의 조절을 담당하고, 연수는 호흡과 심장박동 소화기관의 운동을 조절한다. 그리고 간뇌는 자율신경계와 체온 유지, 수면 등을 관장한다.

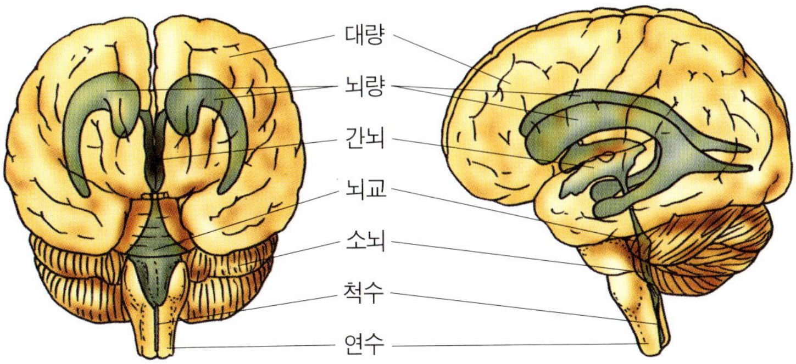

그림 2-6 뇌의 구조

(3) 정보의 전달

인간 뇌에는 1,000~2,000억 개 정도의 신경세포 뉴런이 있어 정보를 저장하고 전달하는 역할을 한다. 뉴런은 세포체, 수상돌기, 축색돌기로 구성되어 있다. 뉴런과 뉴런 사이에는 시냅스라는 작은 간격이 있는데 여기에서 신경전달물질인 화학물질을 방출하여 서로 간에 정보를 전달한다.

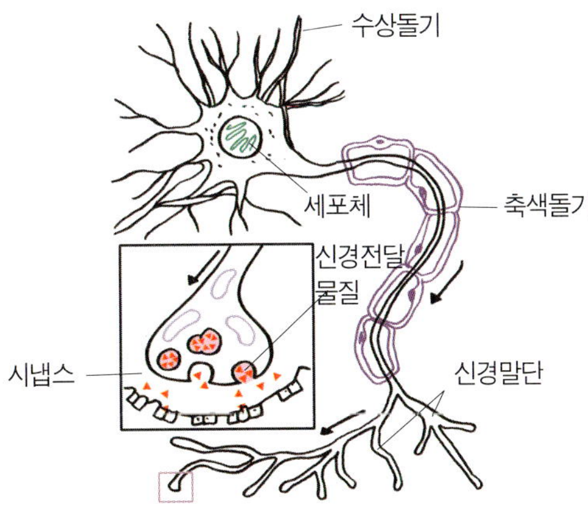

그림 2-7 뉴런과 시냅스

신경전달물질에는 엔도르핀, 아드레날린, 멜라토닌, 도파민, 세로토닌 등이 있는데 전달하는 정보에 따라 그 종류와 양이 다르게 분비되면서 정보를 전달하게 된다. 이 중 도파민은 인간의 정신활동과 밀접히 관련되며 포옹, 키스, 칭찬, 승리와 같은 즐거운 일을 겪을 때, 어떤 일에 몰두할 때 그 분비가 촉진된다. 이러한 뇌과학의 원리를 적용하면, 유아의 학습을 촉진하기 위해 도파민의 분비를 활성화시키는 즐거운 학습방법이 도움이 될 것이다.

(4) 대뇌피질의 발달

두뇌의 대뇌피질은 호두를 반으로 나눈 것과 같은 모양으로 주름이 많이 잡혀 있다. 일반적인 성인의 대뇌피질을 편평하게 펼쳐 본다고 가정하면 신문지 한 장 정도의 크기에 해당하며, 뇌 무게의 85%를 차지한다(김성일, 2010). 대뇌피질에는 가장 많은 수의 뉴런과 시냅스가 분포되어 있어 고도의 정신기능을 담당한다. 이는 크게 네 부분으로 나뉜다. 전두엽은 행동을 조직하고 종합적 사고와 창의력, 판단력, 감정 등을 조절하는

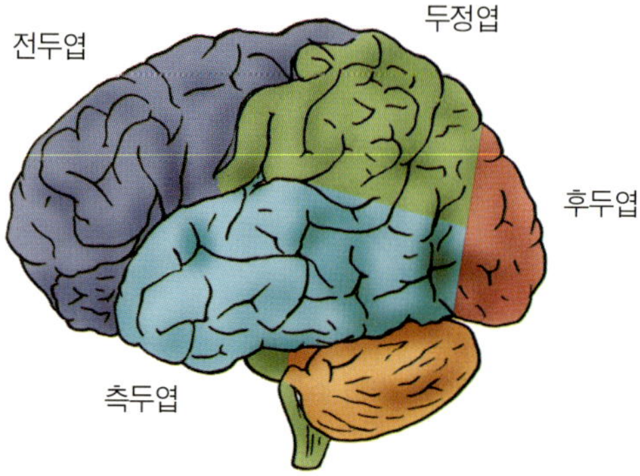

그림 2-8 대뇌피질의 영역

중요한 부분으로 3~6세 시기에 급격히 성장 · 발달한다. 두정엽은 신체의 움직임과 공간적 인식을 지각하며, 측두엽은 언어와 청각 기능을 담당하고, 후두엽은 시각적 정보에 관여한다. 우리는 환경과의 상호작용을 거듭하면서 대뇌피질을 사용하게 되는데, 이때 대뇌피질의 여러 부분 중에서 더 자주 사용되는 부분이 더 많이 발달하게 된다. 따라서 각자의 경험에 따라 활성화되고 발달되는 피질 부분이 다르기 때문에 인간의 뇌는 모두 다르게 발달된다. 최근의 대뇌 관련 연구(Nelson, 2002; Prairie, 2005)는 학습과 관련된 중요한 역할을 담당하는 전두엽이 발달하는 유아기에 적절한 자극의 제공이 필요함을 시사한다.

(5) 뇌의 편측성

대뇌피질은 좌반구와 우반구로 나누어져 있는데 관장하는 기능은 각기 다르다. 좌반구는 연속적이고 분석적인 방식으로 정보를 처리하는 데 반해 우반구는 전체적이고 통합적인 방식으로 처리하도록 세분화된다. 이와 같이 좌뇌와 우뇌의 기능이 나누어져 있는 것을 편측화(lateralization)라고

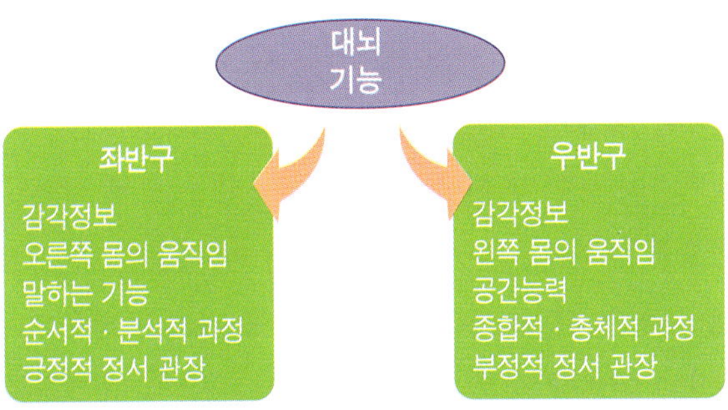

두 개의 반구로 구성된 대뇌는 좌반구와 우반구가 서로 다른 기능을 담당하며 긴밀히 협력한다.

그림 2-9 좌반구와 우반구의 기능

한다. 이러한 특징에 따라 두 반구가 같은 방식으로 정보를 처리하는 것보다 훨씬 더 효과적으로 기능하게 되는 장점을 지니게 된다(Berk, 2005).

(6) 뇌의 가소성

영아기와 유아기에는 뇌의 각 부분이 아직 특수하게 분화되지 않고 가소성(brain plasticity)을 지닌다. 가소성이란 피질의 한 부분이 손상되었을 경우 그 피질의 기능을 다른 부분이 대신할 수 있는 특성이다. 유아기 뇌의 가소성으로 인하여 어릴수록 뇌손상에서 회복될 가능성이 높다. 또한 영아기와 유아기에 뇌손상을 경험한 성인은 이후 시기에 손상된 성인보다 인지 결함이 적은 것으로 나타났다(Huttenlocher, 2002). 이러한 가소성은 최근 신경교육학의 중요한 연구 분야로, 뇌의 구조적 연구를 통해 유아가 위험을 보이는 영역을 신속히 찾아내어 그 부분이 활성화될 수 있는 자극을 제공하려는 시도가 이루어지고 있다.

2) 유아 과학교육에의 적용

뇌영상 촬영술과 같은 과학기술의 발달로 더욱 직접적인 뇌 연구가 가능해지면서, 뇌 인지과학은 구체적인 증거를 통해 환경 사이의 역동적인 상호작용을 통한 경험이 뇌의 발달에 영향을 미침을 확인하였다. 또한 뇌 인지과학의 결과는 유아의 인지와 사고의 발달을 위해 뇌발달에 맞는 적기교육이 중요함을 보여 준다. 아울러 아동의 다양성, 풍요로운 경험의 기회, 주의를 높이기 위한 전략 등 교수-학습 원리의 적용에 중요한 시사점을 준다. 뇌 인지과학 이론을 바탕으로 하는 유아 과학교육에 관한 시사점은 다음과 같이 정리해 볼 수 있다.

① 3~6세는 종합적 사고와 창의력, 판단력, 감정 등을 조절하는 전두엽

의 발달이 활발히 진행되는 시기다. 이 시기의 유아는 구체적으로 사물과 상호작용하며 감각을 통한 학습이 효과적이므로 과학교육도 구체적이고 직접 경험할 수 있는 방법으로 접근함이 필요하다. 또한 종합적 사고를 촉진하는 탐구중심, 문제해결중심 교수방법이 바람직하다.

② 유아가 즐거움을 경험할 때나 어떤 일에 집중할 때 도파민 같은 신경전달물질의 분비가 활성화된다. 이는 유아를 위한 과학교육도 효과적인 학습을 위해 유아가 즐겁게 집중할 수 있는 교수방법이 필요함을 시사한다.

6. 정보처리이론 관점

정보처리이론(information-processing theory)은 인간의 정신구조에는 정보를 상징적으로 조작하는 시스템인 정보처리 과정이 있다고 본다. 유아의 사고과정을 마치 컴퓨터처럼 이해하여 유아가 정보를 획득하고 저장하고 인출하고 처리하는 과정의 정보처리 과정으로 이해하는 관점이다(Klahr, 1992; Seifert, 1993). 이 관점에서는 유아를 환경의 요구에 반응하여 자신의 사고를 형성하는 능동적이고 감각적인 존재로 보며, 유아의 지각, 주의, 기억, 정보의 범주화, 문제해결 과정 등에 관심을 둔다.

1) 중심개념

(1) 기억의 종류

기억을 환경으로부터의 정보를 인식하고 주의 집중하고 다음에 사용하기 위해 저장하는 일련의 과정으로 이해하는 정보처리이론에서는 이를 크게 감각기억, 단기기억, 장기기억으로 구분한다.

1 감각기억

감각기억(sensory register)이란 자극에 접한 후에 다음 치리를 위해 그것이 잠시 사용될 수 있는 아주 짧은 동안의 기억을 말한다. 단순한 잔상 형태로 남아 후속 처리가 없으면 쉽게 소실되는 기억이다.

2 단기기억

단기기억(short-term memory)이란 주의집중을 통해 인식하는, 의식적인 지적 활동의 첫 단계로 일차기억(primary memory) 또는 작업기억(working memory)으로도 불린다. 현재 경험하는 상황의 정보에 주의를 기울여 얻을 수 있는 15~30초 정도의 기억을 의미한다.

3 장기기억

장기기억(long-term memory)이란 장기적으로 정보가 기억되는 것으로 세상에 대한 지식, 과거 경험에 대한 인상, 사상, 문제해결 시 사용하는 책략 등에 대한 지속적인 안정된 기억을 뜻한다. 장기기억의 용량은 무제한이며 비교적 영구히 유지되는 기억이다(Shaffer, 2000).

단기기억에서 장기기억으로 넘어가기 위해서는 반복적 주의집중, 의도적 노력, 인상적인 경험 등의 기억을 위한 책략이 필요하다. 학습의 목표가 장기기억으로 유용한 정보를 저장하기 위한 노력임을 고려할 때 보다 효과적인 기억 저장을 위하여 유아가 사용하는 책략에 관심을 두고 지도하는 것이 필요하다. 특히 유아는 정보가 흥미로워서 주의를 끌 때, 기억할 물체와 상황에 반복하여 노출될 때, 친숙하고 의미 있는 정보일 때, 그리고 물체나 상황에 감각적이고 적극적인 방법으로 개입할 때 단기기억에서 장기기억으로의 저장이 효과적으로 이루어진다(우현경, 이순형, 2005).

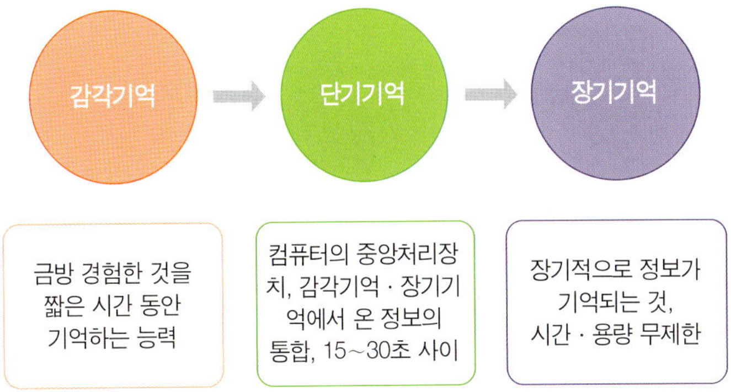

그림 2-10 기억의 종류

(2) 정보처리 능력의 발달

유아의 정보처리 능력이 발달함은 크게 '용량(capacity)' 과 '책략 사용(strategy use)' 이라는 두 가지 능력의 발달을 의미한다. '용량'이 증가한다는 것은 기억하는 용량(memory span)이 늘어나고 문제 상황에서 정보처리 속도(processing speed)가 빨라진다는 것을 뜻한다. 그리고 '책략 사용' 은 효과적으로 기억하기 위해 유아가 사용하는 책략이 증가하고 정교화 됨을 뜻한다(최경숙, 박영아, 2007). 그러므로 정보처리이론은 유아의 기억 용량의 한계, 정보와의 친근성, 유아에게 주어지는 과제 수행능력 등에 관심을 둔다. 이를 과학교육의 관점에서 적용하여 보면 유아의 과학적 능력도 유아의 단기기억과 장기기억의 용량 정도, 정보의 효율성, 경험 지식의 기반에 의해 길러진다고 이해할 수 있다.

2) 유아 과학교육에의 적용

정보처리이론은 유아가 환경으로부터 필요한 정보를 어떻게 파악하고 기억하는지에 대한 상세한 과정을 설명하여 유아를 위한 교수-학습 방법을 마련하는 데 도움을 준다. 유아 과학교육 역시 유아가 필요한 상황에

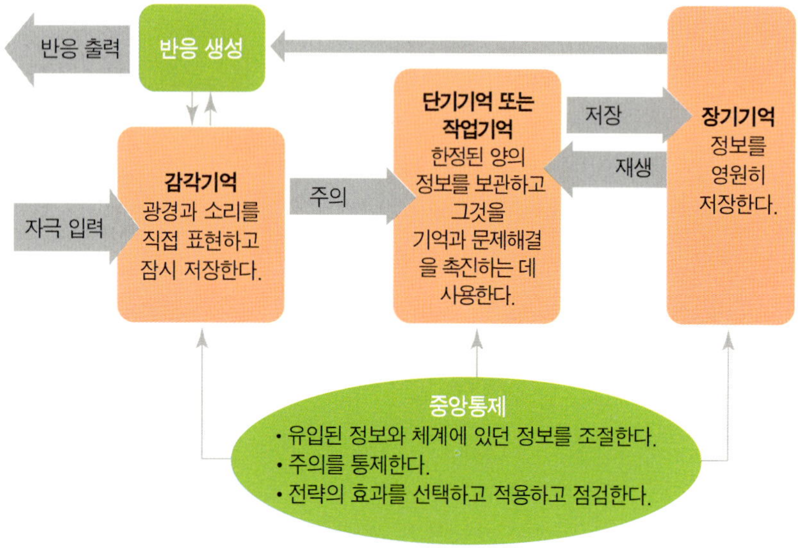

그림 2-11 정보처리 체계의 저장 모델

출처: Berk(2005).

서 자신의 기억에 저장된 과학적 개념과 태도를 사용하여 문제해결력을 기를 수 있도록 돕는 과정이다. 이러한 점을 고려할 때 정보처리이론은 단기기억에서 장기기억으로의 전이 가능성을 높일 수 있는 구체적 방법에 대한 시사점을 제공한다. 정보처리이론을 바탕으로 하는 유아 과학교육에 관한 시사점은 다음과 같이 정리해 볼 수 있다.

① 유아의 과학학습을 구성하면서 유아가 활동과 교구를 매력적으로 느껴 내적 흥미를 가질 수 있도록 배려함이 필요하다.
② 유아는 제공되는 정보가 친숙한 것일 경우 더 잘 기억할 수 있으므로 유아에게 친숙하고 의미 있는 상황에서 과학학습이 이루어지도록 해야 한다. 따라서 유아의 일상생활에서 유아와 직접적 관련이 있는 과학 경험을 제공하는 것이 중요하다. 또한 주변의 자연환경

에서 다양한 놀이와 경험을 통해 과학적 개념을 스스로 형성하도록 돕는 방법도 유용하다.

③ 유아가 감각적 방법을 통해 적극적으로 개입하여 과학 경험을 얻을 수 있도록 구체적이고 조작적인 교수방법을 모색하는 것이 필요하다.

$$E=mc^2$$

제3장

유아 과학 개념과 과학적 사고 발달

1. 유아의 과학 개념 발달
2. 유아의 과학적 사고 발달

어린 유아는 과학적 내용에 대한 개념을 언제, 어떻게 발달시킬까? 또 어린 유아도 문제를 해결하고 인과관계를 파악하는 논리적 사고를 할 수 있을까? 아동발달을 연구하는 많은 학자는 어린 영아도 선천적인 과학적 개념을 지니고 있고, 세상에서 일어나는 과학적 현상을 경험하면서 나름대로의 지식을 구성해 나간다고 본다. 이 장에서는 유아가 지니고 있는 과학 개념과 과학적 사고의 발달에 대해서 알아본다.

1. 유아의 과학 개념 발달

유아가 지닌 과학 개념은 물체와 물질에 대한 개념, 생물에 대한 개념, 지구와 우주의 환경에 대한 개념 등으로 나누어 볼 수 있다. 여기에서는 물체와 물질에 대한 개념으로 물체와 힘에 대한 유아의 개념발달을 다루며, 생물에 대한 개념으로는 성장, 움직임, 유전에 대한 개념을 다루고, 지구와 우주 환경에 대한 개념으로는 해, 달, 구름에 대한 개념을 다루어 본다.

1) 물체와 힘 개념

유아는 자신이 아닌 물체를 어떻게 지각하고 인지하는가? 유아의 물체에 대한 지각은 대상 개념의 발달을 통해서 확인할 수 있다. 대상 개념은 하나의 대상이 실제 공간을 차지하는 물체라는 생각으로 기본적인 물리 지식이다. 대상 개념의 발달은 영아기 대상영속성의 획득을 통해서 볼 수 있다. 신생아 앞에서 딸랑이를 흔들면 신생아는 딸랑이를 쳐다본다. 하지만 딸랑이를 등 뒤로 숨기면 곧 흥미를 잃고 고개를 돌리거나 혹은 딸랑이를 마지막으로 보았던 장소를 잠시 동안 그대로 바라본다. 4~8개월이 되면 영아는 대상이 움직이면 그 대상을 따라가면서 쳐다보고 대상이 어디로 이동하게 될지 예측도 한다. 또한 장난감의 일부를 수건으로 가려도 그 대상이 장난감이라는 것을 알 수 있다. 하지만 장난감을 완전히 수건으로 덮어 가리면 장난감을 찾으려 하지 않는 것에서 볼 수 있듯이, 이 시기의 영아는 대상 개념이 완전하지는 않다. 8~12개월이 되면 특정 대상이 완전히 숨겨져서 그 대상이 존재한다는 시각적 단서가 없어도 숨겨진 대상을 손으로 탐색하고 찾아낸다. 이 시기에 영아는 까꿍놀이를 좋아한다. 엄마의 얼굴을 수건으로 가려도 엄마가 수건 뒤에 존재하고 있다는 것을 알기 때문에 영아는 엄마가 다시 나타날 것이라는 기대를 하고 실제로 엄마가 나타났을 때 좋아하면서 까르르 웃는 것이다.

최근에는 더 어린 영아도 물체에 대한 보다 정확한 개념을 구성하고 있다는 것이 밝혀지고 있다. 2~5개월 영아는 두 개의 물체가 동시에 같은 공간을 차지할 수 없음을 이해한다. 또한 2~5개월 영아는 물체가 움직여도 그대로 존재하며, 움직일 때 그 형태가 변하지 않음을 이해한다(Baillargeon, 1994; Spelke, 1994).

물체의 물리적 특성에 대한 이해는 생후 1년간 발달이 진행되면서 획득되는 것으로 보인다. 물체를 파악하는 데에 있어서 물체의 이동과 그 근원이 되는 힘에 대한 이해는 중요한 단서가 된다. 4개월 영아는 물체가 하나의 경로를 따라서만 이동하고, 한 지점에서 다른 지점으로 갑자기 이동하지 못한다는 것을 안다. 4개월 영아에게 움직이는 자동차 장난감이 나무상자를 뚫고 앞으로 나아간 듯한 결과를 보여 주자, 영아는 놀라는 표정을 보이며 한참을 바라보았다(Baillargeon, 1986). 이는 어린 영아도 자동차가 딱딱한 나무상자를 통과할 수 없고 가던 길을 벗어나 다른 곳에서 나타날 수 없다는 것을 안다는 증거가 된다. 어린 영아도 멈추어 있는 자동차에 다른 자동차가 와서 부딪혀야만 자동차가 움직인다는 힘의 전달에 대한 이해도 할 수 있다.

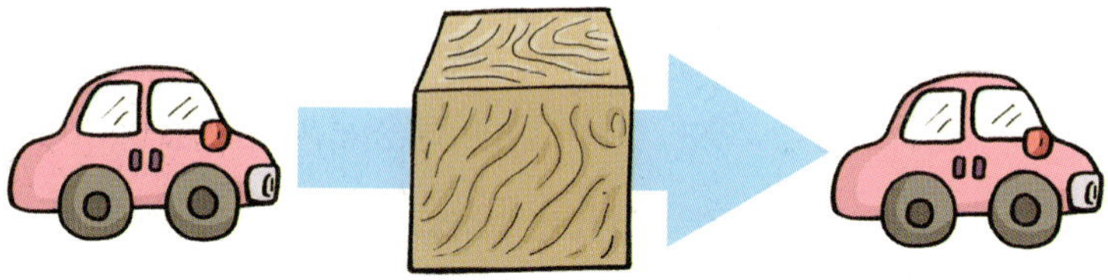

그림 3-1 Baillargeon의 실험

출처: Baillargeon(1986).

중력과 관성에 대한 이해는 생후 6개월이 지나야 나타나는 것으로 보인다. 6개월 영아는 위에서부터 떨어지는 공이 바닥에 닿는 경우보다 중간에서 멈추어 떠 있는 경우를 더 오래 쳐다보았다. 하지만 4개월 영아는 두 경우에 차이를 보이지 않았다(Spelke, Breinlinger, Macomber, & Jacobson, 1992). 영아기에는 힘에 대한 개념이 점차 발달하면서 중력과 관성에 대해서도 알게 되고 낙하하던 물체가 멈추는 것을 불가능한 사건으로 여기게 되는 것이다.

물체와 물체의 이동, 힘에 대한 유아의 개념 발달은 유아가 이후 다양한 물리적 사건을 경험하면서 과학 지식을 습득하는 데 기본 요소로 작용한다. 이러한 개념의 발달을 위해서 부모와 교사는 유아가 주변 환경을 안전하게 탐색하면서 물체를 직접 만지고 힘을 주어 움직여 보는 기회를 많이 가질 수 있도록 하는 것이 좋다. 또한 유아와 함께 어떤 물체는 물에 녹고 어떤 물체는 녹지 않는지, 어떤 물체는 빛이 통과하고 어떤 물체는 빛을 차단하는지 등과 같은 다양한 물리적 특성을 파악하는 활동을 할 수도 있다. 시소놀이를 통해 물체의 무게에 따른 힘의 세기를 알 수도 있고, 자동차를 부딪혀 보며 어떤 자동차가 더 힘이 센지를 파악해 볼 수도 있다.

2) 생물 개념

생물 대 무생물, 생물의 기원, 생물의 성장과 같은 생명에 대한 개념은 유아에게 항상 흥미로운 영역이다. 따라서 유아는 인지적 노력을 기울여 이러한 개념을 습득하고자 한다. 여기에서는 생물의 성장, 운동, 유전 개념 등을 다루어 본다.

(1) 생물의 성장

모든 생물은 성장하며, 생물만이 성장한다. 생물학적인 성장은 일정한 법칙에 따라 이루어지며 예측이 가능하다. 생물은 외관이 달라지기는 하지만 기본 정체가 달라지는 것은 아니다. 생물이 성장하는 원동력은 타고난 것이고 그 생물의 내부에 존재한다. 이러한 특성은 무생물에는 적용되지 않는다. 3~4세 유아도 생물의 이러한 특성을 어느 정도 인식하고 있는 것으로 보인다. 유아는 어떤 것이 성장하고 어떤 것이 성장하지 않는지에 대한 질문에 상당히 정확하게 답변한다(Inagaki & Hatano, 1996). 예를 들어, 작고 귀여운 아기 토끼는 주인이 원한다고 영원히 작고 귀여울 수 없다는 것을 안다(Inagaki & Hatano, 1987). 학령전 유아는 성장의 방향을 알고 있으며, 인공물이 아닌 생물체만이 나이가 들면서 점점 커진다고 생각한다(Rosengren, Gelman, Kalish, & McCormick, 1991). 물론 생물의 성장에 대한 지식이 완벽하지는 않아서 번데기가 나비가 되는 것과 같은 극적인 변화는 쉽게 받아들이지 못한다. 하지만 유아는 상당히 일찍부터 어떤 종류의 사물이 성장하는지, 또 어떻게 성장하는지 상당히 잘 알고 있다(Flavell, Miller, & Miller, 2003).

학령전 유아는 생물의 재성장에 대한 개념도 보인다. 예를 들어, 고양이의 상처는 시간이 지나면 치유가 되지만 자동차가 긁히면 시간이 지나서 치유되는 것이 아니라는 것을 이해한다. 또 식물은 잘린 장미를 다시 키우고 개는 털을 다시 자라도록 할 수 있지만 다리가 부러진 탁자는 부러져 나간 다리를 재생해 내지 않는다는 것을 알고 있다(Backscheider, Shatz, & Gelman, 1993).

(2) 움직임

피아제(Piaget, 1929)가 '살아 있다'는 것이 무엇을 의미하는지에 대한 유아의 생각을 연구하면서 유아가 움직이는 것에 주의를 기울인다는 것은 명백한 사실이 되었다. Piaget는 유아가 물활론적인 경우가 많다고 주장했다. 즉, 무생물체에 생명을 부여한다는 것이다. 구름, 자전거, 시계는 모두 움직이기 때문에 유아가 살아 있는 것으로 생각한다는 것이다. 이후의 연구는 유아가 생물과 무생물의 구분에 어려움을 느낀다는 것을 확인해 주었다. 그러나 유아의 혼동은 광범위한 것도 아니고 오래 지속되는 것도 아니다(Carey, 1985a; Gelman, Spelke, & Meck, 1983).

매시와 젤먼(Massey & Gelman, 1988)은 3~4세 유아에게 바늘두더지, 곰, 네 발 짐승의 조각상 그림을 보여 주면서 각 물체가 혼자서 언덕을 오르내릴 수 있는지 질문했다. 유아는 물체가 생소하고 그림 단서에 제한되어 있었지만 정확하게 답할 수 있었다. 즉, 유아는 지각적 외관보다 본질을 고려할 수 있었다. 유아는 생명이 있는 물체는 스스로 움직일 수 있다는 것을 알고 움직임의 원인이 무엇인지를 파악했다. 이는 생물이 스스로 하는 움직임과 외부에서 움직이도록 하는 것을 구별해 주는 단서에 주의를 기울이게 하는 처리기제를 갖고 태어나기 때문이다(Gelman, 1990).

(3) 유전

생물체는 그 기원에 의해서도 파악될 수 있다. 생물체는 다른 생물체로부터 나오며, 종 전체의 속성과 부모의 속성을 모두 이어받는다. 학령전 유아도 모든 동물이 자신과 같은 종류의 동물을 낳는다는 것을 안다. 4세 유아는 개의 색깔은 자연스러운 수단에 의해 부모로부터 물려받은 것이지만, 깡통의 색깔은 인간이 작동하는 기계적인 과정에 원인이 있다고 생각한다.

생물 범주에 있어서도 어떤 속성은 다른 속성보다 더 잘 유전되는 것으로 가정된다. 유아는 문제의 속성이 기능에 영향을 미치는 것일 때, 예를 들어 분홍빛 심장에 대해 아무런 묘사도 하지 않을 때보다 그것이 동물의 건강을 유지하는 데 도움이 된다고 묘사할 때, 그런 속성이 부모로부터 아동에게 전이될 것임을 더 잘 예상한다.

유전과 환경이 서로 반대되는 방향으로 작용하는 가정을 하면 유아의 유전에 대한 생각을 확인할 수 있다. 아기 캥거루가 출생했을 때부터 염소가 키운다고 가정하자. 이 캥거루는 자라서 아기주머니를 가지게 되고 캥거루처럼 뛸 것인가? 혹은 염소처럼 '메에에에' 소리를 낼 것인가? 토끼가 원숭이들 틈에서 자라났다고 가정하자. 이 토끼는 당근을 좋아할 것인가, 바나나를 좋아할 것인가? 유아는 이런 가정하에서 환경보다는 유전의 속성을 가질 것이라고 판단한다. 즉, 유아는 '캥거루는 아기주머니를 가지게 되며 잘 뛰게 될 것이고, 토끼는 당근을 좋아할 것이다' 라고 답한다.

유아의 유전과 환경 논쟁에서 일반적으로 유전 속성을 선택하지만, 항상 그런 것은 아니고 성장하면서 그런 경향이 감소하는 것으로 나타났다. Taylor(1996)는 한 소년이 어떤 섬에서 여자하고만 생활하면서 성장하고 한 소녀는 어떤 섬에서 남자하고만 생활하면서 성장한다는 이야기를 4~10세 아동에게 들려주고 이 아동이 성차에 대해 가지고 있는 생각을 연구하였다. 어린 아동은 생물학적인 성별에 의한 판단을 했지만 9~10세 아동은 유전과 환경의 상호작용에 의한 결과를 설명했다.

3) 해, 달, 구름 개념

유아는 지구, 해, 달, 구름 등과 같은 지구와 우주를 하나의 물체 또는 물질로 파악하고 있다. 또한 이러한 천체 역시 살아 있는 생물이라고 여기고 그 이유는 움직이기 때문이라고 생각한다. 어린 유아는 지구과학에 대한 개념을 자기중심적 사고, 물활론적 사고와 인공론적 사고로 파악한다.

유아는 지구, 해, 달, 구름 등과 같은 천체에 대해 자기중심적으로 설명한다. 해와 달이 우리를 따뜻하게 해 주기 위해서 존재한다고 설명한다. 우리에게 빛을 주기 위해서 신 또는 어떤 인간이 해와 달을 만들었다는 인공론적 설명을 하기도 한다. 또한 구름, 해, 달, 별은 무겁기 때문에 스스로 힘이 있어서 하늘에 떠 있다고 말한다. 이러한 유아의 개념은 성장하면서 점차 정확한 지식을 구성하게 된다.

■ 해, 달, 구름에 대한 6세 아동의 반응

교사: 해가 어떻게 시작되었을까?
유아: 해는 불로 만들어졌어요.
교사: 어떻게?
유아: 불이 위에 있었으니까요.
교사: 불은 어떻게 하늘에 있었지?
유아: 성냥으로 붙였어요.
교사: 성냥은 어디서 왔을까?
유아: 신이 던졌어요.
교사: 달은 어떠니?
유아: 달은 점점 자라요.
교사: 어떻게 자라지?
유아: 우리가 크는 것처럼 달도 자라요.
교사: 무엇이 커지게 하니?
유아: 구름이요. 구름이 달이 자라도록 도와줘요.
교사: 달은 살아 있니?
유아: 네, 우리가 살아 있으니까요.
교사: 달은 어떻게 만들어졌지?
유아: 우리가 만들었어요.
교사: 해는 살아 있니?
유아: 네, 우리가 살아 있으니까요.

출처: Piaget(1929).

2. 유아의 과학적 사고 발달

1) 범주화

범주화란 세상에 존재하는 실체를 어떤 기준에 따라 나누는 것을 의미한다. 유아는 범주화를 통해 새롭게 접하는 사물과 사건을 이미 알고 있는 개념이나 범주로 나눌 수 있다. 따라서 범주화는 보다 효율적으로 세계를 경험하고 학습할 수 있게 해 주는 인지적 기술이다.

영유아가 형성하는 개념 가운데는 자연 범주(natural kinds), 명목 범주(normal kinds), 인공 범주(artifacts)가 있다. 자연에서 생겨나는 범주인 자연 범주는 그 존재와 특성이 인간의 활동과는 상관이 없다. 동물, 식물, 광물은 모두 자연 범주에 속한다. 명목 범주는 자연보다는 인간의 관습에 따라 규정되는 범주다. 예를 들면, 홀수, 원, 엄마 등은 분명하게 정의 내릴 수 있는 개념이다. 홀수는 '짝을 지을 수 없는 수', 엄마는 '나를 낳아 준 사람'으로 정의된다. 인공 범주는 사람이 필요에 의해서 인위적으로 만들어 낸 물체를 말한다. 집, 선풍기, 연필 등이 인공 범주에 속한다. 범주를 구성하는 각 집합은 유사성을 가지며, 그리하여 각각의 집합으로 묶일 수 있다.

3~4개월의 어린 영아도 동물에 대한 기본 수준의 범주를 표상하고 있다. 3개월이 된 영아는 동물과 가구를 구별할 수 있다. 일련의 동물 자극에 습관화되었을 경우 다른 동물 그림을 보여 주면 지루해하지만, 책상이나 의자를 보여 주면 관심을 보인다(Behl-Chadha, 1996). 또 이 범주 내에서도 여러 가지를 구별할 수 있다. 의자를 소파나 침대, 책상과 구별할 수 있고, 고양이를 새나 개, 말과 구별할 수 있다. 그러나 이 시기의 영아는 고양이와 암사자는 구별하지 못한다.

9개월이 되면 새와 비행기를 구별할 수 있는데, 새와 비행기가 둘 다 날개를 펴고 있을 때에도, 또 비행기를 얼굴처럼 보이는 무늬로 장식했을 때에도 이 둘을 구별한다(Mandler & McDonough, 1993).

유아는 발달하면서 점차 정교하게 범주화할 수 있다. 예를 들어, 처음에는 동물의 얼굴 특징을 근거로 동물을 구별하지만 점차 꼬리 모양이나 체형 같은 다른 속성에 민감해지게 된다. 또 속성 간의 상관관계, 즉 날개와 깃털이 함께 존재한다는 사실에도 민감해진다. 이러한 인식은 유아가 범주를 빠르고 정확하게 형성할 수 있는 가능성을 증가시킨다(Younger & Cohen, 1986).

그림 3-2 유아가 범주를 형성하는 능력을 검사하는 데 사용되는 자극의 예

표 3-1 유아의 범주화를 연구하는 방법

방법	기술	범주화의 증거
습관화-탈습관화 예) Behl-Chadha, 1996; Quinn & Eimas, 1996	한 범주에 속하는 여러 구성원(예, 여러 고양이)의 그림을 제시한 후, 아기가 그 범주의 새로운 사례(예, 새로운 고양이)에 탈습관화되는지, 또는 다른 범주의 구성(예, 개, 말)에 탈습관화되는지 검사한다.	범주가 바뀔 때 탈습관화가 더 강하게 일어난다.

조작적 조건형성 예) Greco, Hayne, & Rovee-Collier, 1990; Hayne, Rovee-Collier, & Perris, 1987	특정 자극(예, 모빌)이 제시될 때의 반응을 조건형성 한 후, 이 반응이 훈련된 자극과 유사성의 정도가 각기 다른 새로운 실례로 일반화되는지 검사한다.	조건반응이 새로운 실례로 일반화된다.
만지는 순서 예) Mandler & Bauer, 1988; Man-dler, Bauer, & McDonough, 1991	서로 다른 여러 범주에 속하는 물체를 제시하고(예, 장난감 동물, 장난감 탈것, 장난감 가구), 아기가 만지는 물체의 순서를 기록한다.	같은 범주에 속하는 물체를 순서대로 만지는 빈도가 우연 수준보다 더 높다.
귀납 추론 예) Mandler & Bauer, 1996, 1998	서로 다른 범주에 속하는 항목마다 알맞은 반응을 가르친 후(예, 개에게 물을 주는 것, 자동차에 열쇠를 꽂는 것) 같은 범주에 속하는 새로운 실례에 대한 반응을 측정한다.	반응이 같은 범주에 속하는 구성원으로 일반화된다.

출처: Flavell, Miller, & Miller(2003).

2) 인과성

인과성이란 원인이 있기 때문에 결과가 존재한다는 것을 의미한다. 우리 주변에서 일어나는 많은 일은 대부분 어떤 원인에 의해 일어난다. 밥을 먹었기 때문에 배가 부르고, 글을 쓸 때 손에 힘을 너무 세게 주었기 때문에 연필의 심이 부러진다. 이러한 인과성을 유아가 언제, 어떻게 이해하게 되는지에 대한 연구가 피아제의 관찰 이후 계속되어 왔다. 어린 유아의 인과성 이해를 측정하는 방법은 습관화/탈습관화 절차를 사용하는 것이다. 레슬리(Leslie, 1984; Leslie & Keeble, 1987)는 빨간 벽돌이 왼쪽에서 오른쪽으로 이동해서 정지해 있는 초록 벽돌에 도달하면 빨간 벽돌은 멈추고 초록 벽돌은 오른쪽으로 움직이는 필름으로 영아에게 실험을 했다. 6개월 영아를 두 집단으로 나누어 한 집단의 영아에게는 빨간 벽돌이 왼쪽 끝에서 출발하여 중앙으로 움직여 초록 벽돌과 만나면 빨간 벽돌이 멈추고 초록 벽돌은 오른쪽으로 움직이는 인과적 장면을 보여 주어 습관화시켰다. 그 후 이 영아에게 빨간 벽돌이 초록 벽돌과 만나기 6cm 전에 멈추고 약간의 시간이 경과한 후 초록 벽돌이 움직이기 시작하는 장면을 보여 주자 탈습관화되었다. 다른 한 집단의 영아에게는 빨간 벽돌이 초록 벽돌에 부딪히고 약간의 시간이 경과한 후 초록 벽돌이 움직이기 시작하는 장면을 습관화시켰다. 그 후 영아에게 빨간 벽돌과 초록 벽돌이 부딪히지 않고 초록 벽돌이 움직이는 장면을 보여 주었다. 두 번째 집단의 영아는 두 장면 모두 인과관계가 성립되지 않는 경우였다. 이 집단의 영아는 첫 번째 집단의 영아보다 탈습관화가 덜 나타났다. 이러한 결과는

표 3-2 레슬리의 인과성 실험절차

	첫 번째 집단 영아	두 번째 집단 영아
습관화	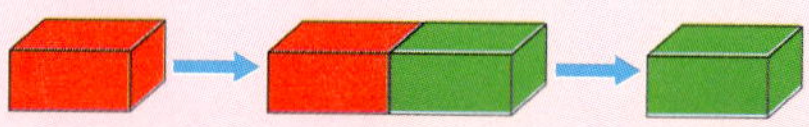 1. 빨간 벽돌이 초록 벽돌과 부딪힌다. 2. 빨간 벽돌은 멈추고 곧바로 초록 벽돌이 움직인다.	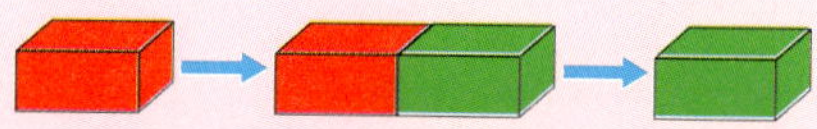 1. 빨간 벽돌이 초록 벽돌과 부딪힌다. 2. 약간의 시간이 경과한 후 초록 벽돌이 움직인다.
탈습관화	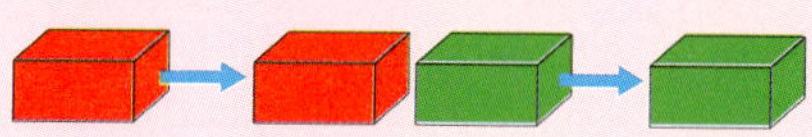 1. 빨간 벽돌이 움직이다가 초록 벽돌 앞에서 멈춘다. 2. 초록 벽돌이 움직인다.	 1. 빨간 벽돌이 움직이다가 초록 벽돌 앞에서 멈춘다. 2. 초록 벽돌이 움직인다.
결과	첫 번째 집단의 영아가 두 번째 집단의 영아보다 탈습관화를 더 많이 보인다. 이는 인과성에 대한 이해에서 비롯된 것으로 해석할 수 있다.	

출처: Leslie (1984).

영아가 접촉이나 즉각성과 같은 다른 물리적 특성의 변화가 아닌 인과성에 대한 이해로 인해 탈습관화를 보였다는 것을 보여 준다.

코언 등(Cohen & Amsel, 1998; Cohen, Amsel, Redford, & Casasola, 1998; Oakes & Cohen, 1990)은 레슬리가 사용한 것과 같은 단순한 자극을 사용했을 때에만 벽돌의 움직임에 인과성을 지각한다는 것을 발견했다. 기하 형태가 아닌 장난감 자동차나 트럭을 사용했을 때, 6개월 유아는 인과성에 기초한 반응을 하지 못했고 10개월이 되어야 그러한 반응을 할 수 있었다. 자극이 단순한 도형일 경우에는 영아가 인과성을 이해할 수 있었지만 그보다 더 복잡한 자극이 주어지면 인과적 정보처리를 하지 못한다는 것이다.

원인과 결과 간의 관계를 추론하는 능력은 영아기부터 시작되어 유아기, 아동기까지 계속적으로 더욱 정교하게 발달한다. 인과성에 대한 이해는 '만약 ~한다면 어떻게 될까?' '왜 이러한 현상이 나타나는 것일까?'와 같은 예측이나 추론과 같은 과학적 과정기술과도 밀접한 관련이 있다. 따라서 유아교사는 유아가 어떠한 상황이나 사건에 대해 한 번 더 왜 그러한지 생각해 볼 수 있는 기회를 제공하는 것이 좋다. 일상생활에서 '왜 그럴까?' '다음에는 어떻게 될까?' 와 같은 질문은 유아의 과학적 사고의 발달을 도울 수 있다.

3) 문제해결

문제해결은 어떤 목표에 도달하기 위해서 수행하는 목표 지향적인 인지활동이다. 문제해결을 위해서는 원인과 결과의 개념을 이해하고 수단과 목표를 분리하여 목표 지향적인 행동을 해야 한다(Flaverll et al., 2003). 윌라츠(Willatts, 1989)는 9개월 영아에게 마음에 드는 장난감을 손에 넣는 실험을 하여 어린 영아의 문제해결 능력을 증명했다. 그는 장남감을 영아

그림 3-3 영아의 문제해결능력에 관한 윌라츠(1989)의 실험

의 눈에 보이기는 하지만 손이 닿지 않는 거리에 두었다. 이때 장난감을 천 위에 놓아두어 천을 잡아당기면 영아는 장난감을 잡을 수 있으나, 블록으로 만든 장애물이 영아와 천 사이에 있기 때문에 천을 잡아당기기 위해서는 장애물을 치워야 했다. 9개월 영아는 장애물을 치우고 천을 잡아당겨 장난감을 잡을 수 있었다. 반면 천 위에 장난감 없이 실험을 했던 영아는 천은 내버려 두고 블록을 가지고 놀았다. 이 실험은 9개월 영아도 자신이 처한 상황에서 문제를 해결하면서 적응적으로 행동할 수 있다는 것을 보여 준다. 이는 피아제의 주장보다 유아의 문제해결 능력이 훨씬 일찍 나타난다는 것을 보여 준다.

보조물을 사용해서 멀리 있는 물건을 손에 넣는 능력은 12개월 즈음에 나타나지만, 막대기를 사용해서 손이 닿지 않는 물체를 손에 넣는 행동은 12~18개월 이후에나 나타난다. 브라운(Brown, 1989)은 20개월 된 유아에게 끝이 둥글고 긴 연노란색의 갈고리를 사용해서 좋아하는 장난감을 손에 넣는 방법을 배우게 했다. 이후에 이와 비슷한 다른 여러 도구를 주자, 유아는 끝이 둥글고 긴 연노란색의 갈고리를 찾는 것이 아니라 현재의 과제를 해결할 수 있는 한 가지 도구, 즉 길이가 충분히 길고 앞부분이 물건을 끌어오기에 적당한 모양으로 생긴 갈고리에만 주의를 집중했다.

어린 유아도 환경에 적응하고 대처하는 행동을 통해 문제해결을 할 수 있고, 풍부한 경험과 성인의 지원이 있다면 기초적인 문제해결뿐 아니라 그 해결방안을 다른 상황에 적응적으로 전이할 수도 있다(Brown, 1989).

$E=mc^2$

제4장

유아의 과학적 과정기술과 태도

1. 기초적 과정기술
2. 통합적 과정기술
3. 과학적 태도

구소련의 스푸트니크호 발사 후 미국에서 어린 학생들에게 물질에 대한 감각과 과학의 방법을 전해 줄 수 있는 근본적인 과정을 조사해야 한다는 움직임이 일었다. 결론은 학생들이 과학이 행해지는 방법에 대해서 배워야 한다는 것이었다. 화학은 화학자가 그들의 실험을 수행하는 방법으로 배워야 하고, 물리학은 물리학자가 물리를 하는 방식으로 배워야 하고, 생물은 생물학자가 세상을 탐색하는 방식으로 배워야 한다. 그렇다면 과학자는 어떻게 과학을 할까? 과학자는 어떠한 현상에 대해 이해하기 위하여 질문에 답하고, 이론을 발달시키고, 더 많은 정보를 발견하고 새로운 결론을 찾는 과학적 탐구과정을 적용한다. 새롭게 개발된 많은 프로그램에서 과학교육을 탐구의 과정을 적용시키는 과정적 접근으로 시도하게 되는데, 이러한 접근의 효율성은 ESS(Elementary Science Study), SCIS (Science curriculum Improvement Study) 등의 프로그램(8장 참조)에서 증명되었다.

과정적 접근에서 과학적 정보는 유아가 과정을 탐색하고 내용을 학습하기 위해서 사용하는 발판이 된다. 유아는 과정을 사용해서 과학적인 내용을 찾고 새로운 과학 현상을 찾는다. 예를 들어, 관찰의 과정은 식물, 동물, 바위, 움직이는 물체 등을 학습할 때 사용된다. 유아는 나뭇잎, 조개껍질, 그림 등을 분류하는 것을 배운다. 유아는 과학적 과정의 결과에 대해서 서로 의사소통한다. 또한 전통적인 체계와 새로운 체계에 대한 실험을 위해서 측정한다. 그들은 식물이 빛을 받지 못하면 어떻게 될 것인지에 대해서 예측하고, 식물이 빛을 받지 못했을 때 왜 시들었는지에 대해서 추론한다.

이 장에서는 이러한 유아의 기초적 과정기술과 통합적 과정기술에 대해 알아보고 유아가 가지는 과학적 태도에 대해 살펴본다.

1. 기초적 과정기술

1) 관찰하기

관찰하기란 유아가 지닌 감각기관을 통해 주변의 정보를 모으는 기초적인 과정을 의미한다. 관찰은 모든 과학에서 필수적 요소다. 어떤 현상에 대한 질문도 관찰에서 파생되고 그 현상에 대한 실험과정도 관찰로 이루어진다. 또한 실험의 결과를 해석하고 결론을 내릴 때도 관찰의 결과에 의지하게 된다. 따라서 유아에게 관찰하기는 매우 중요한 과학적 과정기술이 된다. 유아는 보다 정확하고 완벽하게 관찰하는 법을 배워야 하고, 특히 예측할 수 없는 특성을 찾기 위해서 관찰해야 한다. 교사는 유아에게 관찰할 기회를 가능하면 많이 제공해야 한다. 관찰은 모든 일상생활에서 이루어질 수 있다. 그러므로 교사는 유아가 먹고 놀고 유치원에 가고 목욕하는 매 순간 주변의 사물과 현상을 관찰할 수 있도록 기

■ 오늘 유치원에 가는 길에 무엇을 보았니?

유아에게 1주일 동안 매일 똑같은 질문을 해 보자. 이러한 질문을 통해서 유아는 유치원에 가는 길에 보다 유심히 관찰하게 된다. 시간이 지나면서 유아의 반응은 더 풍부해지고 다양해질 것이다.

■ 오늘 유치원에 가는 길에 예전에는 미처 보지 못했던 것을 보았니?

1주일 후에는 유아에게 새로운 질문을 한다. 1주일 동안 예전부터 유치원에 가는 길에 있긴 했지만 그동안은 미처 보지 못했던 것을 찾아보도록 한다. 이 질문의 목적은 정교한 관찰하기에 있다. 새로운 것을 찾게 된 유아는 자신이 찾은 새로운 것에 더 많은 관심을 보일 것이다.

■ 오늘 유치원에 가는 길에 궁금한 것을 보았니?

1주일 후에 또다시 새로운 질문을 한다. 1주일 동안 유아가 유치원에 가는 길에서 관찰한 것 중 궁금한 것에 대해서 말하고 생각해 보도록 한다. 예를 들어, 유아는 가을에는 나뭇잎이 떨어지는데 소나무의 잎은 왜 떨어지지 않는지에 대해서 궁금할 수 있다. 유아가 궁금해하는 것을 말하고 왜 그런지 함께 이야기해 보는 것은 과학의 시작이 된다.

회를 주어, 관찰의 기술을 발달시키고 더 풍부하고 날카롭게 관찰하도록 도와야 한다.

2) 분류하기

분류하기란 특정 속성에 따라 사물이나 현상을 나누는 것을 의미한다. 같은 속성을 가진 대상끼리 무리 지어 보는 행위인 분류하기는 일상생활에서 흔히 일어난다. 유아는 책이나 장난감을 정리하는 활동에서도 분류하기 기술을 사용한다. 특정 속성에 따라 분류하는 활동을 통해 유아는 사물의 같고 다른 점을 파악하게 되고 여러 가지 물체와 현상의 속성에 대해서 더 잘 이해하게 된다. 즉, 분류하기는 유아가 관찰한 내용을 통해 결론을 내리기 위해서 필요한 기술로 가설을 설정하고 실험적 절차를 고안하기 위해서 필수적인 기술이다. 교사는 유아에게 관찰한 내용을 여러 가지의 속성에 따라 분류하는 활동을 하도록 격려해 줄 필요가 있다. 예를 들어, 유아가 나뭇잎을 관찰했다면 크기에 따른 분류, 색깔에 따른 분류, 모양에 따른 분류 활동으로 확장시킬 수 있다.

■ 씨앗 분류하기

유아에게 다양한 종류의 씨앗을 한 접시에 담아서 준다. 해바라기씨, 호박씨, 완두콩, 검은 콩, 각종 꽃씨, 수박씨, 체리씨 등. 유아에게 같은 씨앗끼리 모으고 각 씨앗의 이름을 정해 보라고 한다. 각 씨앗의 숫자를 세어 그래프로 표현해 볼 수도 있다.

■ 자석에 붙을까?

유아에게 자석을 주고 각자 교실에서 자석에 붙는 것을 모두 찾아보도록 한다. 자석에 붙거나 붙지 않는 다양한 물체를 한 바구니에 제시하고 자석에 붙는 것과 붙지 않는 것을 분류하도록 한다. 지우개, 클립, 가위, 연필, 크레용, 나무 블록, 플라스틱 블록, 볼트, 못 등.

이 활동은 예측하기 활동으로 확장할 수도 있다. 먼저 자석에 붙을 것인지 혹은 붙지 않을 것인지를 예측해 보고 그다음 물체를 붙여 본다. 또한 일상생활에서 자석 활용과 관련된 토론을 통해 자석이 우리에게 어떻게 유용하게 사용되는지를 알 수도 있다.

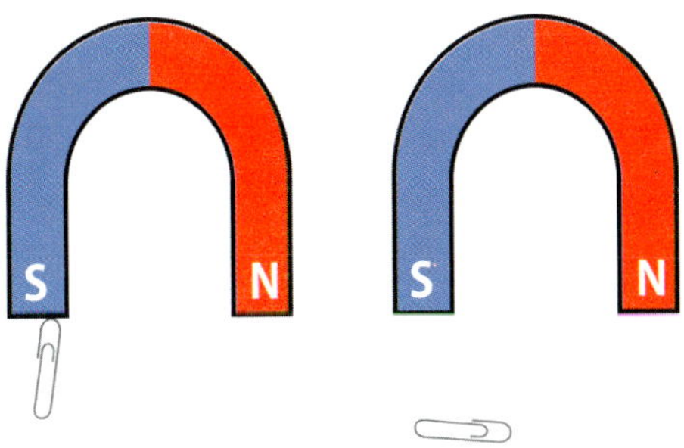

자석에 붙는 것 자석에 붙지 않는 것

3) 의사소통하기

의사소통하기는 우리가 무엇을 했는지, 그리고 우리가 무엇을 생각하고 있는지에 대해서 사람들에게 알릴 때 사용하는 과학적 기술과정을 의미한다. 이는 언어를 포함해서 다양한 형태로 나타날 수 있다. 유아는 자신이 알고 생각하는 것에 대해서 몸짓, 몸의 자세와 위치, 얼굴 표정, 음성적인 소리, 언어 등 다양한 형태로 의사소통을 할 수 있다. 또한 다른 사람이 말하는 것을 듣는 것 역시 의사소통에 해당되는데, 이러한 듣기를 통해 다른 사람은 어떻게 생각하는지를 알게 되고 그 과정을 통해 보다 정확한 과정적 지식을 갖게 될 수 있다.

유아기의 과학과정에서 의사소통은 현상을 기술하는 능력과 관련된다(Charlesworth & Lind, 2007). 유아는 생각이나 관찰한 사실을 언어적인 의사소통 이외에도 그림, 지도, 그래프, 보고서와 같은 형식으로 표현함으

■ 비눗방울에 대해서 말하기

유아에게 비눗물과 비눗방울 틀을 준다. 유아에게 다음과 같은 질문을 한다. "비눗방울의 색은 어떤 색이라고 생각하니?" "비눗방울은 얼마나 크니?" "비눗방울은 어떻게 움직이니?" "비눗방울을 바늘로 찌르면 어떻게 될까?"

로써 의사소통한다. 의사소통은 내가 알고 있는 의미를 다른 사람이 이해하도록 돕기 위해서 다양한 방식으로 제시된다. 의사소통으로 좋은 방법은 그래프나 다이어그램을 그리는 것이다. 관찰한 내용을 그림으로 표현하거나 관찰한 사실에 대한 날짜와 시간을 기록하는 것도 의사소통을 원활하게 하는 방법이 될 수 있다.

■ 날씨표 만들기

유아에게 1주일 동안 날씨에 대한 표를 만들도록 한다. 이러한 날씨표는 유아가 1주일 동안 관찰한 내용을 한눈에 쉽게 보여 줄 수 있는 의사소통 도구가 된다.

	월	화	수	목	금	토	일
온도							
구름							
바람							
비							

■ 지문 찍기

유아에게 스탬프와 투명테이프, 종이를 준다. 손가락에 스탬프를 묻혀 투명테이프에 지문이 잘 묻도록 한다. 테이프를 잘라서 종이에 붙인다. 열 손가락 모두 이렇게 하며 자신의 지문이 어떻게 생겼는지를 관찰하고 친구의 지문과 비교해 본다.

	엄지	검지	중지	약지	새끼
오른손	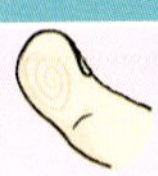				
왼손					

4) 측정하기

측정하기는 물체가 얼마나 큰지, 얼마나 무거운지, 얼마나 공간을 차지하는지, 얼마나 뜨겁고 차가운지, 얼마나 길고 짧은지 등과 같은 특성을 나타내는 과학적 과정기술을 의미한다. 우리는 측정을 통해서 그 물체와 현상에 대한 양적인 정보를 알 수 있고, 우리가 하는 일의 결과를 알 수 있으며, 물체와 사건을 비교할 수 있다. 유아기의 과학적 측정에는 길이, 부피, 무게, 온도, 시간이 포함된다.

(1) 길이 측정하기

길이는 두 지점 간의 거리를 의미한다. 책상의 길이, 창문의 넓이, 두 도시 사이의 거리, 사람의 키 등이 길이에 해당된다. 길이를 측정할 때는 주로 미터 단위를 사용한다. 유아는 미터 단위를 이해하기가 어렵기 때문에 길이를 잴 때 처음부터 미터 단위를 사용하는 것보다 자신들의 손 한 뼘, 발 한쪽, 한 걸음 등의 길이로 측정하는 것이 바람직하다.

■ 어떤 것이 길고 어떤 것이 짧을까?

3명 또는 4명의 유아로 한 집단을 구성한다. 먼저 그들이 팔, 손, 엄지손가락, 나리, 발 등의 신체 부위의 명칭을 알고 있는지 확인한다. 방에서 어떤 물체를 지목하면서 그 물체의 길이가 자신의 신체 부위보다 짧은지 혹은 긴지를 질문한다. 예를 들면, "베개는 팔보다 짧을까? 길까?"라고 질문한다. 그 다음 유아에게 자신의 신체 부위보다 긴 또는 짧은 물체를 찾도록 한다.

"자신의 다리보다 긴 물체를 찾아보자."

"자신의 엄지손가락보다 짧은 물체를 찾아보자."

■ 책의 길이는 동전 몇 개?

유아에게 10원짜리 동전 20개를 준다. 그리고 책, 나무 블록, 인형, 바나나, 클립 등 물체의 길이를 측정하기 위해서는 몇 개의 동전이 필요한지 확인해 본다.

책　　동전

(2) 부피 측정하기

물체의 부피란 물체가 차지하고 있는 공간에 해당되는 양을 의미한다. 부피를 측정할 때는 리터(liter)가 기본 단위가 된다. 하지만 길이의 경우처럼 유아는 리터 단위를 사용하는 것보다 한 컵, 한 병, 한 숟가락 등의 단위로 부피를 측정하기 시작하는 것이 바람직하다. 유아는 부피 개념을 다룰 때 어려워하는데, 그 이유는 아직 보존 개념의 획득이 완성되지 않았기 때문인 것으로 보인다. 피아제의 실험에서 알 수 있듯이, 같은 양의 물이라 해도 어떤 그릇에 담느냐에 따라서 유아가 생각하는 양은 다르게 지각된다. 유아는 물체의 양이 모양이 달라졌을 때에도 변하지 않는다는 것을 알지 못한다. 따라서 유아에게 다른 물체의 부피를 비교하도록 하는 활동, 물체의 모양이 변하고 부피는 변하지 않은 것을 지각하는 활동 등은 적합하지 못하다.

■ 음료수 병은 얼마나 많은 모래를 담을 수 있을까?

비어 있는 음료수 병과 작은 플라스틱 컵을 유아에게 준다. 작은 플라스틱 컵에 모래를 가득 채우고 그 모래를 음료수 병에 붓는다. 이 과정을 몇 번 반복해야 음료수 병이 가득 차는지를 측정해 본다.

(3) 무게 측정하기

무게란 어떤 사물에 작용하는 중력의 양을 의미한다. 무게의 기본 단위로는 파운드나 그램을 주로 사용하는데 우리나라에서는 '근'이라는 단위를 사용해 왔다.[1] 물체의 무게는 그 물체에 포함된 물질의 양과 그에 작용하는 중력의 양에 의해서 결정된다. 물체를 끌어당기는 중력의 힘은 지구 안에서는 거의 차이가 없으나 다른 우주 공간에서는 달라진다. 예를 들어, 달에서는 중력이 지구의 1/6이라서 지구에서보다 물체가 훨씬 가볍다.

유아는 길이와 부피처럼 무게에서도 기본 단위를 사용하는 것보다 자신들만의 단위를 고안해서 사용하는 것이 바람직하다. 무게를 측정하기 위해서는 클립, 작은 나무 블록, 동전 등과 같은 물체를 기본 단위로 사용할 수 있다. 무게와 관련되어 유아에게 가장 중요한 개념은 비교다. 교사는 "어떤 것이 더 무겁니?" "어떤 것이 더 가볍지?"와 같은 질문을 통해 유아의 무게 개념을 확인할 수 있다.

무게를 측정할 수 있도록 고안된 장치 중 가장 대표적인 것은 양팔저울이다. 한쪽 저울에 무게를 측정하고자 하는 물체를 놓고 다른 쪽 저울에

■ 나무 블록의 무게는 동전 몇 개?

양팔저울의 한쪽 저울에 나무 블록을 올려놓고 다른 쪽 저울에는 동전을 하나씩 놓아 가면서 언제 균형을 이루게 되는지를 확인한다.

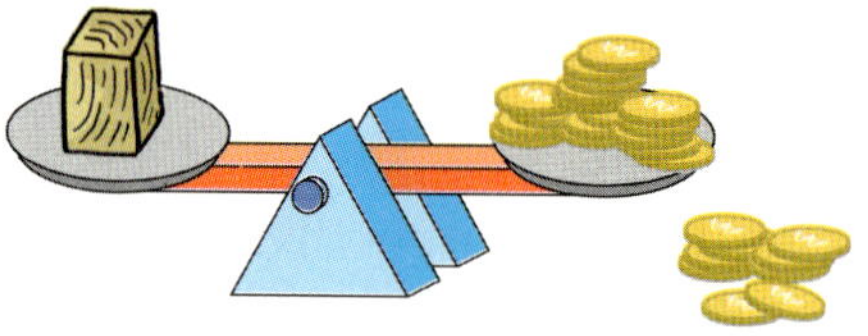

1) 무게의 단위는 파운드, 질량의 단위는 킬로그램이지만 이 두 단위는 같이 사용된다.

클립을 놓아 몇 개의 클립을 놓았을 때 저울이 평형을 이루는지를 알아내서 무게를 측정한다.

(4) 온도 측정하기

온도는 물질의 뜨겁고 찬 정도를 양으로 나타낸 것을 의미한다. 더 뜨거운 물질은 더 높은 온도를 가진다. 온도의 개념은 추상적이기에 유아가 온도의 개념을 이해하기는 어렵다. 유아는 뜨거운지 따뜻한지 또는 차가운지 시원한지의 비교를 통해서 온도의 개념을 알게 된다. 교사는 유아에게 "어떤 것이 더 따뜻하니?" "어떤 것이 더 차갑지?" 등의 질문을 한다. 또는 "이 물체는 어떻게 느껴지니?"와 같은 질문을 통해 자신들의 신체 온도와 비교해서 온도의 개념을 알게 되기도 한다. 이러한 방식으로 유아는 다른 온도가 존재한다는 것과 서로 다른 물체는 서로 다른 온도를 지닌다는 것을 알게 된다.

연령이 높아지면서 유아는 실제 온도를 측정해서 온도를 비교할 수 있게 된다. 이때 온도계를 사용한다.

■ 양지와 음지에서의 온도 차이는?

두 개의 스티로폼 컵에 물을 반쯤 채우고 유아에게 손가락을 집어넣고 두 군데 물의 온도를 느껴 보도록 한다. 그다음 한 컵은 햇빛이 잘 드는 곳에, 다른 한 컵은 그늘진 곳에 1시간 정도 놓아둔다. 유아에게 다시 손가락을 넣고 두 군데 물의 온도를 느껴 보도록 한다. 왜 빛에 놓아둔 물이 더 따뜻해졌는지에 대해서 토론해 본다.

(5) 시간 측정하기

시간은 시각과 시각 사이의 간격을 의미한다. 시간의 기본 단위로 전세계적으로 초, 분, 시를 사용한다. 시간을 측정하기 위해서는 시계를 사용한다. 시계를 읽는 기술은 유아에게 매우 어려운 일이다. 따라서 교사는 유아에게 시계를 읽는 방법을 가르치기 전에 시간과 관련된 활동을 많이 하도록 배려한다.

■ 모래시계

깔때기, 병과 플라스틱 컵, 모래를 준비한다. 병에 깔때기를 올려놓고 플라스틱 컵으로 모래를 퍼서 깔때기에 붓는다. 모래가 깔때기를 다 통과할 때까지 얼마나 시간이 걸리는지 손가락을 접어 가며 측정한다. 이때 숫자를 같이 세어서 몇을 세면 모래가 다 통과하는지 확인해 본다.

5) 예측하기

예측이란 자료에서 보이는 지식의 패턴에 기초해서 가능한 결과에 대해서 추측하는 것을 의미한다(Carin & Bass, 2006). 관찰한 증거를 잘 활용한다면 우리는 정확한 예측을 할 수 있다.

과학 수업에서 교사가 유아에게 하는 가장 중요한 질문은 바로 '어떻게 될까?'다. '어떻게 될까?'라는 질문은 유아의 호기심을 유도하고 관찰을 할 수 있게 하며 결국에는 답을 찾게 하는 역할을 한다. 그러나 예측이 항상 정확할 수는 없다. 가령 일기예보는 다양한 요소를 조합해서 내일의 날씨를 예측해 알려 주는 것인데 많은 요소가 갑자기 변하기도 해서 날씨가 예측과는 달라질 수 있기 때문이다. 즉, 예측은 아직 일어나지 않은 것을 추측하는 것이기 때문에 어떠한 요소가 개입되어 달라질 가능성이 있다.

과학활동에서 예측은 매우 중요한 기술이기 때문에 유아에게 예측할 기회를 많이 주어야 한다. 교사는 예측 카드를 만들어서 유아가 그 사물이나 현상에 대해서 관심을 집중하도록 도와줄 수 있다. 예를 들어, 유아에게 어떤 물체가 물에 뜨는지 혹은 가라앉는지를 예측하도록 하고 그것을 예측 카드에 기록해 둔다. 실제 물체를 물에 넣었을 때 물체가 뜨는지 혹은 가라앉는지를 확인하고 유아의 예측이 맞았는지 틀렸는지를 예측 카드에 기록한다. 이러한 과정을 통해 예측과 실제를 비교하면서 유아는 더욱 정확한 과학적 지식을 습득할 수 있다.

■ 어떤 색일까?

여러 가지 색의 물감과 면봉, 팔레트, 도화지를 준비한다. 두 가지 색을 섞으면 어떤 색이 되는지를 유아에게 질문한다. "빨간색과 파란색을 섞으면 어떤 색이 될까?" "빨간색과 노란색을 섞으면 어떤 색이 될까?" 유아의 예측을 예측 카드에 기록한다. 면봉을 이용해서 실제 두 색을 섞어서 유아의 예측이 맞았는지를 확인하고 그 결과를 예측 카드에 다시 기록한다.

■ 물을 흡수할까?

우유팩, 종이 타월, 냅킨, 거름종이, 기름종이, 알루미늄 호일, 지퍼백, 천 등을 준비한다. 유아에게 이 물체들이 물을 흡수할 것인지를 예측하도록 한다. 스포이트를 이용해서 물을 떨어뜨리고 예측이 맞는지 관찰한다. 나이 든 아동이라면 단지 물을 흡수하는 사실뿐만 아니라 물을 흡수하는 속도가 어떤 것이 빠른지도 예측하고 관찰할 수 있다.

■ 투명, 반투명 및 불투명

흰 종이, OHP 필름, 알루미늄 호일, 거울, 냅킨, 물, 랩 등을 준비해서 이 물체들에 빛을 투입했을 때 투명한지, 반투명한지 혹은 불투명한지를 예측하도록 한다. 실제 실험을 통해 유아의 예측을 확인해 본다.

품목	예측			실제		
	투명	반투명	불투명	투명	반투명	불투명

6) 추론하기

추론은 어떤 결과가 나타난 원인을 밝혀내는 기술을 의미한다. 추론은 그 원인을 직접적으로 관찰하는 것은 아니다. 단지 관찰을 통해 얻은 정보를 자신이 지니고 있는 사전 지식과 조정하면서 해석한다. 즉, 추론은 사전 지식이나 경험에 기초해서 관찰을 해석하는 것이다. 직접적이지는 않지만 추론은 그것을 통해 어떤 일이 발생했는지, 그리고 증거를 설명할 수 있다면 유효하다. 예를 들어, 창문을 보고 있다가 나무에 있는 나뭇잎이 움직이는 것을 본다. 그럼 바람이 분다는 추론을 할 수 있다. 우리는 바람을 직접 경험한 것은 아니지만 관찰과 사전 지식에 기초해서 바람이 분다는 것을 알 수 있다. 이런 경우 밖에 나가 보면 간단하게 추론이 맞는지의 여부를 확인할 수 있다. 하지만 유아가 직접 보고 느끼면서 확인할 수 없는 추론의 기술은 과학적 지식이 필요하기 때문에 유아에게는 어렵고 적합하지 않을 수 있다. 과학의 내용을 결정할 때는 항상 유아의 발달을 고려해야 한다.

■ 어떤 계절일까?

사계절을 나타내는 사진을 준비한다. 먼저 유아에게 계절의 이름과 특성을 말해 준다. 그다음 유아에게 사진을 보여 주면서 어떤 계절인지 추론해 보도록 한다. 왜 그렇게 생각하는지 이유를 말하도록 한다.

■ 밖의 날씨는?

교실 안에서 밖을 보면서 오늘 날씨가 어떤지를 함께 이야기 나눈다. 이때 구름, 떨어진 나뭇잎, 나뭇잎이나 가지의 흔들림과 같은 단서를 제공하여 유아가 다양한 감각을 이용해서 추론할 수 있도록 한다. 유아의 추론을 들은 후에는 실제 밖으로 나가서 날씨를 확인해 본다.

■ 나무의 나이는?

나이테는 1년에 한 층씩 생성되는 나무의 층이다. 보통 하나의 원은 얇은 부분과 두꺼운 부분이 있다. 얇은 부분은 자라는 전반기에 생성되고 두꺼운 부분은 자라는 후반기에 생성된다. 나이테의 특성에 대해서 유아들과 토론한 후 나이테 사진이나 그림을 보여준다. 유아에게 나이테의 원 숫자를 묻고 나무가 몇 년 됐는지 추론하도록 한다. 나이테의 모양을 보고 나무가 언제 잘 자랐는지 등에 대해서도 추론해 본다. (원이 넓으면 비가 풍부하게 왔던 시기이고, 원이 좁으면 가물었던 시기다.)

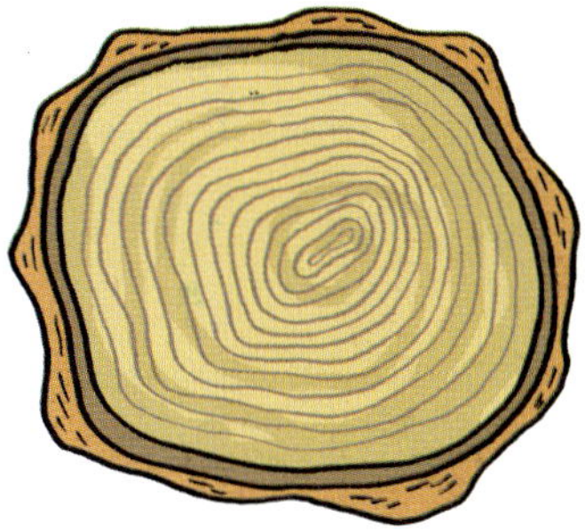

2. 통합적 과정기술

앞에서 살펴본 관찰하기, 분류하기, 의사소통하기, 측정하기, 예측하기, 추론하기의 과정기술은 기초적인 과학적 과정이다. 모든 과학적 탐구는 이러한 과정을 얼마나 신중하고 정확하며 적절하게 활용하는지에 의존한다. 하지만 다양한 현상에 대한 원인과 결과를 찾고 그 관계를 이해하기 위해서는 보다 통합적인 과정이 필요하다.

1) 변수 통제하기

물에 설탕을 녹이는 실험을 한다고 생각하자. 이때 정확한 실험을 위해서 고려해야 할 것은 무엇일까? 물의 양, 물의 온도, 설탕 입자의 크기, 설탕의 종류, 젓는 속도 등을 생각할 수 있을 것이다. 이러한 요소는 설탕이 물에 녹을 때 영향을 미치기 때문에 그 영향을 알기 위해서는 한 번에 하나씩만 변화시켜야 할 것이다. 예를 들어, 물의 온도에 따라서 설탕이 녹는 양을 조사한다면 설탕의 종류나 젓는 속도, 물의 양은 고정시키고 물의 온도만 다르게 해서 실험을 해야 한다. 이렇게 각 요소의 특성을 변화시키지 않고 고정하는 것을 변수의 통제라고 한다.

■ 어떤 모래가 더 빠를까?

젖은 모래와 마른 모래 중 어떤 모래가 더 빨리 깔때기를 통과할까? 이 실험을 위해서는 모래의 상태만 변화시키고 나머지 다른 요소들은 고정시켜야 한다. 즉, 깔때기의 크기, 모래의 양, 깔때기에 모래를 붓는 속도 등은 통제해야 한다.

■ 계란 띄우기

계란이 물에 뜰 수 있을까? 계란을 물에 띄우기 위해서는 어떤 요인이 필요한지를 알아보는 실험을 한다. 큰 컵에 물을 반쯤 채우고 계란을 넣어 본다(계란이 가라앉는다). 소금을 한 숟가락 넣고 저은 다음 결과를 관찰한다. 다시 소금을 한 숟가락 넣고 계란이 물에 뜨는지 관찰한다. 계속 소금을 한 숟가락씩 넣어 가면서 계란이 물에 뜨는 과정을 관찰한다. 이때 소금의 양만 바꾸고 나머지 다른 요소(변수)는 통제된다. 즉, 물의 양도 그대로이고 계란도 변함이 없다.

만약 소금물과 설탕물에서 계란이 물에 뜨는지를 실험한다면 어떻게 해야 할까? 물의 양, 물의 온도, 소금과 설탕의 양, 계란의 크기와 무게, 부피 등을 동일하게 하고 소금, 설탕이라는 변수만 다르게 해야 한다.

■ 건강한 식물 기르기

식물을 건강하게 기르게 하는 요인은 무엇일까? 같은 화분에 같은 종류의 식물을 4개 준비한다. 거름 주기, 물 주기, 음악 들려주기, 다정하게 말해 주기라는 변수를 선정하고 나머지 요인은 고정시킨다. 즉, 화분은 같은 위치에 놓아두고, 거름과 물의 양은 동일하게 하고, 음악 들려주는 시간과 다정하게 말해 주는 시간은 동일하게 한다. 매일 관찰해 가면서 어떤 요인이 식물을 건강하게 기르게 하는지 관찰한다.

2) 가설 세우고 검증하기

물에 설탕을 녹이는 실험을 다시 생각해 보자. 물의 온도에 따라서 녹는 설탕의 양이 달라진다고 예측할 수 있기 때문에 다음 가설을 세울 수 있다. '물의 온도가 높을수록 녹는 설탕의 양은 증가하고, 물의 온도가 낮을수록 녹는 설탕의 양은 감소한다.'

이러한 가설은 실제적인 실험을 통해서 검증해 볼 수 있다. 이때 물론 물의 온도만 달라지고 나머지 변수는 통제되어야 한다.

■ 버터 만들기

그릇에 아주 차가운 휘핑크림을 반쯤 채우고 그 안에 깨끗한 구슬 하나를 넣은 다음 뚜껑을 꽉 닫는다. 그리고 유아들에게 돌아가면서 그릇을 힘차게 흔들도록 한다. 몇 분 동안 그릇을 흔들어 주면 버터가 만들어진다. 만든 버터는 크래커나 식빵에 발라서 먹는다.

이제 유아에게 크림이 어떻게 하면 빠르게 버터가 되는지에 대해서 질문한다. "크림이 차가워야 할까?" "크림이 따뜻해야 할까?" "그릇을 빠르게 흔들어야 할까?" "그릇을 천천히 흔들어야 할까?" "구슬을 더 많이 넣어야 할까?" "구슬을 넣지 않아야 할까?"

유아는 버터를 만드는 데 관련된 요소의 관계를 생각하면서 어떻게 하면 빨리 버터를 만들 수 있는지 가설을 세우게 된다. 유아가 가설을 세우면 필요한 물체를 제공해 줘서 가설을 검증하도록 한다.

■ 젖은 휴지 빨리 말리기

먼저 종이 타월을 물에 적시고 유아에게 어떤 조건에서 종이 타월이 가장 빨리 마르는지에 대해 가설을 세우도록 한다. 유아는 어떻게 하면 건조가 잘 되는지 자신들이 알고 있는 지식 내에서 가설을 세운다. 입김을 불어 주기, 따뜻한 장소에 놓기, 바람이 잘 부는 곳에 놓기 등의 가설을 세운다. 이러한 가설이 맞는지 실제 실험을 통해 검증해 본다. 나이 든 아동이라면 시간에 따라 종이 타월이 마르는 정도를 확인할 수도 있다.

■ 심장박동 측정

먼저 우리 몸의 목이나 손목 등에서 심장박동을 측정할 수 있음을 유아에게 알려 주고 실제 1분 동안 몇 번이나 박동이 있는지를 측정해 본다. 그런 다음 운동이 심장박동에 영향을 미칠 것인지를 질문한다. 스트레칭과 같은 가벼운 운동, 앉았다 일어나기를 반복하는 적절한 운동, 줄넘기와 같은 과도한 운동을 하도록 제안한다. 그다음 유아에게 운동과 심장박동에 대한 가설을 세우도록 한다. 그리고 5분 동안 운동을 한 다음 1분 동안 심장박동을 측정하여 유아의 가설을 검증한다.

3) 조작적으로 정의하기

조작적으로 정의한다는 것은 우리가 의미하는 것을 더 정확하게 표현할 수 있도록 하는 과학적 과정이다. 우리는 직접 볼 수도 없고 측정할 수도 없는 변수를 직접 볼 수 있고 측정할 수 있는 변수와의 관계성을 통해서 정의할 수 있다.

■ 손가락 주름

따뜻한 물에 손을 몇 분 동안 담가 두면 어떻게 될까? 유아에게 따뜻한 물을 주고 5분 동안 한쪽 손을 넣고 있으라고 한다. 시간이 다 되면 손을 물에서 꺼내 물에 담그지 않은 손과 비교해 본다. 젖은 손의 손가락 끝에 쪼글쪼글 주름이 잡혀 있을 것이다. 손을 물 밖에 두면 몇 분 뒤 주름이 사라지게 된다. 주름이 사라지면 손을 다시 물에 넣어 주름이 생기기 시작할 때 손을 빼내도록 한다. 이러한 활동을 하기 위해서는 주름이 의미하는 것이 무엇인지를 우선 결정해야 한다. 즉, 손을 물에 넣었을 때 손가락 끝이 쪼글쪼글해지는 것이 손가락 주름의 조작적 정의가 된다.

■ 동전 세척

동전 여러 개를 준비한다. 일부는 새것, 일부는 오래되어 녹이 슨 것을 준비한다. 유아에게 더러운 동전을 깨끗하게 하는 방법에 대해서 질문한다. 비누를 사용해서 닦기, 문지르기 등의 답이 나올 수 있다. 교사는 동전을 깨끗하게 닦는 몇 가지 방법을 제시해 준다. 레몬주스, 식초, 소금, 소금과 식초의 혼합액 등을 주면서 무엇으로 닦아야 동전이 깨끗해질지 시도해 보도록 한다. 이제 유아에게 동전 세척의 의미가 무엇인지를 질문한다. 즉, 더러운 동전이 깨끗하게 되는 것이 동전 세척의 조작적 정의가 된다.

3. 과학적 태도

호기심, 탐색하기, 설명하기, 의심하기, 실패를 두려워하지 않기 등과 같은 과학적 태도는 과학의 과정에서 중요하다. 이러한 과학적 태도가 기본이 되어야만 유아는 새로운 사물이나 현상을 이해하기 위한 끊임없는 노력을 하게 된다. 유아는 주변 환경을 탐색하고 주위의 물체와 사건에 대해서 알아 나가고자 하는 과학적 태도를 타고난 존재다. 유아의 과학적 태도를 지속시킨다면 누구나 훌륭한 과학자가 될 수 있을 것이다.

1) 호기심

호기심이란 새로운 것이나 잘 알지 못하는 것에 대해 알고자 하는 소망을 의미한다. 유아는 호기심이라는 내적 동기에 의해서 탐구라는 행동을 하게 된다(김판희, 1985). 호기심은 인간의 태도 중 가장 가치 있는 태도 중 하나다. 호기심을 지닌 개인은 어떠한 사건이나 상황을 새로운 관점으로 주목하고, 사실이라고 믿어지는 것에 대해서도 질문을 하며 규칙에 예외가 있는지를 신중하게 생각한다. 이러한 태도는 과학을 할 수 있게 하는 중요한 특성이다. 유아는 오감과 자신의 에너지를 이용해서 자신을 둘러싼 세상에 대한 호기심을 표출한다. 이러한 과정이 탐색이다.

2) 탐색하기

유아는 본능적으로 주변 세계를 탐색한다. 세상에 숨겨진 질서를 찾기 위해서, 세상에 대한 자신의 호기심을 해결하기 위해서 유아는 왜, 무엇을, 어떻게, 어디에서 등과 같은 질문을 끊임없이 한다. 그리고 그에 기초해서 일상의 과학적 현상에 대해 끊임없이 주위를 탐색하고 궁금증을 해결해 나간다(Waite-Stupiansky, 1997). 유아에게 과학이란 특별하거나 어려운 것이 아니다. 유아의 생활세계에서 쉽게 볼 수 있는 생활의 일부다(김정주, 2009). 유아는 주변 환경을 관찰한다. 바닥에 떨어진 나뭇잎을 주워 갖고 놀면서 나뭇잎의 특성에 대해 알게 된다. 비가 오고 눈이 오고 해가 뜨는 것을 경험하면서 날씨의 변화를 느끼고 자연현상을 경험하게 된다. 주변 환경을 경험하면서 탐색하는 시간은 유아에게 매우 중요하다. 유아는 유아기 동안 스스로 세상의 다양성에 대해서 탐색하고 평가하게 된다(Carin & Bass, 2006).

3) 설명하기

유아는 세상에 숨겨진 규칙성을 찾고 세상에 대한 호기심을 갖고 환경을 탐색한다. 그리고 패턴의 의미를 찾으며 탐색한 결과에 대한 설명을 하고자 한다. 이러한 설명은 관찰된 현상을 과학적 지식으로 연결시키는 역할을 한다(Carin & Bass, 2006).

과학적 세계 안에서 탐색과 설명은 중요하다. 관찰이라는 탐색적 경험은 이해를 할 수 있게 하고, 과학적 지식을 지니게 된 다른 영역에서의 새로운 관찰은 설명적 이론을 만들어 낼 수 있게 한다. 또 잠정적인 설명은 새로운 사실에 대한 질문을 다시 만들어 낸다. 따라서 유아에게는 환경을 탐색하고 자료를 모아서 그에 대한 설명을 하고 새로운 환경에 그 설명을 적용시킬 수 있는 기회가 필요하다. 이러한 과정을 통해 유아는 중요한 과학적 지식을 형성할 수 있는 방법을 배우게 된다.

4) 의심하기

과학적 태도에서는 보이는 모든 것을 믿는 것보다 '왜 그럴까?' '진짜 그런가?' 하며 다시 한 번 생각해 보는 것이 필요하다. 이런 태도는 과학과 환경에 의해서 요구되는 건강한 회의주의를 의미한다. 유아가 '왜?' 라고 묻고 궁금해하고 질문하는 것을 격려하는 것은 중요하다. 이러한 건강한 의심은 어떤 현상에 대해서 자신의 경험과 관찰을 토대로 객관적이고 열린 마음으로 새로운 상황을 탐구할 수 있도록 해 준다.

5) 실패를 두려워하지 않기

실패를 두려워하지 않는 긍정적인 접근은 긍정적인 자기상과 밀접하게 관련되는 태도다. 과학 영역에서 성공만큼 중요한 것은 실패다. 자신의 예측이 맞지 않은 상황이 발생할 때 좌절하기보다는 왜 자신의 예측이 잘못되었는지를 생각할 수 있는 태도가 필요하다. 이러한 과정을 통해 더 정확한 과학적 지식을 얻게 되거나 더 좋은 문제해결 기술을 개발할 수 있다. 과학적 탐구에서 완전한 정답이나 완전한 오답은 없기 때문이다.

변화에 대한 자신감, 변화에 대한 긍정적인 태도, 판단 유보, 성실함, 겸손함 등과 같은 과학적 태도는 과학적 상황이 아닌 다른 어떠한 상황에서도 문제를 해결하는 데 가치 있는 도구다.

1004

$$E=mc^2$$

제5장

유아 과학교육의 내용

*이 장의 내용은 교육과학기술부(2000)의 『유치원 교육과정 해설서』를 바탕으로 하여 재구성한 것이다.

현재 유치원에서 사용되고 있는 교육과정은 2007년 12월에 개정되어 2009년 3월 1일부터 시행되는 '2007 개정 유치원 교육과정'이다. 이 중 과학교육과 관련된 영역은 탐구생활 영역으로, 그 내용 범주는 '과학적 기초 능력 기르기'와 '탐구하는 태도 기르기'로 나누어져 있다. 이 장에서는 현행 유치원 교육과정을 바탕으로 유아 과학교육과 관련된 탐구생활영역 내용체계에 대해 살펴본다.

유치원 교육과정에서 탐구생활 영역의 구체적인 내용체계는 다음과 같다.

내용	하위 내용
과학적 기초 능력 기르기	물체와 물질에 대해 알아보기
	생명체와 자연환경 소중하게 여기기
	자연현상에 대해 알아보기
	간단한 도구와 기계 활용하기
탐구하는 태도 기르기	사물과 현상에 지속적인 관심 가지기
	탐구과정 즐기기

다음에서 각 하위 내용 설명 시 유아의 생활 범위와 발달 수준을 고려하여 I 수준과 II 수준에 해당하는 내용으로 나누어 제시하였다. 그러나 유치원 전 과정에서 지속적으로 다루어져야 할 내용은 '공통 수준'으로 선정하였다. I 수준과 II 수준의 내용은 서로 일관성 있게 연계되어 있고 위계적으로 구성되어 있다. 즉, II 수준의 내용은 I 수준의 내용보다 난이도가 높다. 그러나 실제 교육활동에서는 수준별 내용을 구분하여 제시하는 것보다 유아의 관심과 흥미, 발달 수준 등을 고려하여 융통성 있게 제시하는 것이 바람직하다.

1. '과학적 기초 능력 기르기'의 내용체계

1) 물체와 물질에 대해 알아보기

표 5-1 '과학적 기초 능력 기르기' 내용체계 중 물체와 물질에 대해 알아보기

I 수준	II 수준
친숙한 물체의 특성을 다양한 방법으로 탐색한다.	
물체와 물질을 변화시킬 수 있는 다양한 방법을 탐색한다.	
물체와 물질의 변화에 관심을 가진다.	물체와 물질의 변화과정을 알아본다.

유아는 일상생활에서 다양한 특성의 물체를 접하여 만져 보고 움직여 보는 등의 여러 방법으로 탐색하는 과정을 통해 그 물체의 특성에 대해 이해하게 된다. 특히 유아는 주위의 친숙한 물체를 탐색하는 것을 즐긴다. 예를 들어, 유아는 교실에서 서로 붙는 물건에 관심을 가지고 풀, 테이프, 자석 등의 다양한 물건을 찾아볼 수 있으며, 또 그것을 실생활에 활용할 수도 있다. 이때 교사도 유아가 관심 있어 하는 '붙는 성질이나 특성'을 중심으로 탐색할 수 있도록 도움을 주어야 한다. 즉, 교사는 단순히 '왜 붙는가?' 와 같은 지식을 습득하는 것보다는 유아가 다양한 방법을 통하여 주위 물체의 친숙한 특성을 현상적인 수준에서 탐색하고 적용해 볼 수 있도록 도움을 주어야 할 것이다.

유아는 물체와 물질을 여러 가지 방법으로 변화시키는 것을 즐긴다. 특히 자신이 직접 가한 힘의 작용에 의해 물체가 움직일 때 커다란 흥미를 느끼고 더 적극적으로 활동에 임한다.

예를 들면, 유아는 둥근 공을 탐색하는 과정에서 공의 동그란 모양을 손

으로 직접 만져 보기도 하고, 굴려 보거나 바닥에 튕기거나 던져 보는 등 다양한 방법을 적용해 보면서 공의 특성을 탐색해 볼 수 있다. 이때 교사는 어떤 모양인지, 어떤 식으로 움직이는지 등을 구체적으로 질문하여 물체의 특성을 정확하게 이해하도록 지원할 수 있다. 교사는 "네가 공을 벽에 던지니까 공이 어떻게 움직였니?"와 같이 질문해 봄으로써 유아가 자신의 행동에 따라 물체의 움직임이 어떻게 달라지는지를 연결하여 이해할 수 있도록 도와야 한다. 또한 여러 가지 공의 모양, 무게, 크기, 촉감 등의 특성을 이해하고 움직임을 비교 · 탐색해 볼 수 있도록 활동을 확장해 나갈 수 있다.

이때 한 물체에 대한 탐색이 충분히 이루어진 다음 비교할 수 있는 다른 물체를 제공해 주는 것이 좋으며, 때로는 한 가지 변인을 중심으로 자료를 제공해 주고(예: 크기는 같고 색깔은 다른 나무 블록) 나머지 변인은 통제해 줌으로써 물체의 특성을 구체적으로 이해하도록 도울 수 있다.

변화와 규칙성이란 자연의 중요한 본질 중의 하나다. 그러므로 유아기부터 그에 대한 관심과 이해는 중요하다. I 수준에서는 유아가 일상적으로 경험하는 물체와 물질의 변화에 관심을 갖도록 한다. 예를 들어, 코코아를 타 먹는 과정에서 우유 색깔의 변화에 관심을 가지거나 주스를 타면서 가루물질의 변화과정에 관심을 갖는 등 일상에서 유아가 물체와 물질의 변화를 경험할 수 있는 기회는 매우 다양하다.

II 수준에서는 물체와 물질의 변화과정을 알아보도록 한다. 물질의 변화과정은 유치원에서 이루어지는 물, 요리, 미술 등의 활동에서도 흔히 발생하므로 교사의 적절한 질문과 상호작용을 통해 과학적 경험을 충분히 확장시켜 줄 수 있다. 예를 들어, 물 · 모래놀이 시 물과 모래를 섞어 가상적인 요리활동을 하는 유아에게 교사는 다양한 체를 제시함으로써 유아의 놀이를 확장해 줄 수 있다. 유아는 체의 구멍 크기에 따라 모래나 돌이 어떻게 빠져나가는지를 탐색할 것이고, 걸러져 나온 물질을 서로 뭉쳐 보거나 혼합해 봄으로써 다양한 물질의 변화과정을 이해할 것이다.

표 5-2 '물체와 물질에 대해 알아보기'에서 유아가 배울 수 있는 과학적 지식

물리	마찰	• 물체가 표면 위에서 움직이는 것을 방해하는 힘을 말한다. • 두 개의 물체를 서로 문지르면 마찰이 생긴다. • 표면의 성질은 마찰의 양에 영향을 미친다.
	진자	• 진자의 줄이 길수록 진자가 움직이는 경로는 커진다. • 세게 밀수록 진자가 빨리 움직인다. • 힘을 계속 주지 않으면 진자가 움직이는 경로는 점차 작아진다. • 진자가 정지하지 않으려면 진자를 계속 밀어 주어야 한다.
	빛	• 빛은 곧게 나아가는 성질이 있다. • 빛을 통과하는 물체(예: 공기, 유리)와 통과하지 않는 물체(예: 나무, 돌)가 있다. • 물체가 빛에서 멀어질수록 그림자는 점점 작아진다. • 빛은 물속에서 굴절한다.
	소리	• 소리에는 여러 가지가 있다. • 소리는 공기의 진동에 의해 생긴다. • 소리는 물체를 통해 전달된다.
	전기	• 물체에는 전기가 통하는 것과 통하지 않는 것이 있다. • 정전기는 마찰에 의해 일어난다. • 정전기는 작은 물체를 끌어당기는 힘이 있다.
	중력	• 모든 물체는 아래로 떨어진다. • 경사도가 높을수록 빨리 굴러간다.
	저항	• 공기에는 힘(저항력)이 있다. • 낙하산은 물체를 천천히 떨어지게 한다. • 낙하산에 단 물건이 가벼울수록 천천히 떨어진다. • 낙하산이 넓을수록 천천히 떨어진다.
	자석	• 자석에는 N극과 S극이 있다. • 자석은 같은 극끼리는 서로 밀어내고 다른 극끼리는 서로 끌어당긴다. • 물체에는 자석에 붙는 것과 붙지 않는 것이 있다. • 자석의 힘은 물체(예: 종이, 유리, 모래, 물)를 통과한다.
화학	고체	• 모양이 일정하다. • 눈으로 보고 손으로 만질 수 있다. • 가루로 된 것도 있다.

화학	액체	• 모양이 일정하지 않다. • 손으로 잡을 수 없다. • 흘러내린다.
	기체	• 눈으로 볼 수 없다. • 손으로 잡을 수 없다.
	물	• 물은 0°C 이하가 되면 얼음이 된다. • 물을 끓이면 수증기로 변한다. • 물은 온도가 높을수록 물질을 더 빨리 녹인다.
	색깔	• 두 가지 색을 섞으면 다른 색이 된다. • 빨강, 노랑, 파랑를 섞으면 검정이 된다.
	요리	• 물의 양에 따라 반죽의 농도가 달라진다. • 열에 의해 음식의 색, 질감 등이 변한다.

2) 생명체와 자연환경 소중하게 여기기

표 5-3 '과학적 기초 능력 기르기' 내용체계 중 생명체와 자연환경 소중하게 여기기

Ⅰ 수준	Ⅱ 수준
나의 몸에 대해 관심을 가진다.	나의 출생과 성장에 대해 알아본다.
주변의 동식물에 관심을 가진다.	관심 있는 동식물의 특성을 알아본다.
주변의 모든 생명체를 존중하고 돌보는 마음을 가진다.	생명체는 서로 함께 살아가는 것임을 안다.
-	생명체가 살아가기에 좋은 환경에 대해 알아본다.

유아는 자신의 신체에 매우 흥미가 있고, 자신의 출생 및 성장에 대해서도 많은 궁금증을 가지고 있다. Ⅰ 수준에서 자신의 몸에 대한 탐색은 처음에는 신체 각 부분에 대한 이름과 위치 및 기능을 알아보는 것으로 시작할 수 있다. 이를 통해 자신에 대해서 보다 잘 이해하고 스스로를 긍정

적으로 인식할 수 있다.

II 수준에서는 자신의 출생과 성장에 대해 알아볼 수 있다. 우리의 몸은 시간에 따라 변한다는 사실에 초점을 두고 자신의 아기 때부터의 모습이 담긴 사진을 통해 현재의 자신과 비교해 보고, 현재의 자신은 미래에 어떻게 변할지에 대해 생각하고 이야기해 볼 수 있다.

유아는 주위 환경의 여러 가지 동식물과 함께 생활하고 있으며, 그것들과의 끊임없는 상호작용 속에서 살고 있다. I 수준에서 유아는 일상생활에서 쉽게 접할 수 있는 강아지, 고양이, 달팽이 등과 같은 동물에 관심과 흥미를 가지고 있으며, 이미 많은 정보와 지식을 습득하고 있는 경우도 있다.

II 수준에서는 유아가 관심 있어 하는 동물을 직접 길러 보며 관심 있는 동물의 특성에 대해 좀 더 자세히 탐색해 나갈 수 있다. 유아는 자신이 기르는 동물이 정상적으로 성장할 수 있는 최적의 조건(먹이, 습성, 선호 환경 등)을 찾아 나가며 동식물의 성장과정을 꾸준히 관찰하는 것이 가능하다. 유아의 발달 특성상 단시간 안에 큰 변화를 눈으로 직접 확인할 수 있는 식물을 길러 보면 좋다. 예를 들면, 콩 싹 틔우기, 무순 기르기, 양파 기르기와 같은 활동은 유아의 관심과 호기심을 지속시키며 관찰할 수 있으므로 유아기에 적합한 활동이라 볼 수 있다. 책, 인터넷 검색, 동식물원 견학과 같은 경험을 통해 관심 있는 동식물의 특성과 정보를 알아보는 활동은 유아가 그 동식물에 대해 궁금했던 지식이나 직접 기르는 동식물의 생태 조건에 관련된 정보를 알아볼 수 있게 한다. 그러나 이러한 활동에서는 반드시 유아의 관심과 흥미에 근거한 정보의 탐색이 이루어질 필요가 있다. 단순히 많은 동식물의 이름을 알아보는 등의 단편적인 지식을 습득하는 활동은 유아에게 의미 있는 경험이 되지 못한다.

동식물 기르기 활동에서는 단순히 동식물을 길러 보는 것뿐만 아니라 생명 존중의 마음을 가질 수 있도록 해야 한다. I 수준에서는 주변의 모든 생명체를 소중히 여기고 돌보는 마음을 갖게 한다. 이를 위해 유치원에서 동식물 기르기를 할 때는 무엇보다도 잘 기르는 것이 매우 중요하다. 동식물 기르기는 유아에게 동식물에 대한 지식을 알게 하는 것보다는 그것들을 잘 보살펴야 한다는 생각을 갖도록 하는 것에 중점을 두어야 한다. 시들거나 병든 식물을 직접 가꾸어 다시 건강하게 자라나는 과정을 살펴보면서 잘 보살피고 보호하는 마음을 갖게 되며, 식물이 우리에게 제공해 주는 열매, 깨끗한 공기 등에 대한 소중함도 깨닫게 된다.

이를 통해서 II 수준에서는 생명체가 우리와 함께 더불어 살아가는 존재임을 경험할 수 있도록 한다. 나무에 함께 살고 있는 새, 곤충과 벌레, 사람을 시원하게 해 주는 그늘, 다양한 물건의 재료가 되는 나무를 지속적으로 관찰하고 경험함으로써 생명체가 서로 더불어 살아가는 것임을 자연스럽게 깨닫도록 도울 수 있다.

또한 이러한 과정을 통해 II 수준에서는 생명체가 살아가기에 좋은 환경이 어떠한 것인지를 유아에게 알려 줄 수 있다. 유치원 마당에 있는 나무나 잔디의 색깔, 잎사귀의 변화과정을 1년 동안 지속적으로 관찰해 보는 경험은 생명체의 특성과 순환과정을 이해하도록 한다.

표 5-4 '생명체와 자연환경 소중하게 여기기'에서 유아가 배울 수 있는 과학적 지식

식물	식물의 구조	• 식물은 뿌리, 줄기, 잎을 갖고 있다. • 대부분의 식물은 씨앗이 있다. • 뿌리나 씨앗이 없는 식물도 있다. • 뿌리는 물을 흡수한다.
	식물의 성장	• 식물은 살아 있다. • 식물이 자라기 위해서는 물, 햇빛, 영양분, 온도, 공기가 필요하다. • 식물은 계절에 따라 변화한다(예: 단풍).
	식물의 용도	• 식물은 인간에게 그늘을 만들어 준다. • 식물은 인간에게 목재, 종이, 의복(예: 면)을 제공해 준다. • 식물은 인간에게 깨끗한 공기를 준다. • 식물은 인간이 먹을 수 있는 열매나 씨앗을 만든다. • 독이 있는 식물(예: 독버섯)이나 인간에게 해를 끼치는 식물(예: 잡초)도 있다.

동물	동물의 종류	• 동물에는 여러 가지 종류가 있다. – 포유류: 알이 아닌 새끼를 낳는다(예: 토끼, 고래). – 조류: 깃털과 날개가 있다(예: 독수리, 비둘기). – 파충류: 몸이 비늘이나 딱지로 싸여 있고 동면을 한다(예: 뱀, 악어). – 양서류: 어류와 파충류의 중간으로 땅 위나 물에서 산다(예: 개구리, 두꺼비). – 어류: 지느러미로 헤엄을 친다(예: 금붕어, 상어). • 먹이에 따라서는 초식동물(예: 말), 육식동물(예: 호랑이), 잡식동물(예: 사람)이 있다. • 동물이 생활하는 곳은 땅 위(예: 개), 땅속(예: 두더지), 물(예: 금붕어), 하늘(예: 독수리) 등 다양하다.
	동물의 특징과 이름	• 동물의 각 부분은 중요한 목적을 갖고 있다(예: 날개, 다리, 껍질, 눈, 꼬리, 입, 발, 코, 팔, 부리, 더듬이). • 동물은 식물과 달리 다양한 방법으로 움직인다(예: 걷기, 수영하기, 날기, 기기, 날개나 지느러미 또는 꼬리를 이용해서 움직이기). • 동물은 다양한 방법으로 자신을 보호한다(예: 변색, 발톱, 뿔, 독이 있는 이빨, 침). • 동물은 각기 다양한 물리적 특성을 갖고 있다(예: 토끼[귀], 코끼리[코], 기린[목] 등).
	동물의 성장	• 동물은 성장하면서 변화한다(예: 알 → 올챙이 → 개구리). • 동물의 새끼는 어미와 비슷할 수도 있고(예: 사마귀) 그렇지 않을 수도 있다(예: 백조). • 동물의 새끼는 이름이 따로 있는 경우도 있다(예: 개-강아지).
	동물과 인간의 관계	• 인간에게 이로운 동물도 있다(예: 소[음식], 양[옷], 말[교통수단], 개[맹인 안내], 고양이[애완동물] 등). • 인간에게 해로운 동물도 있다(예: 뱀[독], 바퀴벌레[병균]). • 수의사는 아픈 동물이나 다친 동물을 치료해 주는 사람이다.

3) 자연현상에 대해 알아보기

표 5-5 '과학적 기초 능력 기르기' 내용체계 중 자연현상에 대해 알아보기

I 수준	II 수준
생활 주변의 자연물(돌, 물, 흙 등) 탐색을 즐긴다.	
자연물의 상태와 변화에 관심을 가진다.	자연물의 상태와 변화를 관찰한다.
낮과 밤, 계절의 변화에 관심을 가진다.	낮과 밤, 계절의 변화와 규칙성을 알아본다.

유아가 살고 있는 세계는 다양한 돌, 물, 흙 등의 자연물로 이루어져 있다. 유아는 이러한 자연물을 재료로 놀이를 하고 자연현상을 이해해 나간다. 예를 들어, 유아가 유치원 주변에 있는 다양한 모양의 돌을 수집하여 탐색하는 모습, 흙이나 모래로 성을 쌓거나 뭉쳐 보는 모습 등은 쉽게 볼 수 있는데, 이런 내용이 공통 수준으로 지속될 수 있도록 한다.

또 유아가 자연물에 대한 단편적인 지식을 받아들이는 것이 아니라 I 수준에서는 흙, 물, 돌 등 자연물의 모양이나 질감, 특성을 느끼며 변화하는 모습에 관심을 갖도록 한다. 예를 들면, 물을 다른 그릇에 옮겨 부어 보거나 흙에 물을 섞는 등의 활동을 통해 자연물의 모습이 달라지는 경험을 해 볼 수 있다.

II 수준에서 교사는 유아가 자연물의 상태에 대한 탐색을 계속해 나갈 수 있도록 그 특성을 비교할 기회와 시간을 충분히 주도록 한다. 즉, 수집한 돌을 만져 보고 이야기해 볼 수 있도록 하거나 크기별, 모양별, 색깔별로 분류해 보는 상호작용을 해 볼 수 있다.

낮과 밤, 계절의 변화와 같은 자연현상은 순환적이며 정해진 규칙에 따라 일어난다. 이와 같은 자연현상을 이해하기 위해서 단편적인 지식을 알아보기보다는 유아의 주변에서 흔히 일어나는 일상적인 자연현상에 호기

심을 가질 수 있도록 해야 한다. 유아는 왜 번개가 치는지, 왜 달의 모양이 변하는지와 같은 인과적 수준의 문제를 해결하고자 하는 것이 아니라 그러한 일이 벌어지는 변화 자체에 관심이 있다. 그러므로 유아가 자연현상의 변화에 지속적으로 관심을 갖고 그것이 일상생활에서 어떻게 적용되고 있는지를 탐구해 볼 필요가 있다.

II 수준에서 유아는 이러한 변화를 지속적으로 관찰해 가며 변화의 규칙성을 이해할 수 있게 된다. 그러므로 일상생활에서 일상의 경험과 자연현상의 변화를 지속적으로 연결시켜 주어야 한다. 예를 들면, 밤낮 변화의 경우, 밤과 낮이 생기는 원리나 개념보다는 자신이 밤과 낮에 직접 보았던 주변 환경, 하늘의 색깔, 실제 관찰했던 해와 달의 모습 등을 중심으로 이야기해 보고 차이점을 인식하도록 하는 것이 좋다. 계절의 변화도 마찬가지로, 계절에 따른 사람들의 옷차림이나 날씨 변화 등 주위에서 일상적으로 쉽게 관찰되는 변화를 통해 접근할 수 있다. 또한 과학적 호기심이 많은 유아가 더욱 깊이 있는 지식을 알아보고자 한다면 간단한 정보 책자나 인터넷 혹은 동영상 자료 등을 활용해서 정확한 지식을 찾도록 도울 수 있다.

표 5-6 '자연현상에 대해 알아보기'에서 유아가 배울 수 있는 과학적 지식

천체	하늘	• 하늘에는 해, 달, 별이 있다. • 하루에는 밤과 낮이 있다.
	해	• 해는 낮에 볼 수 있다. • 해는 매일 동쪽에서 떠서 서쪽으로 진다. • 해는 빛과 열을 내고 지구를 따뜻하게 한다. • 해는 그림자를 만든다.
	달	• 달은 밤에 볼 수 있다. • 달은 지구의 둘레를 돈다. • 달의 모양은 규칙적으로 변화한다(초승달, 상현달, 보름달, 하현달, 그믐달).
	별	• 별은 밤에 볼 수 있다. • 태양을 중심으로 모여 있는 별들을 태양계라고 한다(수성, 금성, 지구, 화성, 목성, 토성, 천왕성, 해왕성).

천체	지구	• 지구는 둥글다. • 지구는 해의 둘레를 돈다. • 지구에는 중력이 있다.
지질	땅	• 땅은 들, 산, 사막 등으로 이루어져 있다. • 들, 산, 사막은 각기 다른 특성을 갖고 있다. • 바위, 흙, 돌, 모래는 각기 다른 특성을 갖고 있다. • 부서진 바위는 돌, 흙, 모래가 된다. • 흙은 식물의 성장을 도와준다. • 화산은 땅속 마그마가 밖으로 터져 나와 이루어진 산을 말한다. • 아주 오래전에 있었던 동식물의 흔적이 남아 있는 것을 화석이라고 한다. • 지구의 표면은 변화한다(예: 느린 변화-풍화, 침식 / 급격한 변화-화산폭발, 지진, 산사태).
	물	• 물은 색, 맛, 냄새, 형태가 없다. • 지구 표면은 대부분 강, 호수, 바다 등 물로 이루어져 있다. • 바닷물은 짜다. • 바닷물은 깊다. • 물은 순환한다(예: 비 → 강 → 바다, 생활하수 → 정화수). • 물은 깨끗하게 보존되어야 한다.
	공기	• 공기는 우리 주위 모든 곳에 존재하며 지구를 둘러싸고 있다. • 공기는 색, 맛, 냄새가 없고 눈에 보이지 않는다. • 공기는 대부분 질소와 산소로 이루어져 있다. • 오염된 공기는 생물에게 피해를 준다. • 공기는 공간을 차지하고 압력과 무게를 갖고 있다. • 더운 공기는 위로 올라가고 차가운 공기는 아래로 내려간다.
계절	봄	• 따뜻하다. • 새싹이 돋고 꽃이 핀다. • 겨울잠을 자는 동물이 깨어난다(예: 곰, 개구리). • 사람들의 옷이 가벼워지고 색깔이 밝아진다.
	여름	• 무덥고 비가 많이 온다. • 나뭇잎이 무성해지고 색깔이 진해진다. • 곤충을 많이 볼 수 있다. • 햇볕이 강해서 모자나 선글라스가 필요하다.

	가을	• 날씨가 선선해진다. • 단풍이 들고 낙엽이 진다. • 철새가 따뜻한 곳을 향해 날아간다. • 추수를 해야 하므로 농부가 바빠진다.
	겨울	• 춥고 눈이 온다. • 나뭇잎이 떨어지고 가지만 남는다. • 어떤 동물은 겨울잠을 잔다(예: 곰, 개구리). • 눈싸움을 하거나 스케이트, 스키, 썰매 등을 탈 수 있다.
기상	바람	• 공기의 흐름을 바람이라고 한다. • 바람의 종류는 다양하다(예: 태풍, 폭풍, 미풍, 회오리바람). • 바람은 여러 가지 일을 한다(예: 연날리기, 빨래 말리기, 풍차, 씨앗 퍼뜨리기). • 바람은 사람에게 피해를 주기도 한다(예: 태풍).
	비	• 공기 중의 수증기가 식어서 물방울이 되어 땅에 떨어지는 것이다. • 비의 굵기는 다양하다(예: 소나기, 이슬비). • 비가 그쳤을 때 해의 반대쪽 하늘에 일곱 색깔의 무지개가 뜬다. • 비가 오면 사람들은 우산이나 장화, 비옷을 사용한다. • 비는 사람에게 피해를 줄 수 있다(예: 폭우, 산성비).
	눈	• 기온이 0℃ 이하일 때 공기 중의 수증기가 얼어서 땅에 떨어지는 것이다. • 눈은 흰색이다. • 눈송이는 일반적으로 육각형 모양이다.
	구름	• 구름은 공기 중의 수증기가 엉기어 미세한 물방울이나 얼음 상태로 떠 있는 것이다. • 구름의 색깔은 여러 가지다(흰색, 회색, 검은색). • 흰색 구름은 높은 하늘에, 회색이나 검은색 구름은 낮은 하늘에 떠 있다. • 구름에는 여러 가지 종류가 있다(비늘구름, 뭉게구름, 새털구름, 양떼구름 등). • 구름은 공기의 흐름에 의해 끊임없이 모양이 바뀐다.
	번개와 천둥	• 번개는 양전기와 음전기의 구름 사이의 방전현상으로 몹시 빠르게 번쩍이는 빛을 말한다. • 천둥은 번개가 칠 때 하늘이 요란하게 울리면서 소리가 나는 것이다. • 번개와 천둥은 거의 동시에 일어나지만 빛과 소리의 속도가 다르기 때문에 번개가 먼저 번쩍이고 천둥 소리는 나중에 들린다.

4) 간단한 도구와 기계 활용하기

표 5-7 '과학적 기초 능력 기르기' 내용체계 중 간단한 도구와 기계 활용하기

I 수준	II 수준
관심 있는 도구나 놀잇감을 여러 가지 방법으로 만들고 즐긴다.	
도구와 기계의 편리함에 관심을 가진다.	편리한 물건이 때로는 해가 될 수 있음을 안다.
생활 속에서 간단한 도구와 기계를 활용한다.	
-	우리 전통사회에서 발명된 도구와 기계에 관심을 가진다.

오늘날 우리 삶은 첨단기술의 발달 덕분에 만들어진 도구와 기계로 인해 매우 빨리 변화하고 있으며, 앞으로 이런 변화의 속도는 훨씬 더 빨라질 것이다. 유아는 주변에서 다양한 도구와 기계를 쉽게 접할 수 있다. 그러므로 유아가 이러한 일상생활에 필요한 도구와 기계에 관심을 가지고, 그것에 어떠한 편리함이 있는지 알아보도록 할 필요가 있다.

유아는 관심을 가지고 있는 도구와 놀잇감을 다양한 방법으로 활용해 보고, 만들고 적용해 보는 과정을 경험해 볼 수 있다. 예를 들어, 자동차 장난감을 가지고 굴리기 놀이를 하던 유아는 바퀴의 원리를 알아보기 위해 상자를 가지고 자동차를 만들어 볼 수 있다.

도구와 기계의 편리함에 대해 관심을 갖는 것도 중요한데, I 수준에서는 유아의 일상생활에 밀접한 영향을 미치는 도구와 기계에 관심을 가지게 한다. 이와 연결하여 '만약 자동차가 없다면?' '만약 칼이 없다면?'과 같은 질문을 통해 유아가 도구와 기계의 편리함을 쉽게 알 수 있도록 도와줄 수 있다.

II 수준에서는 이러한 편리한 도구와 기계를 올바로 쓰지 못하면 오히

려 해가 될 수 있음을 깨닫게 해 줄 필요가 있다. 우리가 사용하는 칼, 가위, 자동차를 올바르게 사용하지 않으면 사람을 해하거나 다치게 할 수 있다는 것에 대해 이야기해 볼 수 있다.

유아가 일상에서 간단한 도구와 기계를 직접 활용해 보는 경험을 제공할 필요가 있는데, 빗자루로 청소하기, 칼질이나 가위질 하기, 스테이플러 사용하기, 컴퓨터 영역에서 정보 검색하기 등이 그 예가 될 수 있다. 또한 II 수준에서는 우리 조상이 사용했던 맷돌, 낫, 벼루와 붓 등과 같은 도구를 탐색해 보면서 그 편리함과 조상의 지혜로움을 경험할 수 있다. 단순히 우리의 옛것을 사회적 지식으로 전달하거나 옛 물건과 요즘 물건을 비교하는 것에 중점을 두는 것은 옳지 않다. 무엇보다 전통사회의 도

표 5-8 '간단한 도구와 기계 활용하기'에서 유아가 배울 수 있는 과학적 지식

구분	내용
도구와 기계의 일반적 특성	• 도구와 기계에는 여러 가지 종류가 있다. • 도구와 기계의 용도는 여러 가지다. • 도구와 기계는 여러 부분으로 이루어져 있다.
도구와 기계의 필요성	• 도구와 기계는 사람의 생활을 편리하게 해 준다. • 도구와 기계는 올바르게 사용해야 한다.
도구와 기계의 동력	• 도구와 기계를 움직이는 힘은 다양하다(예: 사람의 힘, 전기의 힘, 석탄의 힘, 물의 힘, 공기의 힘, 태양의 힘).
지레	• 지레는 받침대와 막대를 이용하여 물체를 쉽게 움직이는 것이다. • 지레를 쓴다고 항상 힘이 적게 드는 것은 아니다. 힘점, 받침점, 작용점의 위치에 따라 필요한 힘의 크기는 달라진다(적용 예: 장도리, 병따개, 가위, 시소, 집게).
빗면	• 빗면은 기울어진 면이다. • 빗면을 이용하여 물체를 끌어올릴 때 필요한 힘은 '무게×높이÷빗면 길이'다. • 빗면이 길수록(경사가 완만할수록) 힘이 덜 들지만, 수직으로 높이만큼 들어 올리는 것보다 긴 길이를 올려야 한다. • 그냥 들어 올리는 것이나 빗면을 이용하는 것의 일의 양은 같다(예: 경사로, 등산로, 미끄럼틀, 덤프트럭).

구와 기계가 우리 생활과 밀접한 관계가 있고 생활에 도움이 될 수도 있음을 알게 하는 것이 중요하다.

2. '탐구하는 태도 기르기'의 내용체계

1) 사물과 현상에 지속적인 관심 가지기

표 5-9 '탐구하는 태도 기르기' 영역의 내용체계 중 사물과 현상에 지속적인 관심 가지기

I 수준	II 수준
생활 주변의 사물과 현상에 대해 호기심을 가진다.	궁금한 점에 대해 지속적으로 관심을 가진다.
과학에 대한 탐구 이야기에 관심을 가진다.	

유아는 주변의 사물과 현상에 대해 호기심이 많다. 유아의 호기심은 교사와의 상호작용, 다양한 정보 매체나 환경 변화 등과 같은 교사의 도움을 통해 심화된 탐구과정으로 확장되어 나갈 수 있다. I 수준에서는 유아가 자연스럽게 생활 주변의 사물과 현상에 대해 호기심을 가질 수 있도록 한다. 예를 들어, 비오는 날 등원한 유아가 유치원 마당에 있는 달팽이를 보고 "달팽이가 풀잎 위를 아주 천천히 기어가요." 하고 호기심을 보인다면, 교사는 "정말 달팽이가 기어가네. 그래, 달팽이를 보면서 또 어떤 신기한 것이 있는지 더 말해 보자."라고 상호작용할 수 있다. 이 과정에서 교사는 유아가 궁금해하는 것에 대해 질문하고 격려해 줄 수 있다.

II 수준에서는 유아가 궁금한 점에 대해 계속해서 관심을 가질 수 있도록 상호작용해 주는 것이 중요하다. 유아의 호기심을 지속적인 관심으로

확장하기 위해 교사는 계속해서 질문을 하기보다 유아가 '어떤 것에 호기심을 가지고 있는지'를 잘 듣고 이를 통해 유아의 호기심과 관심을 읽어내도록 유아를 민감하게 관찰하는 것이 특히 중요하다. 또한 교사는 유아가 정말로 궁금해하고 호기심을 가지고 있는 주제라고 판단되면 그것이 일상의 경험으로 끝나지 않고 지속적으로 확장되어 흥미 영역이나 대집단 활동으로 연계될 수 있도록 물리적 환경을 구성해 줄 필요가 있다. 즉, 유아가 달팽이의 먹이 또는 서식지를 궁금해하면 탐구 영역에서 달팽이를 직접 키워 보며 지속적으로 관찰하도록 지원해 줄 수 있다. 이러한 과정에서 유아는 호기심, 자발성과 적극성, 솔직성, 개방성과 같은 과학적 태도를 기를 수 있다.

또한 유아가 호기심을 가지고 있는 것 말고도 우리 주변에서 매우 일상적으로 일어나는 현상에 대해 새로운 호기심을 가질 수 있도록 격려하고 도와줄 필요도 있다. 예를 들어, '지구에 딱 백 명의 사람만 살고 있다면 어떻게 될까?'와 같은 질문을 하거나 혹은 북을 칠 때의 진동을 다시 촉감으로 느껴 볼 수 있도록 도와줌으로써 일상적 상황에서 벗어나 흥미로운 탐색이 일어나는 상황으로 유도할 수 있다.

그리고 탐구 이야기에 항상 유명한 과학자의 위인전만을 제시하는 것은 좋지 않다. 자칫 위인전은 유아에게 지루함을 줄 수 있고 과학자를 자신과는 별개의 특별한 사람으로 생각하게 하는 역효과를 낳을 수 있다. 새로운 맛을 개발하기 위해 끊임없이 노력하는 요리사 이야기, 우주에 다녀온 우리나라 최초의 우주비행사 이야기 등과 같이 유아의 생활과 가까운 이야기를 중심으로 하는 것이 더 좋다. 유아가 한 학기 동안 거북이나 사슴벌레, 누에를 잘 기른 이야기를 책으로 모아서 엮어 보는 것도 지속적인 탐구를 위해 의미 있는 활동이 될 것이다.

2) 탐구과정 즐기기

표 5-10 '탐구하는 태도 기르기' 내용체계 중 탐구과정 즐기기

I 수준	II 수준
궁금한 점을 알 수 있는 방법을 궁리한다.	내가 궁리한 방법대로 해 본다.
다른 사람과 함께 탐구과정에 참여한다.	나의 생각이 다른 사람과 다를 수 있음을 안다.

최근 여러 국가에서 과학적 소양을 갖춘 국민을 육성하기 위한 정책에 힘을 쏟고 있다. 하지만 이는 개념적 지식을 단편적으로 전달하는 것만으로는 부족하다. 유아기부터 능동적으로 세상을 탐색할 수 있는 풍부한 기회를 제공하고 탐구과정을 즐기는 태도를 갖게 해 줄 필요가 있다. 이는 세계적인 흐름이다.

유아가 스스로 궁금한 것을 알아내기 위해 그 해결책을 찾아가는 것은 탐구과정에서 매우 중요하다. I 수준에서는 유아 자신이 생각하기에 가능하다고 판단되는 여러 가지 방법을 찾게 한다. 예를 들면, 유아는 비눗방울을 크게 만들기 위해선 세게 불거나 반대로 살살 불어야 한다는 상반된 생각을 가지고 있는 경우가 있다. 이때 교사는 이런 문제에 대한 유아 각자의 다른 생각도 모두 존중해 주는 자세를 견지해야 한다.

II 수준에서는 유아가 자신이 고안한 방법으로 지속적으로 탐구하고 실험해 볼 수 있도록 한다. 유아가 스스로 생각한 방법을 보여 줄 수 있도록 풍부한 자료와 시간을 제공해 주어야 하며, 유아가 현재 가지고 있는 가설이 무엇인지 확인하고 나타난 결과와 비교해 볼 수 있도록 지원해야 한다. 예를 들어, 유아가 비눗방울 놀이를 하는 과정에서 '빨대를 여러 개로 불면 큰 비눗방울을 만들 수 있다'는 가설을 가지고 있다면 이러한 예측을 토대로 빨대를 한 개 혹은 여러 개로 불어 보는 반복적인 탐색과 실험

을 할 수 있도록 도와준다. 그리고 이 과정에서 유아 스스로 초기 가설과 결과가 다르게 나온다는 것을 인식하도록 해 줄 수 있다.

교사가 유아의 아이디어를 반영하고 확인하여 되돌려 주는 과정은 현재 유아가 하고 있는 놀이를 보다 의미 있게 구성하는 데 도움이 된다. 즉, 이러한 과정은 유아가 이미 알고 있는 것과 새로운 과제를 연결하는 중요한 연결고리 역할을 해 준다.

유아가 다른 사람과 함께 탐구과정을 즐길 수 있도록 하는 것도 중요하다. I 수준에서 유아는 친구들과 같은 방법 또는 서로 다른 방법으로 탐구할 수도 있다. 예를 들어 거리를 잴 때는, 자로 잴 수도 있고 발바닥이나 책 같은 것으로 잴 수도 있다. 교사는 유아가 다양한 자료와 도구를 자유롭게 활용하여 실험할 수 있도록 돕고, 다른 생각을 가진 유아와의 상호작용을 촉진해 줄 필요가 있다.

II 수준에서는 자신이 생각해 낸 방법과 생각이 다른 사람의 것과 다를 수 있음을 경험해 보는 것이 중요하다. 예를 들어, 비눗방울 놀이과정 중 몇몇 유아가 '하트 모양 틀로 비눗방울을 불면 하트 모양의 비눗방울을 만들 수 있을 것'이라는 가설을 가지고 있을 경우 교사는 놀이과정에서 '동그란 비눗방울이 나올 것'이라는 다른 생각을 가진 유아의 생각이 공유되어 자연스럽게 토론이 일어나도록 상호작용해 주어야 한다. 이와 같이 유아는 어떤 과제를 할 때 서로 다르게 이해하고 있는 점에 대해 이해를 공유하는 과정에서 개방성, 비판성, 판단 유보, 협동성, 끈기와 같은 과학적 태도를 기르게 된다. 따라서 교사는 교사-유아, 유아-유아, 유아-교재교구의 상호작용 과정에서 지속적인 토론이 일어나도록 도움을 주어야 한다.

$E=mc^2$

제6장

유아 과학교육의 교수방법

1. 유아 과학교육의 교수원리
2. 유아 과학교육의 교수방법
3. 유아 과학교육을 위한 교사의 역할

똑같은 하나의 과학내용이 있더라도 그것을 유아에게 가르치고 접근하는 방법은 다양하다. 교사가 평소에 중요하게 생각하는 교수원리나 실제적이고 구체적인 교수방법에 따라 유아는 다른 모습의 과학교육을 경험하게 된다. 그러므로 올바른 유아 과학교육을 위한 교수원리와 교수방법을 먼저 알아볼 필요가 있다. 이후 유아 과학교육에서 의미하는 '과학' 이란 무엇인지 생각해 보고, 과학에 대한 유아의 태도와 교사의 태도를 살펴본 후 교사의 역할을 알아본다. 유아 과학교육은 생활과 분리된 먼 곳에 있지 않으며 어렵다고 두려워할 필요도 없다. 세상에 대한 호기심으로 가득 찬 유아의 반짝이는 눈빛은 이미 유아 과학교육의 튼튼한 바탕을 이루고 있다. 그 위에 어떤 멋진 작품을 만들어 낼 것인지는 교사가 어떤 교수원리와 교수방법을 가지고 어떤 역할을 해내는가에 달려 있다.

1. 유아 과학교육의 교수원리

효과적인 유아 과학교육은 올바른 교수원리로부터 출발한다.

1) 자발적 탐구 중심의 원리

유아가 과학을 배우기 위해 가장 필요한 것은 실제로 직접 과학을 해 보는 것이다. 마틴(Martin, 1997)은 "30년 동안 유치원부터 대학에 이르기까지 모든 수준의 과학교육을 경험한 바에 따르면 유아가 과학을 학습하기 위해서는 스스로 과학을 해 보는 것밖에 방법이 없다."라고 말한다. 즉, 유아 자신의 직접적인 경험과 사고로부터 개인적인 지식을 형성해 나가야 한다는 것이다. 유아가 홍미를 가지는 것에 대해 스스로 질문하고, 과학의 과정을 적용한 개방적인 탐구활동을 통해 그 질문에 대한 답을 탐색하고, 유아가 이미 가진 정보와 새로운 경험을 통합하여 스스로 의미를 구성할 때 비로소 과학을 배울 수 있다(Martin, 2001).

유아는 주로 감각을 통한 관찰에 의존한 사고를 하는 발달상 특성이 있다. 그러므로 유아 과학교육은 유아가 직접 조작해 보는 과정 중심의 탐구로 이루어져야 할 것이다. 탐구란 현재 유아가 지니고 있는 사전 개념과 지식에서 출발해 스스로 문제 제기를 하면서 자신이 지니고 있는 초보적 이론을 실험을 통해 검증하고, 그 결과에 따라 대안적 설명을 할 수 있는 사고의 과정까지 동반하는 것이다(곽향림, 2002). 제7차 유치원 교육과정에서도 '탐구하는 태도 기르기'를 탐구생활 영역 중 하나의 내용 영역으로 분리하여 강조하고 있다.

유아는 스스로 탐구하는 것을 매우 즐기지만, 과거의 과학 수업은 오래전부터 과학 지식을 전달하는 것이 주된 관심이었다. 이는 교사에게 과학 수업에 대한 불안감을 주었으며, 유아의 자발적인 지식구성을 방해하는 결과를 초래했다. 이러한 교사 주도적인 실험이나 언어 의존적인 과학교육 방법으로는 오히려 유아의 지적 자율성을 방해할 수 있다.

유아에게 중요한 것은 단편적인 과학 지식의 습득보다 과학을 직접 해보는 것이다. 즉, 오늘날의 유아 과학교육은 과거의 교사 중심 접근에서 탈피하여 유아의 자발적인 호기심과 탐구심을 활용해 유아 자신에게 의미 있는 방식으로 지식을 구성해 나가도록 해야 한다. 유아기만큼 자연의 모습이나 현상에 대해 많은 의문과 흥미를 가지는 시기가 없다. 그러므로 유아가 과학현상에 대해 궁금해하고 질문을 가지면 교사는 유아 스스로 그 질문에 대한 답을 탐구하며 지식을 구성해 나가도록 격려해야 한다. 탐구 중심의 과학교육은 교사에게도 과학교수의 불안감 대신 즐겁고 보람 있는 성취감을 맛보게 한다(Martin, 1997).

유아의 과학탐구 활동을 위해서는 다음과 같은 교수전략을 사용할 수 있다(National Research Council, 1996).

- 유아의 주변에서 볼 수 있는 물체, 사건, 생물에 대해 질문하도록 하고, 관찰이나 탐구를 통해 스스로 질문의 답을 찾도록 격려한다.
- 간단한 조사를 계획하고 실시하도록 한다. 유아 단계의 조사는 체계적 관찰을 기초로 한다. 유아에게 적합한 조사 유형은 물체, 사건, 생물을 묘사하고 분류하는 것이다.
- 유아는 탐구과정에서 자, 온도계, 돋보기, 현미경과 같은 간단한 도구를 사용해 필요한 자료를 수집할 수 있다.
- 질문에 대한 타당한 설명을 위해 자료를 수집하고 그것으로 설명할 때 유아의 능동적 사고가 강조된다. 유아는 필요한 자료가 무엇인지 배우게 되고, 자료와 설명의 장점을 판단하게 된다.
- 조사와 설명에 대해 타인과 의견을 나눈다. 유아기부터 자신과 친구들의 활동에 대해 이야기하고 분석할 수 있는 능력을 발달시키기 시작한다.

2) 발달적합성의 원리

여러 과학활동에 몰두해 있는 유아를 보면 과학자의 모습과 유사하다. 샤이에와 브리튼(Chaillé & Britain, 1997)은 『유아과학과 교육: 유아과학교육의 구성주의적 접근』(The Young Child as Scientist: A Constructivist to Early Childhood Science Education)에서 유아가 과학을 배우는 학습자라기보다는 과학자와 같음을 강조하고 있다. 세상에 대한 호기심으로 다양한 시행착오를 경험하고, 창의적으로 생각하고, 흥미 있는 활동에 몰입하고, 세심하게 관찰하는 유아는 이미 과학을 하고 있으며 또 과학을 학습하기에 충분한 능력을 가지고 있다.

그러나 이렇듯 훌륭한 과학자의 자질을 가진 유아에게 발달에 적합하지 않은 내용과 방법으로 과학교육이 이루어진다면 유아가 가진 고귀한 특성을 제대로 꽃피울 수 없다. 일부에서는 과학이 형식적 · 추상적 사고력을 요구하므로 본질적으로 유아에게 과학교육은 적합하지 않다고 말한다. 즉, 유아기에는 초등학교 이후에 학습할 과학내용의 일부를 미리 접하는 것만으로 충분하다고 생각한다. 이는 곧 과학교육 방법에서도 단편적 사실의 암기나 사실 전달 등 내용 중심적 경향을 나타내었다(Butzow & Butzow, 2000). 하지만 이런 경향은 유아교사에게 과학교수의 불안감을 가중시켰으며, 유아에게는 유아가 본래 가지고 있던 훌륭한 과학자의 자질을 발휘할 기회를 주지 못했다. 유아기에는 특수하고 구체적인 과학적 지식이나 사실의 습득보다는 과학적 방법의 경험이 더 중요하다. 과학적 과정은 관찰, 의사소통, 비교, 조직, 관계, 추론, 적용을 포함한다. 유아는 자신이 흥미 있어 하는 것을 자발적으로 탐구할 때 이런 과학적 과정을 자연스럽게 사용하게 된다.

유아의 발달에 적합한 내용과 방법으로 과학학습이 이루어지기 위해서는 구체적으로 다음과 같은 발달에 적합한 원리가 고려되어야 한다.

- 과학학습이 놀이 속에서 자연스럽게 이루어져야 한다. 예를 들어, 유아는 자석놀이에 몰입해 있으면서 자석의 다양한 특성을 스스로 경험하게 된다. 또한 친구들과 함께 다양한 물건을 물에 넣어 보는 신나는 물놀이를 하면서 물에 뜨는 것과 뜨지 않는 것을 구별하게 된다. 교사는 유아의 즐거운 놀이 속에서 과학학습이 이루어질 수 있도록 교실환경을 조성하고 적극적인 학습 촉진자와 학습 지원자의 역할을 해야 한다.
- 일상생활과 관련된 다양한 영역의 활동을 통합적으로 제시하면서 과학학습이 이루어지도록 한다. 유아의 신체, 언어, 인지, 사회 및 정서 발달은 통합적으로 발달하고, 유아는 다양한 영역의 지식을 통합적으로 학습하기 때문이다. 예를 들어, 유아가 좋아하는 팝콘

만들기 활동의 경우 마른 옥수수 알갱이가 팝콘으로 변하는 모습을 표현해 보는 신체활동, 관련 그림책을 읽어 보는 언어활동, 그림으로 그려 보는 표현활동, 친구와 사이좋게 나누어 먹기 등의 다양한 통합활동으로 적용하면서 '열로 인한 물질의 변화'라는 과학 개념에 자연스럽게 다가갈 수 있도록 한다. 또 유아는 과학과 관련된 재미있는 책 읽기 활동을 통해 과학적 사실과 개념을 자연스럽게 전달받을 수 있으며 과학적 호기심의 출발점을 만날 수 있다.

- 문제해결을 위한 적극적 탐색이 이루어질 수 있는 과정 중심의 과학학습이 이루어져야 한다. 유아기의 과학학습은 이후의 논리적 사고와 문제해결 능력의 기초과정이다. 그러므로 직접적이고 즉각적인 결과 중심의 과학학습이 아닌, 유아 스스로 탐구할 수 있는 과정 중심의 학습이 필요하다. 예를 들어, 교사는 물속으로 가라앉는 고무찰흙 덩어리를 물 위에 뜨게 하고자 할 때 유아에게 다양한 탐색을 할 수 있는 기회와 시간을 주고 기다려야 할 것이다. 교사의 설명에 따라 고무배를 만든 유아와 시행착오 끝에 스스로 고무배를 띄운 유아를 생각해 보자. 어느 유아가 탐구와 몰입의 기쁨을 더 많이 누릴 수 있을지 생각해 보면 유아 과학교육이 어떻게 이루어져야 할지를 알 수 있을 것이다.

2. 유아 과학교육의 교수방법

여기에서는 유아 과학교육의 교수원리를 실현하기 위한 구체적이고 실제적인 교수방법을 살펴본다. 유아의 과학학습이 잘 이루어지도록 하기 위해 교사는 다양한 교수방법 중 학습 목표 및 내용에 알맞은 교수방법을 활용해야 한다.

1) 교사 중심의 직접적 교수방법

직접적 교수방법은 교사가 중심이 되어 교사 주도적 설명에 의해 유아의 과학학습이 이루어지며, 설명적 교수방법 또는 전달적 교수방법 등이 유사한 의미로 사용된다. 즉, 직접적 교수방법은 교사가 유아의 발달 및 흥미에 기초해 학습할 내용과 기술을 미리 결정한다. 이후 유아에게 학습 내용을 설명하거나 시범을 보이거나 계획된 질문을 하고, 유아에게 직접 활동을 해 보게 한다. 직접적 교수방법은 과학교육 현장에서 지금까지 가장 많이 사용되어 온 방법이다(Fleer, 1995). 그러나 직접적 교수방법에서는 유아가 수동적인 학습자의 입장이 되므로 다양한 상호작용을 기대하기 어렵다.

직접적 교수방법을 이용한 학습은 네 단계로 이루어진다. 첫째, 교사가 선정한 새로운 주제가 소개된다. 둘째, 주제를 설명해 주는 구체적 예가 제시된다. 셋째, 새로운 내용을 실험하고 시도해 보는 안내 학습이 이루어진다. 넷째, 유아가 혼자 연습해 본다(이영자, 이기숙, 이정욱, 2009). 그러므로 직접적 교수방법이 효율적으로 이루어지기 위해서는 수업내용의 선정에서 유아의 발달 수준 및 관심이 우선적으로 고려되어야 하고, 사전 준비가 꼼꼼하게 이루어져야 하며, 유아의 관심을 집중시키고 지속적인 참여를 유도해야 한다. 구체적 예를 제시할 때는 유아가 충분히 이해할 수 있도록 명확하게 설명하고, 유아의 반응을 살피며 질문에 응하도록 한다. 교사의 설명이나 시범 활동이 끝난 후 유아가 직접 활동을 할 때에는 필요한 경우에 적절한 도움을 준다.

일반적으로 설명 중심의 직접적 교수방법은 유아의 발달 특성상 주의 집중 시간이 짧고 언어 이해력이 부족하다는 점에서 교사의 능력과 기술에 더 많이 의존하게 된다. 이는 교사에게 과학교수의 불안감을 더 가중시킬 수 있다. 또한 유아의 개별적 발달을 고려하기가 어려우며, 학습내용의 내면화를 알기도 쉽지 않다.

그러나 직접적 교수방법이 가진 장점을 적절히 활용할 수 있는 부분도 있다. 과학실험 도구의 안전한 사용법에 대한 안내나 유아의 안전이 우선시되어야 할 때는 교사의 직접적인 설명이 꼭 필요하다. 또한 직접적 교수방법은 다수의 유아에게 정보를 빨리 전달해야 할 때 활용될 수 있으며, 낮은 수준의 인지적 목표를 달성하기 쉽다는 장점이 있다.

2) 유아 중심의 탐구적 교수방법

탐구적 교수방법은 호기심과 탐구심을 바탕으로 유아가 과학학습 과정에 능동적으로 참여하여 스스로 문제해결 능력과 탐구능력을 키워 나가는 교수방법이다. 또한 유아의 고차원적이며 비판적인 사고능력의 발달을 목표로 하는 교수방법이다.

과학교육의 탐구적 접근에 대한 역사적 과정을 살펴보면 다음과 같다. 1959년 미국 과학교육의 실태를 조사해 온 국립과학원은 "단기적인 계획 대신에 어린 학생들에게 과학의 근본 내용과 방법을 포함하는 기초과정을 공부하게 하자."(Bruner, 1965)는 회의를 열었다(김석중, 2006). 이 회의를 통해 '과학자는 어떻게 과학을 하는가?'라는 문제가 제기되었으며, 이후 과학교육에서 내용보다는 과정에 중점을 두는 접근법이 나타나게 되었다. 이러한 접근법은 '직접 조작활동'을 강조했으며, 모든 수준의 학생에게 예측과 실험을 먼저 하고 나서 결론을 내리도록 했다.

탐구적 교수방법은 교사가 어떤 이론에 기초해 실험을 준비하고 체계적으로 계획된 실험을 통해 원리를 증명하는 직접적 교수방법과는 대조적이다. 다음의 예는 우리가 과거 과학시간에 흔히 접했던 방법이다.

녹말이 든 음식에 요오드 용액을 떨어뜨리면 보라색으로 변하게 된다. 이 실험은 여러 가지 종류의 식품에 요오드 용액을 떨어뜨려 보고, 그중 색깔이 변한 식품에 녹말이 들어 있음을 배운다. 이 실험에서 중요한 것은 누군가가 이미 결론 낸 사실을 단순히 확인했다는 것뿐이다(김석중, 2006).

탐구적 교수방법은 사실적인 과학 지식을 배우는 것보다 과정 기능을 배우는 것에 중점을 둔다. 전미과학교육기준(NSES)에 따르면 과학적 탐구는 과학자가 자연세계를 연구하고 그로부터 도출된 증거에 기초해 설명을 제안하는 다양한 방법이며, 탐구는 과학자가 자연세계를 연구하는 방법뿐만 아니라 학생이 과학적 아이디어를 발달시키는 활동이다. 또한 NSES는 과학자나 학생이 탐구에 몰두한다면 나타낼 행동의 예를 다음과 같이 제시하고 있으며, 이런 활동은 이후에 탐구과정 기술(science-process skill)로 규정되었다(Abruscato, 2004).

① 관찰하기
② 질문하기
③ 이미 알려진 것이 무엇인지 보기 위해 책이나 다른 정보원을 알아보기
④ 조사 계획하기
⑤ 실험 증거에 기초해 이미 알려진 것 살펴보기
⑥ 자료를 수집하고 분석하고 해설하기
⑦ 설명, 예측, 결과 등을 의사소통하기
⑧ 가설 검증하기

이를 바탕으로 탐구적 교수방법의 단계는 문제제기, 가설설정, 자료수집, 가설검증, 일반화의 순서로 진행된다. 문제제기 단계에서는 유아

가 흥미를 가진 문제를 발견하고 탐구할 질문을 가질 수 있도록 지원해야 한다. 유아의 발견은 과학 경험으로 격려될 수 있으며, 이는 교사의 지원에 의해 자극될 수 있다는 점에서 '안내된 발견'으로 불리기도 한다. 발견은 진공 상태에서 발생하지 않으며 과거와 미래에 연결되고, 교사의 역할은 이런 연결을 만들어 주기 위해 지원하는 것이다(Abruscato, 2004). 가설설정 단계에서는 유아의 발견과 탐구 문제를 바탕으로 결론을 추측해 보도록 한다. 이때 유아의 가설설정에는 자신의 경험이나 사전 지식이 영향을 미친다. 자료수집 단계에서는 유아의 가설이 타당한지 검증하기 위해 다양한 자료를 수집하게 된다. 이는 유아의 탐구능력 발달을 위해 다양한 자료를 수집하고 탐색하는 중요한 단계로, 직접 실험, 책이나 인터넷 등에서 수집한 간접 정보, 유아의 경험 등이 활용될 수 있다. 이때 교사는 유아의 자료수집이 탐구능력을 향상시킬 수 있는 기회가 되도록 지원하되, 직접적인 지식 전달이 되지 않도록 조심한다. 다음으로 가설검증 단계는 수집한 자료를 바탕으로 유아의 가설을 검증할 수 있는 증거를 제시하는 단계다. 자료분석 결과, 유아가 설정한 가설이 맞을 수도 있지만 새로운 가설이 필요할 수도 있다. 마지막으로 일반화 단계는 탐구과정을 통해 얻은 것을 종합하고 정리하는 단계다. 이때 유아는 스스로 발견한 문제에 대한 답을 찾아내는 과정에서 진정한 과학학습의 기쁨을 누릴 수 있게 되며, 이는 교사의 일방적인 전달로 주어지는 지식 습득과는 차이를 나타낸다. 스스로 해냈다는 유아의 경험과 만족감은 앞으로 또 다른 탐구를 할 수 있는 출발점이 된다.

3) 상호작용적 교수방법

상호작용적 교수방법은 유아와 교사가 함께 흥미로운 주제를 선정하고 적극적인 탐색을 통해 새로운 지식을 구성해 나가며, 교사-유아, 유아-

유아, 유아–환경의 상호작용이 그 바탕을 이룬다. 이는 구성주의적 접근에 가장 가까우며 탐구적 교수방법과 일맥상통한다.

상호작용적 교수방법이 다른 교수방법과 다른 특징은 다음과 같다(이경민, 2001). 첫째, 유아가 스스로 주제를 선정하고 자신의 질문에 대한 답을 찾기 위해 활동하므로 유아의 필요와 흥미에 초점을 맞춘다. 둘째, 유아가 자신에게 의미 있는 활동을 통해 과학에 대한 긍정적인 태도를 형성한다. 셋째, 자신의 질문에 대한 답을 얻는 활동이므로 활동에 대한 관심이 지속된다. 넷째, 개념망 구성활동을 통해 교사에게 유아의 생각과 유아의 세계에 대한 관점이 제공된다. 다섯째, 한 주제에 대해 다양한 질문을 조사 · 탐구하므로 학습 경험이 넓고 깊어진다.

유아는 자기 주도적으로 상호작용을 하며 새로운 아이디어로 활동을 확장하는 능동적 학습자의 역할을 한다. 유아에게 상호작용이 중요한 이유는 그것이 생활의 일부이며 유아의 이론 정립에 기여하는 바가 크기 때문이다. 타인과의 상호작용을 통해 유아는 서로 다른 시각과 다양한 문제해결 방법, 질문에 대한 다양한 답변을 경험하게 된다(Chaillé & Britain, 1997). 또한 유아는 서로 다른 견해 사이에 발생하는 갈등의 조정과정을 통해 반성적 사고를 하게 되며, 그 과정에서 지적 성장이 이루어진다.

상호작용적 교수방법에서 교사는 지식구성 촉진자, 관찰자, 질문자, 환경 구성자, 참여자 등의 다양한 역할을 한다. 교사는 유아가 다양한 상호작용을 할 수 있도록 교사 및 또래와 자유롭게 상호작용할 수 있는 물리적 환경을 제공할 필요가 있다. 또한 협동을 통한 문제해결과 지식구성 과정을 지지하고 격려하는 교실 분위기를 만들어 가야 한다. 아울러 유아가 상호작용하는 대상과 모습을 잘 관찰하고 환경과 활동을 수정하는 융통성을 갖도록 해야 한다.

상호작용적 교수방법을 유아에게 적용한 결과, 전달적 교수방법에 참여한 집단에 비해 과학 개념, 탐구능력, 태도가 향상되었으며(이경민,

2001), 유아의 과학적 문제해결력 및 과학적 태도 향상에 효과가 있었다(박영란, 1999). 이는 상호작용적 교수방법이 유아가 주변 세계 및 사람과의 상호작용을 통해 과학적 탐구와 사고를 향상시키기에 적절한 교수방법이 될 수 있음을 보여 준다.

그림 6-1 또래 간 상호작용을 통해 다양한 지식을 구성해 나가는 유아

3. 유아 과학교육을 위한 교사의 역할

유아 과학교육 현장의 주요한 두 축은 교사와 유아라고 볼 수 있다. 교사와 유아의 상호작용을 통해 유아 과학교육이 완성된다고 볼 때, 유아 과학교육은 교사와 유아가 함께 뛰어가는 2인3각 경기에 비유될 수 있다. 그렇다면 경기의 목적지인 '과학'의 의미가 무엇인지, 또 과학에 대한 유아와 교사의 태도는 어떠한지를 먼저 알아볼 필요가 있다. 이를 바탕으로 다음에서는 유아 과학교육의 목표 달성을 위한 교사의 역할에 대해 알아본다.

1) 과학이란

자유롭게 먼저 생각해 보세요.

유아 과학교육에서 '과학'은 무엇이라고 생각하나요?

유아에게 과학교육을 하기에 앞서 유아가 배워야 할 '과학'이 무엇인지를 먼저 생각해 보아야 한다. 유아에게 가르칠 '과학'의 정의를 바로 세워야만 수업 진행 프로그램을 어떻게 만들지, 어떤 방법으로 접근할지, 그리고 유아에게 필요한 것이 무엇인지를 바르게 판단할 수 있기 때문이다.

'과학'이라고 하면 우리는 흔히 추상적이고 복잡하며 어렵다고 생각한다. 또한 '과학자'의 모습을 떠올리면 흰 가운과 실험실의 화학약품 또는 최첨단 정밀기계나 컴퓨터를 생각하게 된다. 과학에 대해 이런 관점을 가지고 있다면 유아와 과학을 연결시키기가 어렵다. 이런 관점으로 과학을 바라보게 된다면 유아기의 과학학습에 의문을 가지게 될 것이고, 과학교육의 필요성을 느끼지 못할 것이다. 그리고 방법적으로도 단편적인 사실의 암기나 설명을 통한 간단한 사실 전달에 그칠 것이다.

그러나 이러한 선입견을 버리고 진정한 '과학'의 의미에 대해 다시 생각해 볼 필요가 있다. 남녀노소 누구나 동심의 세계로 돌아가 즐거운 시간을 보내는 놀이공원의 놀이기구는 모두 과학의 물리 원리를 바탕으로 만들어졌다. 비행기의 출발도 새처럼 하늘을 날고 싶다는 인간의 욕구에서 시작되었으며, 무수한 시행착오를 거친 끝에 먼 거리를 단시간에 갈 수 있는 편리한 교통기관이 완성되었다. 유아가 좋아하는 팝콘 만들기 활동 속에도 '열과 물질의 변화' 라는 화학활동이 숨어 있다. 따뜻한 봄날 계곡에서 발견한 개구리알을 교실로 가져와 날마다 들여다보면서 올챙이로 변하고 다리가 나오고 꼬리가 짧아지는 모습을 관찰하는 유아의 눈은 호기심으로 반짝인다. 이렇듯 우리의 일상생활은 온통 과학현상으로 둘러싸여 있다. 특히 온 세상이 놀잇감이자 탐색 대상인 유아기에는 즐거운 놀이 속에 과학현상이 함께 숨어 있다. 과학은 어렵거나 추상적이지 않으며, 실험실과 첨단기계 속에 갇혀 있는 딱딱한 학문의 모습이 아님을 알 수 있다.

그림 6-2 개구리알의 변화를 관찰하는 유아

수박화채 만들기 활동에도 다양한 과학이 숨어 있다. 제철 과일을 통해 계절의 특징을 알고 과일을 관찰할 수 있으며, 수박에 설탕을 넣음으로써 생기는 변화를 관찰하고 설탕과 물의 이동을 탐구할 수 있다.

과학활동을 즐거워하는 유아

가을 들판에서 볍씨를 관찰하는 유아

파이프를 굴려 보는 유아

그림 6-3 다양한 과학활동을 즐기는 유아

2) 과학에 대한 유아의 태도

과학은 유아에게 가장 즐거운 경험 중의 하나다. 유아는 만지고 탐험하고, 시도하고, 관찰하고, 관찰한 것이나 발견한 것에 대해 말하기를 좋아한다(Martin, 2001). 유아의 이런 태도는 바로 과학자의 태도와 유사하다는 점에서 유아는 종종 '과학자' 로 불린다. 예를 들어, 유아는 자석을 여러 물체에 대어 보고 스스로 자석에 붙는 물질과 그렇지 않은 물질을 알아간다. 또한 자석에 붙은 클립에 또 다른 클립을 붙여 보다가 줄줄이 연결된 클립을 보면서 신기해한다. 물이나 모래 속에 여러 물건을 넣고 자석을 가져가 보기도 한다. 유아는 이런 다양한 탐험을 통해 호기심을 해결하면서 스스로 지식을 구성해 나가는 것이다.

이렇듯 유아의 생활 주변에 대한 호기심과 탐구심은 '과학교육'의 훌륭하고 튼튼한 밑바탕이 된다. 2인3각 경기를 함께 펼칠 유아의 태도가 이렇다면 유아교사는 과학교육에 대해 가지고 있던 막연한 부담감을 버릴 수 있다. 이미 과학자의 자질을 가진 유아와 함께 과학학습을 해 나가기 위해 어떤 교수방법을 사용할 것인지, 그리고 유아가 이미 가지고 있는 호기심과 탐구심을 어떻게 잘 키워 줄 수 있을지를 새롭게 생각하게 될 것이다.

그림 6-4 주변의 다양한 사물에 호기심과 탐구심을 보이는 유아

3) 과학에 대한 교사의 태도

2인3각 경기의 한 축인 유아의 과학에 대한 긍정적 태도를 살펴보았다. 그렇다면 또 다른 한 축인 교사의 과학에 대한 태도는 과연 어떨까? 유아교육 현장에서 교사는 과학을 가장 어려운 교과로 생각한다(Martin, 2001). 게다가 유아교육 현장에서 과학교육이 소홀히 되고 있는 것으로 나타나는데, 미국 유치원 교사는 하루 평균 112분을 읽기교육에 사용하는 반면 과학교육에는 18분만을 사용한다(Weiss et al., 1989).

교사는 유아에게 과학을 가르치는 것에 자신감을 가지지 못하며, 과학은 유아가 교사에게 대답하기 어려운 질문을 하도록 자극할 것이라고 두려워한다. 더구나 과학은 유아가 이해하기에 어렵다고 생각한다(Abruscato, 2004). 유아교육 현장이라는 하나의 공통된 공간에서 유아와 교사의 과학에 대한 태도가 이렇게 많은 차이를 나타내는 이유는 무엇일까? 이런 차이는 어떤 과학 수업을 만들어 낼까? 교사와 유아가 함께 달리는 2인3각 경기의 결과는 어떻게 나타날까?

교사, 성직자, 간호사 등의 조력자를 훌륭하게 만들어 주는 것이 무엇인지를 조사한 콤(Comb)은, 훌륭한 조력자로 만드는 것은 지식이나 방법론적 이론이 아닌 신념이라고 했다(Martin, 1997). 교사에게 과학이 어렵게 느껴지는 이유는 환경 요인이나 교사 자신의 과학 지식이나 과학 교수 방법론에 대한 자신감 부족도 있으나, 보다 주요한 원인은 과학에 대한 소극적 개념이나 부정적인 태도에 있다(한유미, 2003). 즉, 교사가 과학에 대해 어떤 신념을 가지고 있느냐에 따라 교사의 과학에 대한 태도와 과학 수업에 대한 태도는 달라진다. 〈표 6-1〉, 〈표 6-2〉를 통해 교사의 과학과 과학 수업에 대한 태도를 알아볼 수 있다. 교사가 과학에 대해 긍정적 태도를 가진다면 유아와 함께 과학 수업을 즐길 수 있다. 반면 교사가 과학과 과학 수업에 대해 부정적 태도를 가진다면 과학자의 특성을 지닌 유아의 넘치는 호기심과 탐구심을 충분히 발휘 · 성장시킬 수 있는 기회를 제공하기 어렵다.

과학과 과학 수업에 대한 태도 측정도구(Martin, 1997)는 교사의 사고 경향이 긍정적인지 혹은 부정적인지를 측정한다. 각 측정도구마다 측정 방법은 간단하게 항목마다 반대되는 형용사 사이에서 자신의 생각을 잘

표 6-1 과학에 대한 교사의 태도 측정도구

	A	B	C	D	E	
1. 좋은						나쁜
2. 즐거운						즐겁지 않은
3. 의미 있는						무의미한
4. 중요한						중요하지 않은
5. 긍정적인						부정적인
6. 단순한						복잡한
7. 유익한						해로운
8. 흥미로운						따분한
9. 쉬운						어려운
10. 객관적인						주관적인
11. 안전한						위험한
12. 유용한						쓸모없는
13. 수월한						힘든
14. 정연한						어수선한
15. 편안한						불편한
16. 가치 있는						무가치한
17. 자극적인						지루한
18. 안락한						위협적인
19. 생산적인						비생산적인
20. 질서 있는						무질서한

출처: Martin(1997).

나타내는 쪽에 표시하는 것이다. 즉, A는 왼쪽 형용사에 동의하는 것이며, E는 오른쪽 형용사에 동의하는 것이다. A는 5점, B는 4점, C는 3점, D는 2점, E는 1점이며, 총점은 100점부터 20점까지 나타난다. 태도 측정 후 개별 항목을 살펴보면 교사가 과학을 가르치는 자신의 태도나 능력을 향상시키기 위해 보완해야 할 것을 알 수 있다.

표 6-2 과학 수업에 대한 교사의 태도 측정도구

	A	B	C	D	E	
1. 안전한						위험한
2. 행복한						슬픈
3. 편안한						불편한
4. 성공적인						실패한
5. 깔끔한						더러운
6. 정연한						어수선한
7. 유용한						쓸모없는
8. 자신 있는						자신 없는
9. 즐거운						힘든
10. 중요한						중요하지 않은
11. 신선한						싫증나는
12. 조직적인						비조직적인
13. 유익한						무익한
14. 낙천적인						비관적인
15. 열심인						게으른
16. 강한						약한
17. 좋은						나쁜
18. 충분한						불충분한
19. 영향력 있는						영향력 없는
20. 자극적인						지루한

출처: Martin(1997).

글상자 6-1 유아에게 과학을 가르치는 의미는 무엇일까?

다음의 아브루스카토(Abruscato, 2004)의 글을 읽어 보면서 교사로서 유아에게 과학을 가르치는 의미를 생각해 본다면 그동안 미처 발견하지 못한 과학교수의 의미를 찾을 수 있을 것이다. 유아 과학교육을 통해 교사가 이렇게 가치 있는 일을 할 수 있음을 알게 되면 과학교육을 바라보는 관점과 태도에 변화가 있을 수 있다.

1. 사고기술의 발달

과학시간은 유아가 더 훌륭한 사고를 할 수 있기 위해 필요한 지식을 습득하도록 교사가 도울 수 있는 멋진 기회다. 인간의 사고와 학습에 대한 전문가들은 사고의 여섯 가지 수준(지식, 이해, 적용, 분석, 통합, 평가)을 규정했다. 교사는 과학 수업을 계획할 때 유아의 사고기술의 모든 범위를 발달시킬 기회를 제공해야 한다.

2. 긍정적 태도 발달

애벌레가 나비로 변하는 것에 대한 수업에서 대부분의 교사는 단지 애벌레와 나비에 대한 것만 생각한다. 그러나 진정한 교사는 똑같은 수업에서 유아의 눈앞에서 하나의 생물이 완전히 다른 생물로 변하는 것을 깨닫게 하는 놀라운 경험을 제공한다. 그 수업을 한 날 유아는 교실을 떠나면서 모르는 것에 대해 더 많이 알고자 하는 궁금증을 가지게 될 것이며, 자신과 주변의 사물이 어떻게 변할지에 대한 새로운 태도와 가치를 가지게 될 것이다.

3. 시민의식 발달

유아기 과학활동이 유아가 환경 보존을 위한 세금을 내는 것에 생각을 하도록 만들지는 않는다. 그러나 자라면서 언젠가 사회문제에 관심을 가지게 되며, 책임감 있는 시민이 되기 위해 이런 사회문제를 현명하게 판단할 필요가 있다. 유아기 동안 구성된 지식을 바탕으로 한 현명함은 이런 판단의 근거가 되며, 그 지식의 일부는 과학 수업에서 습득된다. 유아는 호기심이 실제에 도달하기 위해서는 사실을 모아야 함을 교사의 안내로 배우게 된다. 체계적으로 지식을 모으고 결론에 도달하기를 배우는 것은 먼 훗날 성인이 된 유아가 사회문제를 접할 때 적용하는 훌륭한 기술이 될 수 있다.

4) 교사의 역할

앞에서 '과학' 의 의미가 무엇이며 과학교수의 의미가 무엇인지에 대해 생각해 보았다. 또한 과학에 대한 유아의 태도와 교사의 태도를 살펴보았다. 이제 직접적인 교육 현장에서 교사의 구체적 역할은 어떠해야 할지 알아볼 필요가 있다. 만약 교사가 과학의 사실을 강조하기만 한다면 유아는 과학이 사실 지식의 축적이라고 배울 것이며, 교사가 과학의 개념을 강조하기만 한다면 유아는 과학이 일반화라고 배울 것이다. 그리고 교사가 과학의 원리를 강조하기만 한다면 유아는 과학이 예측이라고 배울 것이다(Abruscato, 2004).

유아교육 현장에서 교사는 과연 어떤 역할을 통해 유아 과학교육의 목표에 다가갈 수 있을까? 유아는 물건을 직접 만지고, 보고, 냄새 맡고, 움직이고, 돌리는 것을 좋아한다는 점에서 과학자와 아주 유사하다. 사실 유아는 10대나 대학생보다 더 과학자와 유사하며 무한한 에너지와 호기심을 가지고 있다(Abruscato, 2004). 교사의 역할은 유아의 훌륭한 잠재력을 꽃피울 수 있는 교육과정과 교실환경을 제공해 주는 것이다.

오늘날 유아 과학교육에서 강조되는 것은 과학 지식의 전달이라기보다 유아 스스로 과학 지식을 구성해 나갈 수 있는 능력을 길러 주는 것이다. 즉, 과학교육의 목적은 책이나 설명을 통해 사실을 배우거나 공식을 암기하는 것이 아니며, 스스로 관찰하고 생각하는 과정을 통해 탐구, 실험, 가설 검증 등 과학자가 탐구하는 방식과 태도를 배우는 것이다. 교사는 유아가 능동적 학습을 할 수 있도록 과학자가 하는 방식과 태도를 가르치고 그런 활동이 가능한 환경을 만들어 주어야 한다. 교사는 유아의 지식구성을 위한 적극적인 촉진자이자, 드러나지 않게 격려하는 지원자이며 때론 전달자의 역할을 한다. 즉, 교육적 상황을 설정하고, 주의 깊게 관찰하고, 이론 정립을 격려하기 위해 유아와 상호작용하고, 유아가 상호작용하는 대상과 양상에 근거해 환경과 활동을 수정하고, 상호작용을 지원함으로써 유아가 갈등을 해결하고 자신을 표현하는 방법을 배우도록 한다(Chaillé & Britain, 1997).

수업에 관한 은유는 교사가 자신의 역할에 대해 어떤 믿음을 가지는지를 보여 준다. 예를 들어, 교사가 자신을 '배의 선장'으로 은유하면 매우 강력한 지도자이나 유아에게 학습의 책임을 전이하기를 꺼린다고 볼 수 있다. 교사는 자신의 역할에 대해 어떤 은유를 할 것인지 생각해 볼 필요가 있다. 교사는 자신을 배의 선장, 버스 운전사, 탐험가, 방관자, 조력자 등으로 다양하게 은유할 수 있을 것이다(Martin, 2001).

여기서 교사로서 자신의 모습을 무엇으로 은유할 수 있을지 생각해 보자.

(1) 적극적인 학습 촉진자로서의 교사

① 제시자 역할

구성주의에서는 교사 역할 중 가장 중요한 것을 제시자의 역할로 본다. 유아의 흥미와 호기심을 유도하기 위해 교사는 어떤 제시방법을 사용해야 할까? 다음의 두 가지 제시방법을 유아의 입장에서 생각하고 비교해 보자.

> 교사 1: "~을 할 거예요." 또는 "~을 하자."라고 활동을 제시한다.
>
> 교사 2: 유아의 흥미를 유도할 수 있도록 교구나 자료를 자연스럽게 유아의 생활공간에 제시하고 관찰하게 하거나 암시를 준다.

유아의 활동에 다양한 반응 가능성을 열어 두는 교사와 가능성을 제한하는 교사는 제시방법에서도 차이가 있다. 직접적인 제시방법보다는 교사가 의도한 활동이라 할지라도 최종적으로 유아 스스로 활동을 선택하고 주도할 수 있도록 해 주는 방법이 흥미 유발에 더 적합하다.

그렇다면 제시자로서 교사는 다양한 활동이나 재료의 제시 시점을 어떻게 결정하면 좋을까? 유아의 입장에서 생각해 보자.

> 교사 1: 처음부터 한 번에 여러 가지 활동자료를 제시한다.
>
> 교사 2: 하나의 교구나 자료에 대해 충분한 탐색이 이루어진 후에 유아의 흥미가 줄어들 무렵 새로운 관심을 이끌어 낼 수 있는 자료를 제시한다.

활동 중에 문제해결이 필요할 때 교사는 어떻게 해야 할까? 이 경우 교사는 즉각적이고 직접적으로 유아에게 도움을 제공하지 않고 스스로 문제를 해결할 수 있도록 한다. 그러나 유아의 해결 수준을 넘는 경우나 활동의 확장이 필요한 경우에는 약간의 방향 제시로 학습 촉진에 도움을 줄 수 있다.

2 질문자 역할

교사는 먼저 유아의 질문에 귀 기울이는 것이 중요하지만 필요한 시기에 적절한 질문을 하는 것도 중요하다. 교사의 적절한 질문은 활동에 대한 흥미를 증진시키고, 유아의 활동이 잘 진행되지 않을 때 유아의 탐색을 증진시키며, 유아의 사고능력을 향상시킬 수 있기 때문이다.

교사가 유아에게 질문하기 전에 반드시 스스로에게 물어보아야 할 것은 '내가 유아에게 하는 질문이 유아의 탐구를 증진시키는가 혹은 감소시키는가?' 다. 적절히 고안된 학습환경에 능동적으로 참여하고 있는 유아는 교사의 질문에 방해받지 않고 환경을 최대한 이용한다. 만일 유아가 어떤 해결방안을 찾을 수 없다면 교사는 질문전략을 바꾸어 직접적인 질문으로 도움을 줄 수 있다(Chaillé & Britain, 1997).

질문자로서 교사의 역할이 잘 이루어지기 위한 몇 가지 주의점이 있다. 유아의 입장이 되어 교사로부터 어떤 방식의 질문을 받을 때 사고가 촉진되고 창의적인 대답을 쏟아낼 수 있을지 생각해 보자. 교사가 질문할 때 무엇보다 유의할 것은 폐쇄형 질문보다는 개방형 질문을 해야 한다는 것이다. 개방형 질문은 유아에게 다양한 문제해결 방법을 생각할 수 있는 기회를 주며 유아의 참여를 유도할 수 있다. 또한 유아가 대답할 수 있는 답이 많으며 구성주의 접근에도 일치한다. 반면에 폐쇄형 질문은 하나의 정해진 답을 찾도록 함으로써 유아의 다양한 사고 기회를 방해할 수 있다. 그러나 실험 도구나 재료와 관련된 안전 문제에서는 개방형 질문의 장점보다는 유아의 안전이 먼저 고려되어야 한다. 질문을 한 후에는 유아가 생각할 시간을 충분히 가질 수 있도록 기다려야 하며, 여러 유아가 어떻게 생각하는지 발표할 수 있도록 함으로써 다양한 의견을 나눌 수 있게 한다.

글상자 6-2 | 다양한 과학활동 중인 유아에게 교사는 어떻게 질문할 수 있을까?

1. 과학활동 중에 가열기구 주변에 가는 것이 위험하다는 것에 대해 오랫동안 이야기를 나눈 후에도 유아가 여전히 조심하지 않으면 어떻게 해야 할까?
   ➡ 유아의 안전을 위해 폐쇄형 질문을 사용할 수 있다.
   – "네가 불 가까이에 와도 될까? 안 될까?"

2. '물에 녹는 것과 녹지 않는 것' 활동에서 유아가 너무 심하게 놀아서 물이 교실 바닥으로 자꾸만 넘칠 때 교사는 어떻게 해야 할까?
   ➡ 우선 활동을 멈추게 한 후에 다음과 같이 질문할 수 있다.
   – "만약 물이 계속 교실 바닥에 떨어지면 어떻게 될까?"
   – "지금보다 안전하게 할 수 있는 방법은 없을까?"
   ➡ 상황에 따라 다음과 같은 폐쇄형 질문이 더 적절할 때도 있다.

- "교실 바닥이 물 때문에 미끄러워져서 다른 친구들이 다쳐도 괜찮을까요?"

※ 이런 질문은 유아의 잘못된 행동을 바로잡는 것에 초점이 있다.

3. 목공놀이 영역에 있는 한 유아가 배에 돛을 달기 위해 걸쇠 대신에 못을 사용하려고 한다. 내가 만약 교사라면 유아에게 어떻게 질문할 수 있을까(권영례, 2006)?

➜ 교사는 아래와 같은 질문으로 유아의 활동을 도와줄 수 있다. 교사가 만일 교수적 상호작용을 하고 있다면 폐쇄형 질문이 한 가지 특정 상황에 초점을 맞추는 데에 도움을 준다. 이 질문에 대한 대답은 꼭 언어적 대답이 아니라 행동으로 대답될 수도 있음을 생각해야 한다.

- 폐쇄형 질문: "이 못으로 돛 끝을 돛대 위에 걸어 둘 수 있을까?"
- 개방형 질문: "그 못에 돛을 걸어 둘 수 있는지 알아보려면 어떻게 해야 할까?"

유아의 사고 수준은 교사의 질문에 따라 정해지기 때문에 그동안 그와 관련한 도구 개발에 많은 사람이 노력해 왔다. 4단계 사고 수준에 따른 질문 유형을 살펴보면 다음과 같다(김석중, 2006).

① 인지적 기억을 요하는 질문: 가장 낮은 수준의 사고를 요하는 질문이다. 이미 알고 있는 지식이나 사실을 다시 생각하고 묘사한 것을 기억하게 하는 질문이다(예: 어느 것이 나침반일까?).

② 수렴적 질문: 하나의 정답을 얻기 위해 여러 개의 사실을 종합해야 하는 광범위한 형태의 질문이다. 아동은 특정 사실을 알아야 되며, 그들 나름의 어휘를 사용해 개념을 설명하고 문제를 해결하고 현상의 내면 관계를 기술해야 한다(예: 왜 식물은 빛을 향해 자랄까? 뱀은 겨

울에 어디로 갈까?).

③ 확산적 질문: 새로운 현상에 대한 가설이나 문제를 해결하는 방법에 따라 하나 이상의 가능한 정답이 나올 수 있는 질문을 말한다. 확산적 질문은 예상, 가설 설정, 추리 등과 같은 사고를 유발시킨다(예: 만일 물고기가 지금과 같은 몸을 가지고 있지 않다면 어항에서 움직이려고 할 때 어떤 현상이 일어날까?).

④ 평가적 질문: 스스로 판단하고 가치를 부여하고 선택할 것을 요구하는 질문이다. 어떤 판단을 내리려면 뚜렷한 증거를 이용해야 하고, 또 그 증거를 이용하려면 확실한 준거를 제시해야 한다(예: 이 그림이 저 그림보다 좋은 점은 무엇인가?).

과학을 지도할 때 교사는 암기한 지식을 단순히 회상하게 하는 질문으로 일관해서도 안 되지만, 처음부터 확산적 질문이나 평가적 질문과 같은 고등사고를 요하는 질문을 던져서도 안 된다. 교사는 경우에 따라 적합한 질문 유형을 선택할 수 있는 능력을 갖추도록 꾸준히 노력해야 한다.

3 참여자 역할

교사는 유아의 놀이와 활동에 자연스럽게 참여할 수 있다. 이때 유아는 교사를 모델로 삼을 수 있으며 유아의 활동은 확장될 수 있다. 그러나 교사의 참여는 유아의 자발성을 방해하거나 놀이를 중단시키지 않는 범위에서 자연스럽게 이루어져야 한다.

글상자 6-3 실험에 몰두한 유아에게 교사의 적절한 참여시기는 언제일까?

유아가 물놀이 영역에서 한 손에는 큰 그릇을, 다른 한 손에는 작은 컵을 가지고 있다. 컵에 물을 담아서 큰 그릇에 계속 물을 붓고 있다. 물이 가득한 그릇에 손을 넣자 물이 넘친다.

교사가 유아에게 "그 큰 그릇을 가득 채우려면 몇 컵의 물을 부어야 할까?"라고 묻는다. 그러자 유아는 자기가 하던 실험을 멈추고 큰 그릇의 물을 모두 버린 후 다시 컵으로 물을 채우면서 센다. 몇 컵의 물이 필요한지 세어 본 후 교사에게 대답하고 물놀이 영역을 떠난다.

이 예에서 교사는 유아가 몰두한 실험의 목적이 무엇인지 제대로 관찰하지 않았기 때문에 적절한 참여 시기를 몰랐다. 그 결과 교사 중심의 과제를 위해 유아의 이론 정립을 방해하게 되었다.

이 예에서 교사는 먼저 유아를 잘 관찰하고 교사의 참여가 필요한지 살펴보는 것이 필요하다. 그러면 유아는 실험에 몰두해 스스로 질문을 가질 것이며, 유아가 하던 것을 멈추었을 때 교사가 참여하는 것이 더 적절하다. 만약 교사가 유아를 세밀하게 관찰하고 실험목적을 알아차렸다면, "그 그릇 속에 큰 돌을 넣으면 어떻게 될까?"라고 물었을 것이다.

출처: Chaillé & Britain(1997).

(2) 학습 지원자로서의 교사

학습 촉진자로서의 교사가 적극적이고 능동적으로 유아의 학습을 촉진한다면, 학습 지원자로서의 교사는 한 발짝 뒤로 물러나 유아의 학습을 지원하는 보이지 않는 힘이 되어 주는 것이다.

① 관찰자 역할

구성주의에서는 유아의 능동적 참여를 통한 지식구성을 강조한다는 점에서 관찰자의 역할을 강조한다. 관찰은 교사가 해야 할 모든 일의 기초가 된다. 교사는 관찰을 통해 유아가 무엇을 이해하고 있으며 무엇에 흥미가 있는지 파악할 수 있게 되며, 유아를 개별적으로 이해하고 유아 스스로 문제를 해결할 수 있도록 도울 수 있게 된다. 또한 관찰을 통해 교사는 교사 개입이나 참여의 필요성과 시기를 결정할 수 있다.

유아의 발달 특성상 지속적인 관찰을 통해 필요한 시기에 다양한 과학활동을 제공할 수 있으며 유아의 과학 능력에 대한 평가가 가능하다. 아울러 관찰을 통해 유아가 학습한 것에 대한 평가가 가능하며, 특히 유아 개개인의 학습방식을 이해하는 데 유용하다(이순형 외, 2008). 그러므로 하루 일과 동안 다양하게 나타나는 유아의 과학활동에 관심을 가지고 관찰할 필요가 있다. 관찰방법으로는 일화기록, 표적유아 관찰, 비디오 녹화 등을 사용할 수 있다. 또한 관찰을 통해 얻은 정보와 결과물에 대한 기록을 부모에게 제시함으로써 유아에 대한 부모의 이해를 증진시킬 수 있다.

2 환경 구성자 역할

교사 중심 교실에서는 교사의 구체적인 지시에 의해 활동이 이루어진다. 반면에 구성주의 교실에서는 유아가 자발적으로 다양한 방법을 활용해 환경과 상호작용을 한다. 그러므로 교사는 유아의 자기주도성이 발휘되고 다양한 상호작용이 활발하게 일어날 수 있는 환경을 구성함으로써 유아의 학습을 지원할 수 있다.

유아가 머무르는 공간은 유아의 발달에 적합하고 유아가 활동 자료 및 도구에 접근하기 쉽도록 구성되어야 한다. 유아가 활동자료에 쉽게 접근할 수 있을 때 유아의 자기주도성은 향상되며, 이런 환경에서 유아는 스스로 환경과 상호작용하며 지식을 구성해 나가게 된다. 활발한 상호작용이 이루어지면 교사의 불필요한 개입은 줄어들고, 유아는 교사에게 의지하기보다 또래 간 협력학습과 상호작용을 늘려 나간다.

지식 전달이 중요한 교실환경에서는 학습활동이 더욱 구체적이어야 하고 교사의 직접적인 교수가 필요하다. 그러나 구성주의 교실에서는 유아가 다양한 방법으로 활동자료와 상호작용하도록 환경이 구성된다는 점에서 교사는 유아가 환경과 자료를 어떻게 사용할지 주의 깊게 생각해야 하며, 이렇게 하면 교사의 조정이 따로 필요하지 않다(Chaillé & Britain, 1997). 그러므로 환경 구성자로서 교사는 유아가 시도할 수 있는 활동을 가능한 한 많이 예측하고, 유아의 욕구와 흥미에 반응할 수 있도록 환경을 구성해야 한다. 물론 그런 교사의 노력이 반영된 교실에서도 늘 유아의 예상치 못한 반응이나 새로운 생각이 나올 수 있다. 이때 교사가 항상 준비되어 있기는 어렵지만 유아의 새로운 생각에 관심을 가지고 지원하기 위해 반응할 필요가 있다. 교사는 자신이 세운 계획이 어떻게 실행되고 있는지 잘 살펴야 할 것이다.

글상자 6-4 | 유아는 교사의 계획대로만 활동할까?

교사는 '물에 뜨는 것과 뜨지 않는 것'에 관한 실험을 계획하였다. 스티로폼 조각, 플라스틱 그릇, 고무공, 동전, 클립, 나뭇조각, 고무찰흙 덩어리, 조약돌 등을 물놀이 공간에 준비하였다. 유아 A는 어떤 물건이 뜰지 예측해 보고 동전을 수조 속에 넣어 보며 자신의 생각을 확인하였다. 유아 B는 가까이 와서 물속에 가라앉은 동전을 뜨게 할 수 있다고 하였다. 유아 A는 동전이 물에 뜰 수 없다고 주장했고 유아 B는 뜰 수 있다고 주장했다. 유아 B는 스티로폼 조각을 물에 띄우고 그 위에 동전을 올려놓고는 자신의 생각이 맞다고 주장했다.

이 예에서 교사는 '물에 뜨는 것과 뜨지 않는 것'을 구별해 보는 실험을 계획하였지만 유아는 물에 뜨지 않는 물건을 물에 뜨게 할 수 있는 방법으로 실험을 확장하였고, 자연스러운 또래 상호작용이 이루어졌다.

교실에서 씨앗을 관찰하는 유아

산책길에 나뭇잎을 관찰하는 유아

그림 6-5 **사물을 관찰하는 유아**

3 학습 기록자 역할

교사는 기록 작업을 통해 유아가 표현하는 바를 이해할 수 있게 되며, 기간별로 기록된 자료는 시간에 따른 유아의 변화와 발달을 볼 수 있게

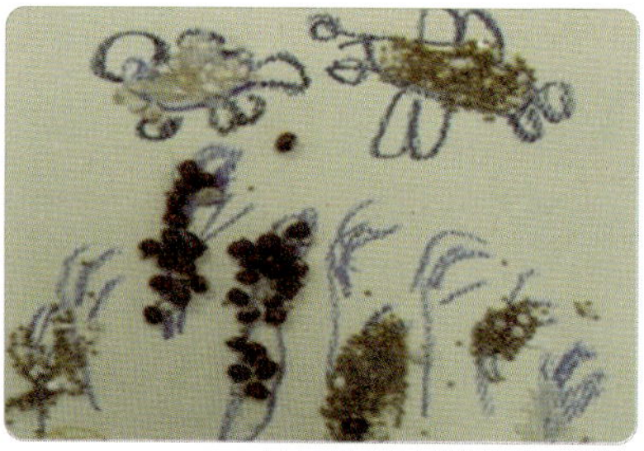

곡식으로 가을 표현하기

해조류로 바다 속 구성하기

배추와 무의 성장 예측하기

물감 불기로 공룡 발자국 표현하기

그림 6-6 **유아의 다양한 학습 기록물**

한다. 또한 부모에게 유아의 활동을 제시하고 이해를 증진시킴으로써 부모 참여를 이끌어 낼 수 있다. 그러므로 교사는 유아의 다양한 활동을 여러 가지 기록방법(사진, 그림, 동영상, 일화 기록 등)을 통해 남길 필요가 있다. 또한 교사는 여러 가지 기록물을 관리하는 정보 관리자이기도 하다.

(3) 전달자로서의 교사

전통적으로 교사는 전달자의 역할, 즉 과학적 지식이나 사실을 언어를 통해 직접 알려 주는 역할을 해 왔다. '지식의 전달' 방법은 가장 단시간에 가장 많은 지식을 가장 많은 아동에게 전할 수 있다는 점에서 장점이 될 수 있다. 그러나 21세기 과학교육은 '지식의 전달' 을 목표로 하지 않는다. 오늘날 알려진 과학 지식의 양은 엄청나며, 그 양이 매우 빠른 속도로 증가하고 있다. 그러므로 과학에 대해 아무리 많이 공부하고 배워도 결코 충분하지 않다. 또한 유아는 언어 이해력이 부족하다는 점에서 단순한 '지식의 전달' 은 적당하지 않다.

그런 점에서 교사의 교육과정은 '미리 만들어진 교육계획안에 그대로 따르는' 요리책 형태를 따를 수 없다. 유아의 학습이 잘 이루어지기 위해 교사는 핵심 역할을 해야 하는데, 이는 교사가 단순한 지식의 전달자가 아닌 지식구성의 조장자가 될 때 가능하다. 지식 전달자는 어떤 지식을 전할 것인지 결정하지만, 지식구성의 조장자는 학습과정의 다양한 측면을 유아와 함께 만들어 나간다. 예를 들어, 학습자료는 각 유아의 사전 경험, 현재의 흥미, 학습 참여 수준 등에 따라 달라진다. 또한 유아의 자기주도적 활동은 교사가 미처 예측하지 못한 방향으로 활동을 변화시키고 확장시킬 수 있다. 그러나 안전 문제나 실험 도구 및 재료의 사용방법에서는 지식 전달자로서 교사의 역할이 필요하다.

글상자 6-5 | 유아의 문제해결은 어떻게 지원할 수 있을까?

고래와 물고기의 차이점이 궁금한 유아에게 "고래와 물고기는 서로 다르단다."라고 말하는 교사가 있다. 반면에 "고래와 물고기의 같은 점과 다른 점이 무엇인지 알려면 우리가 어떻게 해야 할까?"라고 묻는 교사가 있다. 이때 유아가 배울 수 있는 것은 상당한 차이가 있으며, 유아는 교사의 태도에 따라 자신의 궁금증에 접근하는 태도에서 차이를 보인다.

원반 던지기 놀이를 하다가 원반이 나뭇가지 위에 걸렸다. 유아가 교사에게 도와달라고 했을 때, "가서 나무를 흔들어."라고 말하는 교사가 있다. 반면에 "어떻게 하면 저 원반을 나무 위에서 내릴 수 있을까?"라고 말하는 교사가 있다. 유아가 스스로 문제해결에 다가가도록 도우려면 교사가 어떻게 해야 할까?

교사는 정보나 해답을 직접적으로 전달하는 역할을 하기보다 문제해결을 지원하는 역할을 해야 한다. 이를 위해 교사는 유아에게 또래와의 상호작용을 통해 지식을 구성할 수 있는 물리적 환경을 제공할 필요가 있다. 즉, 교사는 문제해결, 상호협동을 위한 지원과 격려를 해 주고 되도록 교사 중심의 상황은 피한다. 물고기를 잡아 주기보다 물고기 잡는 방법을 함께 알아갈 수 있도록 지원하는 교사가 유아를 자라게 함을 기억하자.

$E=mc^2$

제7장

유아 과학교육의 환경구성

1. 물체와 물질 환경구성
2. 생명체와 자연환경 환경구성
3. 지구환경 환경구성
4. 도구와 기계 환경구성

유아교육은 유아의 개인차를 고려하여 다양한 발달 수준과 자질을 가진 유아가 각자의 흥미에 따라 탐구하고자 하는 바를 탐구할 때에 가장 큰 효과를 창출할 수 있다. 이 장에서는 풍부한 환경을 제공함으로써 유아 과학교육의 효과를 높일 수 있는 방안에 대해 살펴본다. 특히 유아 과학교육의 내용에 맞추어 각 내용을 교육활동으로 연계하기 위해 필요한 환경구성의 지침 및 구성 요령을 좀 더 실제적으로 제시하여 유아교육 현장에서 활용하기에 적합할 것으로 기대된다.

유아는 주변 환경에서 자신에게 매력적으로 느껴지는 것을 선택하여 그것에 집중하며 관찰 · 실험하고 그로부터 도출된 결과를 기억하는 과정을 통해 과학 개념을 습득한다. 그러므로 유아교육 현장에서 유아의 개별적인 과학적 흥미를 유발하고 이를 통해 과학 개념을 형성할 수 있는 풍부하고 잘 조직된 환경을 제공하는 것이 무엇보다 중요하다.

과학교육은 다른 교과에 비해 교육활동에서 차지하는 비중이 현재 높지 않은 상황이므로 실생활에서 자연스럽게 획득하도록 하는 것이 좋다. 또한 교실의 여러 흥미 영역 중 과학 영역은 개별 활동을 위주로 구성되는 경우가 많아 발달 특성상 또래 간 상호작용을 선호하는 유아들의 선택에서 배제되는 경우가 많다.

그림 7-1 일반적인 과학 영역의 예

유아에게 보다 효율적인 과학교육을 하기 위해서는 유아가 기꺼이 참여하고자 하는 의지가 생기도록 유아의 관심을 파악하여 그에 적합한 자료를 제시하고 적절히 교체하여 줌으로써 유아의 탐구 욕구를 증진시켜 주어야 한다. 과학 영역에서 유아의 탐구활동을 지속적으로 주의 깊게 관찰하여 이미 너무 친숙해진 자료가 있다면 그것이 여전히 흥미로운 자료라고 하더라도 새로운 자료로 교체하여 주도록 한다. 유아 과학교육을 보다 활성화하기 위한 또 다른 방안은 비단 과학 영역뿐만 아니라 교실의 여러 영역에서 통합적으로 과학교육이 이루어질 수 있도록 환경을 계획하는 것이다. 실제로 과학은 실생활과 동떨어진 분야가 아니라 실생활에서 보고 듣고 경험하고 느끼는 모든 현상에 대한 관찰활동이 해당된다. 그러므로 유아교육기관의 실내외 전체 환경 속에서 유아가 충분히 탐구할 수 있도록 환경을 구성한다면 더욱 효과적인 과학교육이 가능할 것이다.

이에 따라 이 장에서는 유아교육과정에 제시되어 있는 유아 과학교육의 내용을 중심으로 각각의 과학 개념을 교육하기에 적합한 환경구성 원리에 대해 살펴본다.

1. 물체와 물질 환경구성

물체와 물질 관련 환경을 구성하는 것은 유아로 하여금 다양한 물체와 물질을 접할 수 있는 환경 및 기회를 마련해 주고 각 물체 및 물질의 특성을 관찰하게 해 주는 것이다.

1) 물

물은 모든 생명체가 살아가는 데 필요한 중요 물질인 동시에 액체의 속성상 다양성을 가지고 있어 유아가 흥미를 느끼는 소재다. 그래서 '물' 이라는 중요 물질은 유아의 흥미에 따라 자연스럽고 용이하게 교육할 수 있다는 장점이 있다. 또한 우리나라는 아직은 물을 쉽게 접할 수 있는 환경이어서 물과 관련한 풍부한 교육환경을 제공해 줄 수 있다는 장점을 가진다.

(1) 물의 상태 변화 탐색을 위한 환경

물이 가지는 또 하나의 흥미로운 속성은 고체, 액체, 기체로 상태가 변화하는 과정을 관찰하고 이해할 수 있다는 것이다. 교실에 비치된 냉장고를 이용하여 간단히 물이 고체화되는 과정이나 다시 액체화되는 과정을 보여 줄 수 있고, 가습기를 이용하여 물이 기체화되는 과정을 보여 줄 수 있다. 기기를 이용하지 않더라도 계절에 따라 겨울이 되면 자연스럽게 물이 어는 것을 볼 수 있는 환경을 제공할 수도 있다. 또한 손가락에 물을 묻혀서 칠판에 써 보고 물이 증발하며 글자가 없어지는 것을 보게 하거나 교실에 물에 젖은 옷이나 타월 등을 널어놓고 그것이 마르면 물이 어디로 간 것인지를 함께 생각해 보는 것 등 실생활에서 물을 접할 수 있는 상황을 제시하여 함께 생각해 본 다음 그에 관한 부연 설명해 주도록 한다. 이렇게 하는 것만으로도 교사는 훌륭한 과학교육의 길잡이 역할을 할 수 있다. 이처럼 물은 우리 생활에 매우 밀접한 관련을 맺는 물질인 만큼 주변 환경에서 쉽게 접할 수 있는 것을 이용하여 물에 대한 교육 환경을 제공할 수 있다.

1.

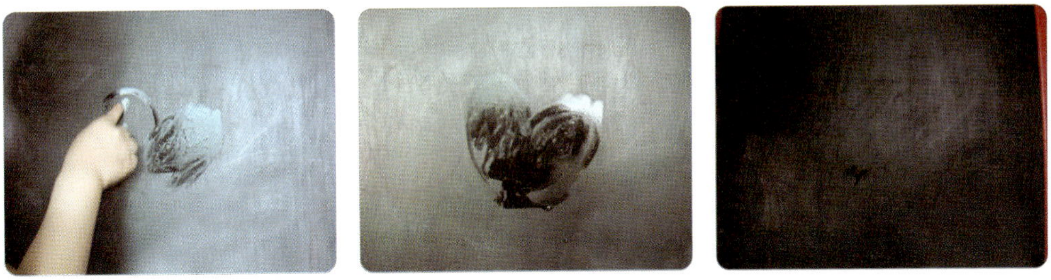

그림 7-2 칠판에 물로 쓴 글씨가 물의 증발로 없어지는 과정

(2) 부력 개념 탐색을 위한 환경

물을 이용하여 가르쳐야 할 심화 개념으로는 부력(浮力)이 있다. 부력을 이해하기 위해서는 우선 물 자체가 무게를 가진다는 개념을 알아야 하므로 가벼운 플라스틱 통이나 물이 흐르지 않게 잘 봉한 비닐주머니 등을 이용하여 물이 담겼을 때와 담기지 않았을 때를 비교해 보게 한다. 빈 통을 개수대에 가지고 가서 물을 가득 담아 오게 하거나 마른 수건을 물에 적셔서 무게 차이를 느껴 보게 하는 것도 물의 무게를 직접 체험할 수 있는 한 가지 방안이다. 물의 무게감에 대한 학습을 마친 후에는 물의 무게보다 가벼운 물체들을 밀어올림으로써 물에 뜨게 만드는 부력에 대한 실험을 할 수 있도록 환경을 구성해 준다. 교실에서 개수대와 가까운 위치의 한쪽 구석에 부력을 실험해 볼 수 있는 코너를 마련해 준다. 각 교실의 형편에 따라 구비하되 물을 담아 놓을 수 있는 통과 물에 띄워 볼 수 있는 각종 물체를 구비하고, 실험 후 각 물체가 물에 뜨는지의 여부를 기록하고 자신의 생각을 적을 수 있는 실험 보고서 형식의 문서와 필기구를 함께 제시해 주도록 한다. 물을 담아 놓을 통은 가지고 있는 낚시놀이 기구나 물놀이 기구 중 적당한 크기를 활용하거나 대야를 활용하면 된다. 제공하는 다양한 물체는 작은 공, 스티로폼으로 만든 돛단배, 돌, 나뭇가지, 코르크, 동전 등 유사한 크기와 모양이지만 물에 뜨는 것과 안 뜨는 것을 함께 배치함으로써 비교가 가능하게 해 준다.

그림 7-3 **부력 실험**

(3) 기타

이 외에도 물의 낙차를 이용하여 가동되는 물레방아, 더 나아가 수력발전 등 물의 힘에 대한 교육은 기계와 관련하여 더욱 통합적이고 연계된 교육으로 진행하는 데 적합하다.

2) 자성

자성은 우리 주변에 다양한 형태로 존재하며 많은 역할을 담당하고 있음에도 눈에 보이지 않는 성질 때문에 유아에게 마치 마술과 같은 흥미로운 소재가 된다. 자성은 끌어당기는 성질을 기본으로 하지만 양극이 서로 다르게 작용하면서 밀어내는 성질도 함께 관찰될 수 있다.

(1) 자석의 끌어당기는 성질 탐색을 위한 환경

우선 자성의 끌어당기는 성질을 소개하는 환경을 제공한다. 이때에는 유아가 밀어내는 자성과 자성이 없는 상태를 혼동하지 않도록 한 가지 극으로만 되어 있는 자석으로 여러 개를 준비하여 배치한다. 이와 함께 유아가 자유롭게 탐색해 볼 수 있도록 다양한 모양과 크기의 자석에 붙는 물체와 붙지 않는 물체를 제공한다. 예를 들면 클립이나 열쇠, 열쇠고리, 똑딱 단추, 날카롭지 않은 나사 등 자석에 붙는 금속 물체와 고무줄, 지우개, 나뭇조각 등 자석에 붙지 않는 알루미늄 및 비금속 물체를 준비한다. 더불어 유아가 자유롭게 탐색하며 자석에 붙는 물체와 붙지 않는 물체를 분류할 수 있도록 각 칸에 O/X가 표시되어 있는 두 칸으로 나뉜 상자를 함께 제시한다. 그리고 자석에 붙는 물질의 공통점을 생각해 볼 수 있도록 유도하면 자성의 이해를 돕는 좋은 교육환경이 될 수 있다.

그림 7-4 자성 실험

(2) 자석의 N극, S극 탐색을 위한 환경

자성의 끌어당기는 성질을 익히고 나면 양극이 다른 성질을 가지기에 서로 밀어낼 수도 있다는 사실을 학습하도록 N극과 S극이 함께 붙어 있는 막대자석 및 말굽자석을 소개해 준다. 자석에 표기된 기호인 N과 S를 가르쳐 주거나 혹은 색으로 구분하여 다른 극끼리 닿았을 때 끌어당기는 성질과 같은 극끼리 닿았을 때 밀어내는 성질을 직접 실험해 보도록 한다. 기호가 표기되어 있지 않지만 서로 당기는 성질과 밀어내는 성질이 있는 자석 블록 등을 이용하여 같은 극과 다른 극을 판별해 내는 활동으로 심화할 수 있다.

이 밖에도 자석을 이용하여 인형을 움직이는 인형극 무대 상자를 배치하여 자석으로 직접 인형을 움직이며 인형극을 해 보거나, 또는 자석 칠판, 교실 내에 자석이 붙을 수 있는 냉장고, 게시판 등의 공간과 자석을 이용한 메모판 등 자성의 원리를 활용한 다양한 생활용품을 찾아보는 것도 주변 환경을 이용하여 자성을 익힐 수 있는 좋은 기회가 된다.

2. 생명체와 자연환경 환경구성

1) 인체

인체에 대한 개념은 유아가 자신의 신체를 통해 알고 있는 가장 친숙한 과학 개념의 하나다. 따라서 유아가 흥미롭게 참여할 수 있는 주제이기도 하다. 인체와 관련해 유아는 우선 자신의 신체를 통해서 올바른 자기 신체상을 정립함과 동시에 자신의 소중함을 깨닫는 전반적인 인지과정을 거치게 된다. 그리고 이를 바탕으로 인체 각 기관의 명칭과 기능 등을 익힘으로써 인체를 더욱 상세하게 이해하고 자신의 신체뿐 아니라 객관적인 인체의 신비에 대해 익힐 수 있다. 더 나아가 인체를 건강하게 하기 위한 방안으로서의 영양 섭취, 운동 등도 학습 주제에 포함할 수 있으며, 인체기능이 제대로 작동되지 않을 때에 해당하는 질병 및 장애에 관한 주제에까지 관심을 확장할 수 있다.

(1) 자기 몸 이해를 위한 환경

인체에 대한 개념 형성의 가장 기본 단계인 자기 몸을 이해하기 위한 환경으로는 다양한 크기의 거울이 추천된다. 유아가 자유롭게 거울을 통해 자기 신체의 외양을 탐색할 수 있도록 전신거울 및 작은 손거울을 여러 개 비치해 둔다. 단, 이때 비치하는 거울은 깨졌을 때 안전사고의 위험이 없는 안전거울이어야 한다. 친구와 서로 생김새나 키 등을 비교할 수 있도록 대형 전신거울도 여러 개 준비해 두면 좋다. 거울 외에도 체중계나 줄자를 준비해 두고 벽면을 이용하여 키를 잴 수 있는 장치를 마련해 놓으면 보다 다각적인 측면에서 자신의 신체를 이해할 수 있다. 이와 함께 신체상(身體像)과 관련된 동화를 도서 영역에 함께 비치해 주는 것도 교육 효과를 높이는 방안이 된다.

(2) 신체기관 이해를 위한 환경

겉으로 드러나는 인체의 특징에 관한 학습과 함께 보이지 않는 인체 내부의 여러 장기 및 감각기관에 관한 탐색도 중요하다. 인지발달 특성상 추상적 사고가 어려운 점을 감안하여 유아가 눈에 보이는 외부 기관의 기능을 먼저 학습하고 내부 기관의 기능을 학습할 수 있도록 하는 것이 효과적이다. 우선 눈 · 코 · 귀 · 입 · 손 등의 외부 기관을 통해 느껴지는 감각을 느낄 수 있는 환경을 조성해 준다. 이를 위해서는 다양한 감각 경험을 할 수 있도록 해 주어야 한다. 교실에 감각 센터를 마련하여 주제를 정해 일정 기간마다 돌아가면서 시각, 청각, 후각, 미각, 촉각 센터로 변경해 주면 해당하는 일정 기간 동안은 한 가지 감각에 집중하여 경험해 보면서도 결과적으로 다양한 감각을 모두 익힐 수 있다. 감각 센터에는 각각의 감각 주제에 맞게 그것을 직접 경험해 볼 수 있는 여러 가지 자극을 제시한다. 예를 들어, 시각 센터에는 갖가지 색과 형태의 그림 및 사진을 배치해 주고, 청각 센터에는 크고 작은 소리, 부드럽고 날카로운 소리, 높고 낮은 소리 등을 비교해 볼 수 있도록 녹음자료 및 이를 들을 수 있는 기계, 헤드폰 등을 배치해 주어야 한다.

눈에 보이지 않은 내부 장기를 학습하기 위해서는 간접적으로 체험할 수 있는 그림, 사진 자료나 보다 실제적으로 만지고 탐색할 수 있는 신체 모형 등을 이용하는 것이 학습 효과를 높일 수 있다. 관련 영역에 이러한 자료를 배치하여 유아의 호기심을 유발하고 이를 바탕으로 각 내부 기관의 기능을 학습하고 체험해 보도록 한다. 예를 들어, 뼈의 기능을 체험해 보도록 하기 위해 모형 뼈나 요리 후 남은 닭 뼈 등을 제공하여 직접 딱딱한 뼈를 만져 보게 할 수 있다. 또한 청진기를 이용하여 심장 소리를 들어 볼 수도 있고, 위와 유사한 모양의 고무주머니를 활용하여 소화과정을 느껴 볼 수도 있다.

2) 식물

식물을 과학교육의 소재로 사용하는 방안에는 교실 내에서 식물을 키우는 방안과 실외환경에서 수집하여 실험자료로 사용하는 방안이 있다.

(1) 식물 재배를 위한 환경

씨앗을 열매에서 얻게 한 후 씨앗이 뿌리를 내리고 줄기가 자라며 꽃과 열매가 맺히는 순환과정에 대해 익힐 수 있도록 직접 재배하여 성장과정을 관찰하고 그 과정을 그림이나 책으로 소개하면 효과적이다. 이 경우 최대 장점은 식물의 성장과정 및 성장의 메커니즘을 직접 관찰할 수 있다는 것이다.

식물 재배를 위한 환경 구성 시 주의할 점은 다음과 같다.

① 씨앗 발아(發芽)과정 관찰 시 발아에 필요한 환경 조건이 까다롭지 않은 식물을 선택한다. 이는 발아과정에서 유아가 실패감을 느끼지 않고 성취감을 맛봄으로써 식물을 키우는 것에 대한 자신감을 얻고 식물과 더 친숙할 수 있도록 하기 위함이다.

② 성장 속도가 빠른 식물(예: 콩나물 등)을 선택한다. 관심이 쉽게 바뀌는 유아의 특성을 고려할 때 매일 성장이 눈에 띄게 변화하는 것이 좋고, 이를 연계한 활동에서 매일 유아가 등원하여 그 변화를 그래프로 그리거나 표로 표시하기에도 일정 수준 이상의 변화가 필요하기 때문이다.

③ 수명이 길고 관리가 쉬운 식물을 선택한다. 식물을 통해 생명에 대해, 삶과 죽음에 대해 학습하는 기회가 되기도 하지만 오래 보존되지 못하고 쉽게 시들어 버리거나 관리방법이 어려워서 쉽게 시드는 식물은 유아에게 실망감을 주고 심지어 죄책감을 심어 줄 수도 있다. 그러므로 잘 크고 오래 살 수 있는 관리가 손쉬운 식물을 선택하는 것이 좋다.

④ 안전을 고려한다. 유아의 활동적인 특성을 고려할 때 가시가 돋아 있거나 지나치게 크거나 빽빽하여 충돌 시 상해를 입힐 수 있는 식물은 지양해야 한다. 아울러 화분이나 지지대 등의 안전도 고려하여야 한다. 해충이 많이 생기는 식물도 피하도록 한다.

⑤ 식물의 주광성 등 보다 세부적인 개념으로 발전시켜 활동을 다양화한다. 일반적인 성장과정을 관찰한 후에는 빛의 위치를 변경하여 줄기의 방향을 보거나 뿌리의 성장 방향을 보는 등 조건을 달리하여 다양하게 활동을 구성한다.

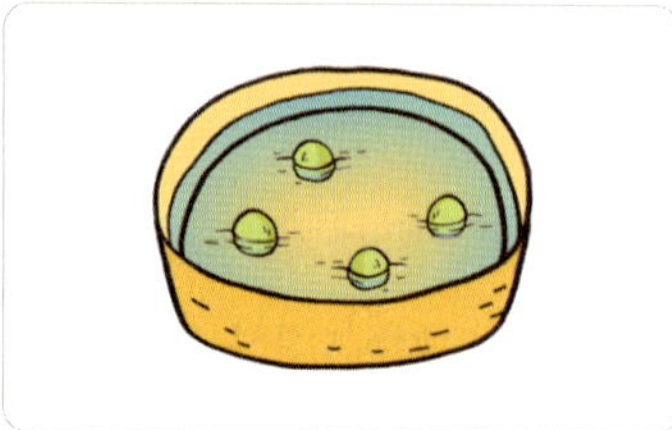

1. 콩을 미지근한 물에 담가 불린다.

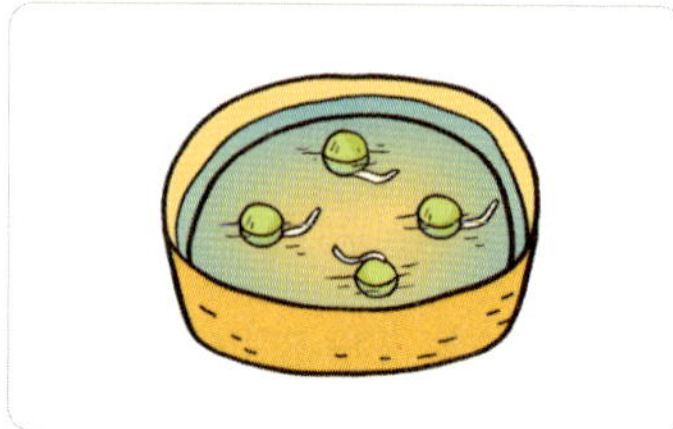

2. 3~4일 후 싹이 날 때까지 기다린다.

3. 페트병을 깨끗이 씻어 주둥이 부분을 잘라낸다.

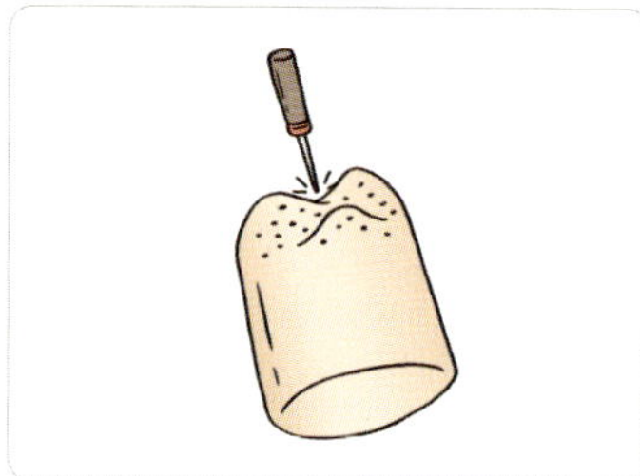

4. 물이 잘 빠지도록 페트병 바닥에 구멍을 여러 개 뚫는다.

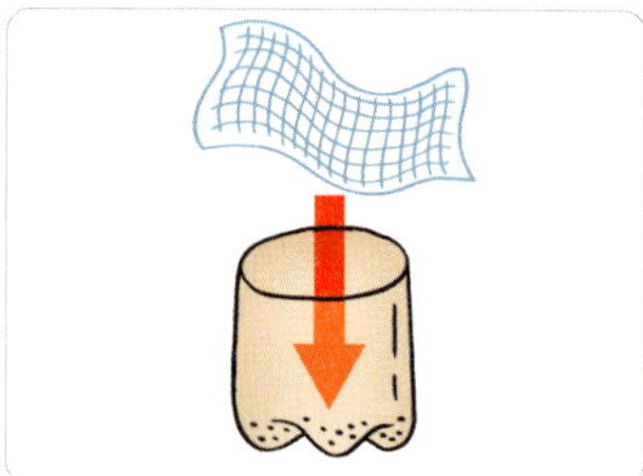

5. 양파자루나 모기장과 같은 구멍이 촘촘한 망을 페트병 바닥에 깐다.

6. 싹이 난 콩을 페트병 바닥에 펼쳐 놓는다.

7. 보자기 등으로 병을 덮어 빛을 차단한다.

8. 매일 2~3회 시간 및 당번을 정해 물을 주며 성장과정을 기록한다.

그림 7-5 콩나물 키우기

교실에서 식물을 직접 재배할 경우에는 유아가 골고루 관심을 갖도록 식물에 물을 주거나 잎을 닦아 주는 등의 식물 관리를 매일 당번을 정하여 도우미 활동으로 지정하면 유아의 책임감을 기르고 활동에 대한 흥미도 또한 높일 수 있다. 가정과의 연계활동으로서 씨앗을 제공하여 가정에서 직접 키우고 성장과정을 보고하게 하거나 혹은 키운 콩나물을 가정으로 보내 요리해 먹도록 하는 등의 다양한 방안을 생각해 볼 수 있다.

(2) 수집된 식물 탐색을 위한 환경

교실에서 직접 식물을 재배하는 것의 단점은 비용과 관리에 들어가는 노력, 그리고 재배 가능한 식물의 종류가 한정되어 있다는 것이다. 이러한 단점을 보완할 수 있는 방안으로 실외환경에서 식물을 채집하여 교육자료로 이용할 수 있다. 자연환경에서 산책활동 등을 통해 꽃, 나무껍질, 도토리 등의 열매나 씨앗, 이끼, 잡초 등 채집할 수 있는 식물을 수집하고 그것을 대형 가방에 담아 놓고 필요한 활동에 활용할 수 있다. 과학 영역에 배치해 놓고 유아가 흥미에 따라 여러 종류의 나뭇잎 중 같은 모양의 나뭇잎을 분류함으로써 나무 종류가 같으면 잎의 모양이 같다는 사실을 학습하게 하거나 더 나아가 각각의 나뭇잎을 명명하는 활동을 할 수 있도록 나뭇잎과 명칭으로 구성된 책을 같이 비치해 주는 것이 좋다. 이를 실외활동으로 확장하여 산책 시에 같은 나무를 찾아보고 그것을 분류해서 세어 보는 등의 여러 활동을 할 수도 있다.

수집된 자연물은 다음과 같은 활동으로 연계될 수 있도록 환경을 구성해 준다.

① 나뭇잎을 신문이나 소책자 사이에 넣어 두었다가 코팅하고 마커로 꾸며서 책갈피 등을 만들 수 있도록 신문이나 소책자를 배치한다. 교사에게 요청하면 코팅해서 완성해 준다.

② 게시판 등에 자연물을 그대로 혹은 코팅하여 셀로판테이프 등으로 붙여 실내교실 환경을 꾸며 본다. 유아가 자유롭게 꾸밀 수 있는 게시판과 함께 자연물, 테이프 등을 배치한다.

③ 씨앗으로 마라카스 만들기 활동을 하는 것도 좋다. 여러 종류의 씨앗을 종류대로 분류하여 두고 요구르트병이나 우유병 등 폐품을 배치한다.

④ 자연물을 이용한 콜라주나 모양 베끼기 활동을 한다. 자연물과 함께 콜라주를 할 수 있는 안전한 목공풀 등과 종이를 배치하거나 접착식 비닐을 적당한 크기로 잘라서 배치한다.

그림 7-6 콜라주 결과물

3) 동물

동물은 생명이 있고 스스로 자유롭게 움직일 수 있다는 점에서 유아의 관심을 끄는 대상이다. 또한 이 세상에는 셀 수 없을 만큼 많은 종류의 동물이 있으며, 곤충의 경우 80만 종 이상이 존재한다. 따라서 동물은 풍부하고 흥미로운 주제가 될 수 있다. 유아 과학교육에서는 이렇게 다양한 종류의 동물이 존재함을 유아에게 소개함으로써 그에 대한 유아의 흥미를 고취해야 한다.

(1) 동물 탐색을 위한 실외환경

동물 관련 활동에서 실제 동물을 활용한 활동은 동물의 특성상 주로 실외활동으로 진행된다. 유아교육기관에 실외 공간이 여유 있게 허락된다면 몇몇 종류의 작은 가축을 길러 아이들이 동물을 수시로 관찰하고 흥미를 갖고 친해질 수 있는 기회를 제공해 주는 것이 좋다. 그러나 위생 및 안전 문제를 늘 염두에 두고 축사를 항상 청결하게 유지하여야 하며 사전에 학부모 동의를 받아야 한다. 큰 동물은 견학이나 지역사회 자원을 활용하여 교육한다. 동물원을 견학하는 것은 물론이고, 지역사회에 관련 농장이 있다면 방문하여 여러 가지 활동을 연계해 체험하면 좋다.

글상자 7-1 | 목장 체험

낙농진흥회 낙농교육목장추진위, 용인 청계목장 답사

낙농진흥회(회장 문제풍)와 낙농교육목장 추진위원회(위원장 김정원 서울교육대 생활과학교육과 교수)는 24일 경기 용인시 ○○목장에서 현장 답사를 하고 치즈 만들기와 송아지 우유 주기, 손 착유 체험 등을 통해 낙농과 교육의 결합 가능성과 발전 방향을 모색했다. 이날 현장을 찾은 10여 명의 추진위원들은 "낙농체험 목장을 직접 둘러보니 환경이나 체험 내용 면에서 학생들이 생명을 느낄 수 있고 교육적 효과를 거둘 수 있을 것으로 보인다"며 "목장별 특성에 맞는 보다 다양한 교육적 프로그램을 마련하고 홍보한다면 교육목장으로 정착할 수 있을 것"이라고 평가했다.

– 농민신문, 2010. 8. 27. 기사에서 발췌

목장체험 프로그램

각 목장마다 특색이 있으나 대부분의 목장에서는 다음과 같은 프로그램을 실시하고 있다.

1. 목장 견학: 목장에서 사육하는 젖소를 관찰하고 먹이 주기, 분뇨처리 등 목장의 운영 전반에 관해 견학을 통해 생생하게 학습한다.
2. 송아지 우유 주기: 어린 송아지에게 직접 우유통을 들고 우유를 먹여 보는 체험을 통해 송아지와 친숙해지는 경험을 한다.
3. 어미 소 우유 짜기: 우유 짜는 과정을 보고 유아도 직접 우유를 짜 본다. 또한 이 과정을 통해 우유의 생성과정에 대해 학습한다.
4. 치즈·아이스크림 만들기: 우유를 이용하여 직접 아이스크림이나 치즈를 만들어 보고 시식하여 본다.

(2) 동물 탐색을 위한 실내환경

실내에서 실제 동물을 이용한 활동을 할 때에는 주로 곤충과 관련된 활동을 한다. 곤충 채집은 산책활동 시 유아와 교사가 함께 하여 유아의 참여도 및 흥미도를 높인다.

채집한 곤충은 하루가 지나면 다시 풀어 주는 것이 바람직한 생태교육의 모습이다. 일시적으로 곤충을 가두어 놓을 간이 곤충 채집통(cage)을 구입하거나 혹은 폐품을 이용하여 작은 플라스틱 통에 창문 역할을 할 수 있도록 구멍을 뚫고 스타킹을 셀로판테이프 등으로 붙여 만드는 선행활

그림 7-7 실외 곤충 채집

동을 통해 채집통을 준비할 수도 있다. 채집한 곤충은 준비된 채집통에 넣은 후 만 하루 동안 자유롭게 관찰한다. 이때 확대경 등을 함께 배치하여 관찰에 활용할 수 있게 한다. 종이나 펜, 색연필 등을 제공하여 관찰내용을 그림으로 표현하게 하는 것도 유아가 자신의 경험을 표상하는 활동을 통해 내용을 더 오래 기억하고 자신의 지식 및 감정을 표현할 수 있게 하는 효과를 기대할 수 있다.

글상자 7-2 | 재미있는 곤충 지식

다음은 진(Jean, 1992)의 저서에서 발췌한 재미있는 곤충 지식이다. 이를 활용하여 곤충에 대한 흥미를 유발하는 풍부한 환경을 제공할 수 있다.

곤충명	기능	흥미로운 점
개미	주변을 청결히 하고 꽃의 영양분을 채집	새끼 돌보기, 먹이 구하기 등 체계적인 사회집단을 구성하고 각자의 역할을 가짐
벌	식물의 꽃가루받이(수분), 꿀 만들기	사회집단 구성, 몸짓을 이용한 의사소통
나비	식물의 꽃가루받이(수분)	번데기를 형성하여 이를 통해 나비가 됨
나방	식물의 꽃가루받이(수분)	누에고치를 자음
딱정벌레	종류에 따라 다르지만 해충의 천적	몸체의 무늬와 색깔이 화려하고 다양함
귀뚜라미	다른 동물의 먹이가 됨. 곡식을 파괴하기도 함	날개를 비벼서 만드는 소리가 노래와 같음
반딧불	반짝거리는 불빛	빛으로 신호를 주고받음
메뚜기	다른 동물의 먹이가 됨. 곡식을 파괴하기도 함	배 부위에서 소리를 냄 매우 높이 뛰어오름
사마귀	해충의 천적	크기가 큼

3. 지구환경 환경구성

1) 빛과 그림자

빛은 우리 생활에 필수적이면서도 일상생활에서 존재를 잘 느끼지 못하는 것 중의 하나다. 빛이 없으면 아무것도 볼 수 없고, 동식물이 제대로 자라지 못하고, 생명이 유지될 수 없다. 그만큼 빛은 소중한 존재며, 동시에 어두운 밤에 비춰지는 손전등의 빛이나 빛의 반사로 인한 반짝거림, 하늘의 무지개 등 유아의 흥미를 잡아 끄는 매혹적인 요소를 지니고 있다. 이를 활용하면 즐겁고 효과적인 빛에 대한 교육이 가능하다.

빛과 그림자 탐색을 위한 환경에 대해 살펴보면, 우선 빛을 직접적으로 느끼기 위해서는 어두움이 필요하다. 따라서 빛을 탐색하기 위해서는 어두운 환경을 어떻게 제공할 것인지를 고려하여야 한다. 만약 교구장이나 비품 등을 수납하는 넉넉한 공간이 교실에 별실로 부속되어 있어서 별도로 조명을 조정할 수 있다면 그것을 활용하는 것이 가장 좋다. 혹은 교실에 있는 설비 중 유아가 역할놀이로 사용할 수 있는 공간이 밑 부분에 마련되어 있는 미끄럼틀이나 역할놀이용 집 모형 또는 텐트 등이 있는 경우 그것을 이용하는 것도 한 방법이다. 이러한 기존의 설비를 이용하는 것이 불가능하다면 탁자를 놓고 그 위에 담요를 덮어 어두운 공간을 임의로 만들거나 혹은 한 영역을 정하고 구분해 놓은 교구장 위에 담요를 덮어 전체 영역을 어둡게 만들 수도 있다.

어두운 영역이 마련되면 그곳에 빛을 탐색할 수 있는 기구를 함께 비치한다. 크기나 밝기, 전구의 색깔을 다양하게 하여 여러 손전등을 비치해 주거나 손전등 앞에 놓으면 빛의 색 또는 나타나는 모양이 달라지도록 셀로판지로 만든 다양한 모양의 영사판을 함께 비치해 준다. 이때 각각의

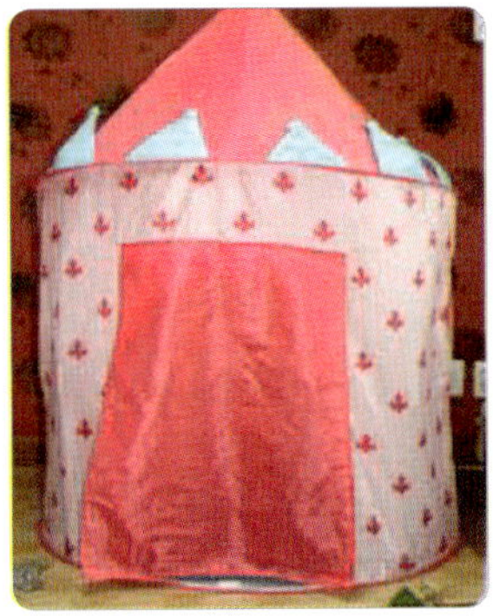

그림 7-8 어두운 환경 조성: 집 모형 및 텐트의 예

판에 손전등을 대어 보며 변화하는 빛을 관찰하게 하면 더욱 흥미롭게 빛을 관찰할 수 있다. 이 외에도 손전등을 비추어서 볼 수 있는 다른 물체를 비치해 놓고 손전등으로 비추어 그것들을 찾아보는 활동을 하면 빛이 있어야 다른 물체를 볼 수 있다는 개념을 자연스럽게 터득할 수 있다.

빛을 비추며 그림자놀이를 병행하면 빛이 통과하는 물체와 통과하지 못하는 물체에 대한 개념 획득과 함께 빛이 통과하지 못하는 곳에 남아 있게 되는 어두움의 개념을 학습할 수 있다. 이를 위해서는 빛이 통과하지 못하는 물체(두꺼운 종이, 불투명한 플라스틱 판, 나무나 금속 등)와 통과

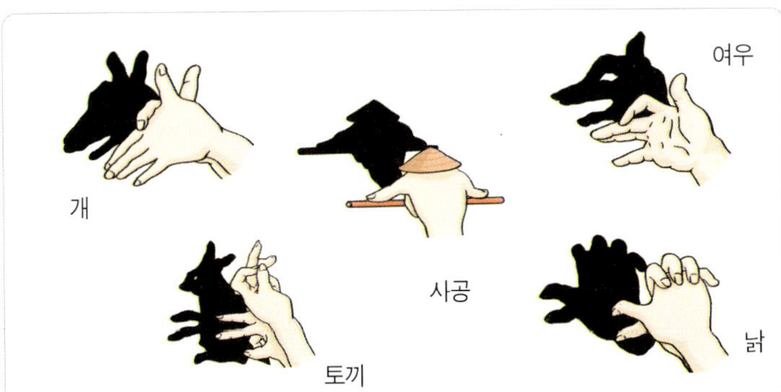

그림 7-9 그림자 만들기

하는 물체(셀로판지, 얇은 종이, 투명한 플라스틱 판 등)로 만들어진 여러 가지 모양판을 함께 비치한다. 손전등으로 비치된 모양판을 각각 빛으로 비추어 보고, 빛이 통과하지 못하고 그림자로 형상이 뚜렷이 나타나는지 혹은 빛이 통과하여 그림자의 형상이 나타나지 못하는지를 직접 탐색할 수 있다. 이러한 과정을 통해 빛이 통과하는 물체와 그렇지 못한 물체를 비교·탐색하고, 빛이 통과하지 못했을 때 어두움이 그대로 남아 그림자로

그림 7-10 여러 가지 거울

형상화되는 현상을 이해하게 된다. 이 밖에도 손을 이용하여 여러 가지 모양의 그림자를 만들어 움직여 보는 것도 빛과 그림자를 이용한 재미있는 탐색활동으로 활용할 수 있다.

아울러 프리즘이나 잠망경 등을 이용하여 빛의 굴절현상을 탐색할 수도 있다. 프리즘이나 잠망경은 종이나 블록 등에 공작용 거울을 달아서 유아가 직접 만들어 보게 할 수도 있다. 또한 굴절률을 이용하여 뚱뚱하게 혹은 날씬하게, 거꾸로 보이게 해 주는 '요술 거울'을 비치해 주는 것도 빛을 이용한 재미있는 과학현상을 소개하는 환경이 된다.

2) 공기

공기 역시 생명체에 필수 요소이지만 눈에 보이지는 않기 때문에 그 중요성과 필요성을 잊고 지내는 경우가 많다. 눈에 보이지 않는 공기의 역할에 대해 배움으로써 유아는 그 존재감을 깨닫고 맑은 공기의 소중함을 생각해 보는 기회를 가질 수 있다.

유아에게 눈에 보이지 않는 개념을 교육하는 것은 어렵다. 따라서 공기에 대한 개념 역시 최대한 눈으로 보고 몸으로 느낄 수 있는 환경을 마련해 주어야 한다. 공기의 존재를 알아보는 방법으로 비닐주머니나 풍선을 주로 이용한다. 풍선은 손쉽게 사용할 수 있고 친숙한 소재이기는 하지만 풍선이라는 물체가 부각되면서 공기에 대한 개념이 축소될 수 있다는 단점이 있다. 반면 비닐주머니는 안전을 위해 주머니 입구에 빨대를 부착해 공기가 빠져나가지 않도록 테이프로 잘 고정시키는 등의 작업이 필요하지만 비닐주머니가 부풀었다가 다시 바람이 빠지는 과정을 통해 공기의 출입이 부각된다는 장점이 있다. 빨대를 불어서 비닐주머니를 부풀리는 과정에서 공기가 비닐주머니로 들어가는 것도 확인할 수 있지만, 교사가 유아로 하여금 몸에서 공기가 나왔다는 사실까지 인식하게 도와주면 학습을 보다 확장시킬 수 있다. 이를 통해 우리 몸 안에 공기가 있고 우리가 호흡을 통해 공기를 들이마시고 내쉬는 과정을 반복하고 있다는 것과 호흡을 원활히 하지 못하면 생명에 지장이 있다는 것까지 학습할 수 있기 때문이다.

이 외에도 바람개비나 부채는 공기의 이동으로 인한 변화를 눈으로 보고 몸으로 느끼게 해 주는 도구다. 종이와 수수깡 등을 이용해 바람개비를 간단하게 만들어 보고 바람개비를 입으로 불거나 또는 가지고 뛰어 보거나 바람에 돌아가도록 게시해 보는 등 직접 실험하며 공기의 이동과 그로 인해 생기는 힘을 관찰하게 해 주면 좋다. 또한 이와 연계하여 풍력발전을 위한 시설 사진이나 다양한 모양의 바람개비 등을 소개해 준다면 더 풍부한 환경이 될 수 있다. 부채 또한 여러 가지 모양의 부채를 보여 주고 간단한 것은 직접 만들어 보는 등의 활동을 통해 소개할 수 있다. 유아는 직접 부채를 움직여 공기의 움직임을 만들어 보고 바람을 직접 느껴 보는 과정을 통해 눈에 보이지 않는 공기의 존재를 느끼며 바람이 공기의 이동으로 인해 나타나는 현상임을 깨달을 수 있다.

그림 7-11 바람개비 만들기 활동

4. 도구와 기계 환경구성

인간은 도구를 사용한다는 점에서 동물보다 고등하다고 여겨진다. 유아에게 간단한 기계 원리를 이해시키고 나아가 이 원리를 적용하여 새로운 것을 발명할 수 있는 기회를 제공해야 한다. 이러한 과정은 스스로 느끼기에도 기존의 인지과정과는 질적으로 다른 고차원적인 사고과정을 의미하기 때문에 유아가 흥미와 함께 성취감을 얻도록 하는 데 매우 적합한 주제다.

1) 지레

기계의 기본 원리의 하나인 지레 원리를 교육하기 위해 아이들이 이미 친숙하게 잘 알고 있는 시소나 병따개 등의 소품을 이용하여 직접 체험해 보게 한다. 또래 친구 혹은 교사와 시소를 타면서 그들을 직접 들어 올릴 수는 없지만 시소를 이용하면 손쉽게 들어 올릴 수 있음을 체험하고 그 원리가 중력을 이용한 것임을 배운다. 나아가 시소의 앞뒤 칸을 이동해 보며 지레의 길이에 따른 힘의 차이도 알아봄으로써 이후에라도 이 원리를 활용하여 사용할 수 있게 한다. 이 외에도 배의 노 젓기나 투석기 등 지레의 원리를 이용한 기계의 그림이나 영상 자료 등을 벽면에 게시하고 그것들을 소개하며 사고의 폭을 넓혀 준다.

2) 바퀴

기계의 여러 원리 중 유아가 매우 친숙해하며 관심 있어 하는 대상 중에는 바퀴가 있다. 자가용의 보편화로 바퀴가 달린 차에 매우 친숙하며 공과 같은 둥근 모양에 익숙한 유아에게 바퀴를 부담 없이 탐색하고자 하는 동기를 유발할 수 있다.

바퀴에 대한 유아의 흥미를 고취하기 위해 바퀴 모양이 왜 모두 둥근지를 과학적으로 연계하여 생각해 볼 수 있다. 바퀴 모양이 네모, 타원, 혹은 물결 모양일 경우 어떻게 되는지를 모형자동차 바퀴를 바꿔 가며 직접 시연해 볼 수 있도록 관련 교구를 제공해 준다. 이를 통해 유아는 바퀴 모양이 원형일 때 가장 충격 없이 부드럽게 갈 수 있음을 자연스럽게 스스로 체득할 수 있다.

바퀴 하나가 돌아가는 것 외에도 여러 개의 바퀴가 톱니로 맞물려 돌아가는 것은 유아에게 인과관계에 관한 개념을 알려 주는 훌륭한 도구다. 영유아용 조작교구부터 시계 내부, 자전거 바퀴까지 유아에게 제시해 줄 수 있는 톱니바퀴를 이용한 예는 셀 수 없이 많다. 이를 통해 자연스럽게 우리 실생활에서 쉽게 만날 수 있는 톱니바퀴의 원리를 배움으로써 그것

그림 7-12 바퀴의 원리를 이용한 도르레 탐색

을 이용하여 더 유용한 다른 도구를 개발하는 기회를 제공할 수 있다.

유아 과학교육의 여러 내용 영역 중에서 기계는 특히 박물관이나 각종 기계 관련 업체(자전거 수리점, 자동차 정비소, 각종 가전 수리 및 판매점 등) 등 지역사회의 기반시설 및 전문 인력을 이용할 때 교육 효과를 높일 수 있는 영역이므로 이를 적극 활용하도록 한다.

$E=mc^2$

제8장

유아 과학교육의 평가

1. 유아활동 평가
2. 교사평가
3. 프로그램 평가

교사는 유아와 함께 과학 프로그램을 실시하고 나서 무엇을 기대할까? 프로그램 운영 시 기대하는 목적을 이루기 위해서는 어떤 프로그램을 준비하여 어떠한 과정으로 실행하는 것이 좋을지에 대해 여러모로 고려하고 평가해 보는 것이 필요하다.

유아 과학교육 평가내용은 유아 과학교육의 목적인 과학적 태도, 탐구능력, 과학 개념에 대한 구체적인 요소를 중심으로 구성된다. 이러한 평가내용을 기준으로 어떠한 방법으로 평가하는지에 따라 평가방법이 구분될 수 있다. 그리고 무엇을 평가하는지에 따라 나누어 볼 수 있다. 우선적으로 유아가 교육과정을 통해 무엇을 배우고 성취하였는지를 알아보기 위하여 유아에 대해 평가해 볼 수 있다. 더불어 교사의 수업활동에 대한 평가와 과학교육 프로그램에 대한 평가도 고려될 수 있다. 이 장에서는 평가 대상을 기준으로 유아활동 평가, 교사평가, 프로그램 평가의 세 가지로 나누어 살펴보면서 다양한 평가방식에 대해서 알아본다.

1. 유아활동 평가

유아의 활동을 평가하는 방법에는 유아의 행동을 관찰하는 방법, 면접 또는 표준화 검사를 사용하는 방법, 총체적 평가방법 등이 있다. 각 평가방법의 내용 및 특징은 다음과 같다.

1) 관찰

과학활동을 하는 동안 유아가 어떠한 행동을 보이는지를 직접적으로 관찰하는 것은 유아의 학습과정을 사실적으로 볼 수 있는 방법이다. 관찰을 통해 유아와 유아 또는 유아와 학습자료가 상호작용하는 모습을 면밀히 기록하는 것은 유아가 어떻게 생각하고, 어떻게 느끼며, 어떠한 반응을 보이는지에 대해 알아보는 데 매우 유용한 기초자료를 제공해 준다. 또한 이렇게 수집된 관찰 결과는 시간의 흐름에 따라 유아의 사고와 행동이 어떻게 변화하였는지를 알아볼 수 있는 비교자료로 활용될 수 있다. 과학활동의 결과에 대해서 말하거나 글자로 쓰는 것과 같이 언어적으로 의사소통하는 것이 원활하지 않은 유아의 발달 특성을 고려해 볼 때, 관찰법은 관찰된 비언어적 행동을 바탕으로 유아의 활동을 평가할 수 있다는 유용성이 있다.

관찰 절차는 관찰방법의 유형에 따라서 세부적인 차이가 있으나 일반적으로 다음과 같은 4단계로 구성된다. 첫 번째는 관찰계획 단계로 관찰하려는 목적과 관찰하고자 하는 목표가 되는 행동을 결정하고 구체적인 관찰방법을 정하는 단계다. 관찰계획이 수립되면 그에 따라 실제 유아 행동을 관찰하고 기록하는 두 번째 단계인 관찰 및 기록 단계로 진행된다. 세 번째 단계는 관찰내용 분석 단계로 관찰목표에 의거하여 관찰·기록한 내용을 체계적이고 과학적으로 분석하는 단계다. 마지막은 관찰기록 활용 단계로 분석한 결과를 토대로 유아의 발달 및 행동 특성을 평가하거나 유아의 발달 수준과 과학적 흥미 정도를 고려한 수업계획을 수립하고 프로그램의 내용을 결정하는 데 참고자료로 활용할 수 있다. 뿐만 아니라 관찰내용은 유아의 부모와 면담하는 데 유용한 자료로 활용할 수 있다.

그러나 유아의 행동을 관찰하기 위해 교사가 많은 시간을 한 유아에게 집중한다는 것은 많은 시간과 노력이 요구되며 또 실제로 매우 어려운 일이다. 이때 관찰을 좀 더 효율적으로 하기 위한 방법으로 시간표집(time

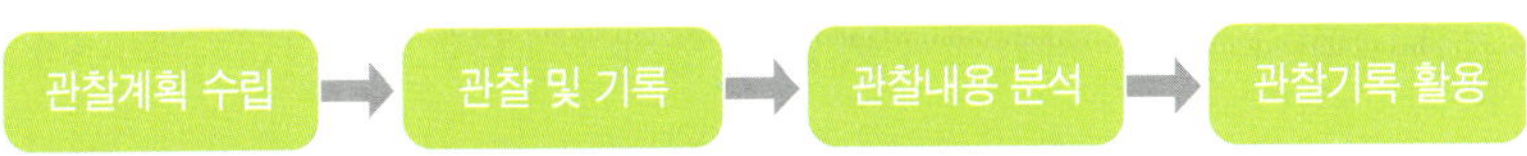

그림 8-1 일반적인 유아 관찰의 4단계

sampling)법과 사건표집(event sampling)법을 사용할 수 있다. 시간표집법은 교사가 선정한 행동에 초점을 두고 일정한 시간 간격 내에서 특정 행동이 얼마나 발생하는지 기록하는 방법이다. 예를 들어, 몇 초 또는 몇 분과 같이 정해진 시간 동안 일어나는 목표행동을 관찰하여 기록하는 방법이다. 사건표집법은 교사가 관찰하고자 하는 목표 행동이 발생할 때마다 빈도를 기록하는 방법이다. 예를 들어, 하루 동안 나타나는 유아의 질문 횟수를 유아의 이름 뒤에 기호로 표시하여 하루 동안의 과학적 태도를 측정할 수 있다. 이러한 방법을 활용한 관찰은 유아를 단순히 바라보고 교사에게 들리는 것을 그저 듣는 것이 아니라 개별 유아 또는 특별한 행동, 문제 상황, 목적에 대한 변화와 관련된 것을 주의 깊게 관찰하는 것으로 체계적 관찰(systematic observation)이라고 한다(McAfee & Leong, 2006).

유아 과학교육 현장에서 활용할 수 있는 대표적인 관찰법으로는 일화기록법, 질문지법, 평정척도법이 있다. 각 관찰방법 중 어떠한 방법을 선택하여 사용할 것인지는 관찰하려는 교사의 목적과 상황에 따라 달라지며 가장 적합한 것을 선정하여 활용하게 된다. 일화기록법, 검사지법, 평정척도법의 주요 내용과 장단점을 살펴보면 다음과 같다.

(1) 일화기록법

일화기록법은 관찰법 중에서 가장 기본이 되는 방법으로 눈에 띄는 행동이나 사건이 발생하였을 때 사실적인 순서대로 기록하는 방법이다. 일화기록이란 특정한 사건에 대해 초점을 맞춰 짧게 서술한 설명을 의미한다. 일화기록법은 개별 유아에 대한 자세한 행동 서술이나 우연적으로 관찰되는 유아의 과학 지식 또는 행동 관찰에 유용한 방법이다. 이 방법은 특별한 준비나 계획, 시간에 관계없이 언제 어디서나 간단한 준비만으로 관찰이 가능하므로 교사가 현장에서 사용하기 편리한 방법이다. 일화기록을 위한 특별한 양식이 정해져 있는 것은 아니지만, 정확하고 객관적인 관찰을 위하여 유아의 이름, 관찰자, 관찰 일시 및 장소, 과학적 사건이나 상황과 같은 관찰을 요약한 내용과 유아가 어떤 말을 했고 어떠한 행동을 했는지가 간단하고 명료하게 기록되어야 한다. 관찰 기록자인 교사는 관찰 상황을 전혀 알지 못하는 제3자가 관찰일지를 보고도 잘 이해할 수 있도록 객관적인 용어를 사용하여 기록하여야 한다. 교사의 주관적 의미가 개입된 관찰은 사실을 왜곡하거나 보는 사람에 따라 서로 다른 주관적인 해석을 하게 할 수 있으므로 되도록 교사의 판단이나 추론은 배제하고 사실적으로 기록한다. 교사의 의견이나 해석이 있을 경우에는 따로 칸을 구분하여 기록하는 것이 좋다.

유아의 이름:	성별:	생년월일:
관찰자:	관찰 일시:	관찰시간:
관찰 장면	관찰내용	교사 의견

그림 8-2 일화기록 양식 예

(2) 검사지법

검사지법은 체크리스트법이라고도 하며 관찰자가 평가하고자 하는 과학적 행동을 미리 행동 목록으로 준비하고 목록에 있는 각 행동이 나타나는지를 관찰하여 '예/아니요'로 표기하는 방법이다. 검사지법은 어떤 행동이 나타나는지 관심이 있을 때나 시간의 흐름에 따라 발달 변화가 어떻게 나타나는지 알고자 할 때 사용하는 방법이다. 체크할 행동 목록은 '식물의 성장을 이해하는가?'와 같은 포괄적인 평가 문항이 아닌 관찰이 가능하고(예: "식물의 성장에 필요한 요소를 말할 수 있는가?"), 구체적인 행동으로 나타나는 문항(예: "자신이 심은 씨앗에 물을 주는가?")을 사용해야 하며 평가자인 교사는 각 목록에 대해 정확하게 이해하고 있어야 한다. 검사지법은 많은 양의 정보를 빠르게 많이 알 수 있는 장점이 있으나, 관심이 얼마나 자주 일어났는지 또는 행동이 몇 회 일어났는지와 같은 행동의 빈도나 질적인 특성은 알 수 없다.

표 8-1 **유아의 과학적 발달 평가를 위한 체크리스트의 예**

평가 관점: 생물에 대하여 관심 가지기

평가 항목	예	아니요	비고
집에서 기를 수 있는 동물을 아는가?			
집에서 기를 수 없는 동물을 아는가?			
집에서 기를 수 없는 이유를 설명할 수 있는가?			
동물을 집짐승끼리 모을 수 있는가?			
동물을 들짐승끼리 모을 수 있는가?			
동물을 곤충끼리 모을 수 있는가?			
동물을 새끼리 모을 수 있는가?			
동물을 사는 곳에 따라 모을 수 있는가?			

(3) 평정척도법

평정척도법은 어떤 특성이나 특질을 미리 정해진 범주에 따라 평가하는 관찰법으로 관찰내용을 수량화된 점수로 측정하는 방법이다. 이 방법은 특정 행동이 나타났는지의 여부만을 알 수 있었던 검사지법의 제한점을 보완한 방법으로 행동의 출현 여부뿐만 아니라 행동의 질적인 측면을 알 수 있다. 평정척도에 의한 평가는 유아의 행동에 대한 수행 수준의 척도를 미리 정해 두고 유아의 행동을 관찰하여 각 등급에 표시하여 유아의

유아교육기관명:
유아 이름: (남/여)
유아 나이: 만 세 생년월일:
유아교육기관을 다닌 경험: 년
평가 일자:
평가자:

평가 점수와 기준	점수	기준
	1점	수행하지 못함
	2점	어느 정도 수행함
	3점	잘 수행함
	4점	탁월하게 수행함

항목	1차		2차	
	관찰 점수	추정 점수	관찰 점수	추정 점수
과학적 태도				
	총점:		총점:	

유아의 행동목록	1차		2차	
	관찰 점수	추정 점수	관찰 점수	추정 점수
1. 유아는 확대경과 같은 도구를 사용하여 관찰한다.	1 2 3 4	1 2 3 4	1 2 3 4	1 2 3 4
2. 유아는 어떤 사물이나 동식물의 변화를 주의 깊게 관찰한다.	1 2 3 4	1 2 3 4	1 2 3 4	1 2 3 4
3. 유아는 관찰한 내용을 그림이나 글로 표현한다.	1 2 3 4	1 2 3 4	1 2 3 4	1 2 3 4
4. 유아는 사물을 어떤 한 가지 속성(모양, 크기, 색깔 등)을 고려하여 분류한다.	1 2 3 4	1 2 3 4	1 2 3 4	1 2 3 4

그림 8-3 유아평정척도의 예: 유아의 탐구능력 행동목록표

발달 정도를 알아보는 방법이다. 평정척도는 다양한 점수 기준이 가능하나 일반적으로 3점이나 5점 척도를 사용하여 평가한다. 그러나 평정척도법은 평가자가 대개 중앙값('보통이다')에 점수를 주기 쉬우며, 때로는 관찰자의 성향에 따라 지나치게 높거나 낮은 편향된 점수를 줄 수 있다는 단점이 있다. 따라서 평정척도를 사용할 때에는 평가자가 문항에 대해서 정확하게 이해한 후 객관적인 자세를 유지하도록 주의해야 한다. 평정척도는 관찰하고자 하는 목표에 따라 미리 준비된 척도를 사용하는 방법이므로 목적에 따라 기존의 척도를 활용하거나 새로운 척도를 구성하여 활용할 수도 있다. 유아의 탐구능력 행동을 관찰하기 위한 평정척도의 예(안경숙, 2003)는 [그림 8-3]과 같다.

지금까지 관찰법의 유형 중 일화기록법, 검사지법, 평정척도법의 주요 내용과 장단점에 대해 살펴보았다. 각 방법은 유아의 행동과 표현을 관찰하여 그 내용을 토대로 기록하고 분석한다는 공통점이 있지만 관심을 갖고 관찰하는 내용과 기록방식은 서로 다른 특징이 있다. 따라서 관찰하고자 하는 행동과 특징이 어떠한 것이냐에 따라 가장 효과적인 관찰방법을 선택하여 사용한다면 효율적이면서도 유용한 정보를 수집할 수 있다. 이상에서 살펴본 대표적인 관찰법인 일화기록법, 검사지법, 평정척도법의 장점과 단점을 간략하게 비교하여 보면 〈표 8-2〉와 같다.

표 8-2 관찰법의 장점과 단점

	장점	단점
일화기록법	• 특별한 준비나 계획 없이 간단하게 관찰이 가능하다. • 일어난 상황에 대해 간결하면서 명확한 설명을 제시해 준다. • 유아의 과학적 태도 발달 정도를 알아보는 것과 같은 특정한 목적을 가지고 구체적인 판단 자료를 구할 때 활용할 수 있다.	• 다수의 유아를 오랫동안 관찰하기가 어렵다. • 일어난 사건과 행동을 그대로 기록하기 어렵다. • 관찰 결과를 주관적으로 해석할 수 있다.

검사지법	• 많은 내용을 빠르게 기록할 수 있어서 시간과 노력을 절약할 수 있다. • 개별 유아의 발달 상황을 문서화하는 데 용이하다. • 행동의 변화 여부를 알 수 있다.	• 행동의 빈도는 알 수 없다. • '예' 또는 '아니요'로 기록된 결과 이외의 질적인 측면을 알 수 없다. • 검사자의 주관적인 평가가 될 수 있다.
평정척도법	• 많은 내용을 빠르게 기록할 수 있다. • 교사가 편리한 시간에 평가할 수 있다. • 변화의 질적인 측면을 알 수 있다.	• 중앙값('보통이다')으로 평가하기가 쉽다. • 평가자가 평가 문항을 잘 이해하지 못했거나 혹은 평가자의 성향에 따라 잘못된 평가를 할 수 있다. • 평정척도의 내용으로 포함되지 않은 행동에 대한 관찰자료는 수집할 수 없다.

2) 면접

면접법은 교사와 유아가 자연스럽게 대화를 나누고 논의하는 상호작용을 통해 유아의 과학적 태도와 사고를 평가하는 방법이다. 면접법은 직접 질문을 하여 필요한 정보를 수집하므로 유아가 자발적인 반응을 보일 때까지 기다리지 않아도 되는 효과적인 방법이다. 일반적인 상황에서는 교사가 개별 유아와 깊이 있는 면담을 할 수 있는 시간이 부족하지만, 평가를 위해 교사가 미리 특정 과제에 초점을 두고 질문 목록을 준비한다면 수업 상황에서 자연스럽게 이루어질 수도 있다(McAfee & Leong, 2006).

면접을 통한 평가에서는 교사가 유아의 반응을 이끌어 내기 위해 편안하고 자연스러운 분위기를 형성하고 질문방식을 적절하게 사용해야 한다. 예를 들어, 유아가 생각을 잘 표현할 수 있도록 개방형 질문과 폐쇄형 질문을 적절하게 조합하여 구성하는 것이 필요하다. 개방형 질문(예: "왜 그렇게 생각하니?")을 통해서 유아는 면접자가 예상하지 못한 대답을 하기도 하는데, 이 경우에도 유아의 생각을 알 수 있는 좋은 정보를 제공하게 된다. 만약 개방형 질문에 당황하여 대답을 잘 하지 못하는 유아에게는 '예/아니요'로 대답할 수 있는 폐쇄형 질문(예: "두 개의 바퀴 중에서 동그라미 바퀴가 세모 바퀴보다 빠르니?")으로 다시 물어보는 것이 유아의 반응을 끌어내는 데 도움이 된다. 그 밖에 유아의 반응을 촉진하는 데 교사가 사용할 수 있는 대화방법은 [그림 8-4]와 같다.

- 유아의 언어적 표현을 확대시키면서 반응하기
- 새로운 정보를 추가하면서 긍정적으로 반응하기
- 반복적인 운율 사용하기
- 유아의 행동과 교사의 행동을 직접 설명해 주기
- 긴 문장을 말할 수 있도록 적절한 개방형 질문을 사용하기
- 문장을 완성할 수 있도록 적당한 단어를 알려 주는 도움 주기

그림 8-4 유아의 반응을 촉진할 수 있는 대화방법

면접 시 교사가 유아에게 질문을 할 때 주의해야 할 사항이 있다. 유아에게 질문을 할 때에는 비형식적이고 일상적인 대화와 같은 형식이 되도록 하여 유아가 면접 상황을 시험처럼 정답을 말해야 하는 것으로 인식하지 않도록 해야 한다. 면접 중에 교사는 일방적으로 유아에게 질문 공세를 하거나 대답하도록 강요하는 분위기가 되지 않도록 유의해야 한다. 그리고 유아의 반응은 유아의 지식뿐만 아니라 문화 차이, 개인 특성과 같은 사회 요인을 반영한다는 것을 이해하고 있어야 한다. 예를 들어, 가정과 유치원 환경의 차이로 인해 유아가 반응을 정확하게 할 수 없는 경우도 있고, 수줍음이 많거나 자존감이 낮은 유아의 경우 알고 있는 지식도

정확히 표현하기가 어려울 수 있다. 따라서 유아가 대답을 잘 하지 못하는 경우에도 인내심을 가지고 기다려 주고, 유아의 대답을 들으며 고개를 끄덕이거나 미소를 보여 주는 긍정적인 태도로 유아의 의견을 수용해 주어야 한다.

면접은 글자를 읽거나 쓰는 능력이 부족한 유아를 평가하는 데 적합한 방법이지만, 개별 유아의 특성에 따라서 교사의 질문에 대답하는 것을 어려워할 수 있으며 교사 역시 유아와 상호작용하는 훈련이 필요한 방법이다. 유아의 대답은 바로 기록하는 것이 좋으나 기록을 위하여 유아의 대답을 방해하거나 면접을 중단시킬 수도 있으므로 녹음기를 사용하는 것이 효과적이다.

표 8-3 면접법의 장점과 단점

장점	단점
• 유아가 자발적으로 말하거나 행동하는 것을 기다리지 않고 직접적으로 반응을 이끌어 낼 수 있다. • 우연하게 관찰되거나 비언어적으로 보이는 단서를 사용하여 추측하는 것보다 유아의 직접적인 대답을 통해 이해 수준을 효과적으로 알 수 있다. • 유아의 지식과 사고과정, 오개념을 알 수 있으며 과학에 대한 태도를 알 수 있다.	• 한 유아에게 시간이 오래 걸린다. • 유아의 반응은 문화 차이, 개인 특성과 같은 사회 요인을 반영한다. • 교사의 질문이 모호하거나 잘못된 경우 유아는 질문에 잘못된 반응을 하기 쉽다. • 유아는 교사가 질문하는 것 자체가 훈련이나 연습처럼 느껴질 수 있다. • 유아가 자신의 생각을 말하지 않고 교사가 듣기를 원한다고 생각하는 답을 추측하여 말하는 경우도 있다.

3) 표준화 검사

표준화 검사는 정해진 검사 시간 내에 이루어지는 객관적인 형식과 절차를 통하여 유아의 행동 특성을 측정하는 방법이다. 표준화 검사는 이미 신뢰도와 타당도가 검증된 것이므로 객관적인 자료를 얻을 수 있고 그 결과를 토대로 다른 유아와 비교하는 데 활용할 수 있다. 유아의 과학능력을 검사하기 위해서 사용 가능한 표준화 검사로는 발달검사, 학습준비도 검사, 성취도 검사, 지능검사 중에서 과학과 관련된 부분을 선택하여 사용하는 방법이 있다.

(1) 발달검사

발달검사는 유아의 성숙 정도를 판단하는 데 사용되는 검사방법이다. 학습장애와 같은 장애를 가진 것으로 예상되는 유아를 선별하여 보다 집

표 8-4 대표적인 발달검사

검사명	한국판 제작자	적용 연령
덴버 발달선별검사(DDST) Denver Developmental Screening Test	신의선(2010) K-DDST-2	1개월~만 6세
미네소타 유아발달검사(MCDI) Minnesota Child Development Inventory	김정미, 신희선(2006) K-CDI	15개월~만 6세
베일리 발달검사(BSID) Bayley Scales of Infant Development	조복희, 박혜원(2007) K-BSID-II	1~42개월

덴버 발달선별검사 도구

베일리 발달검사 도구

그림 8-5 대표적인 발달검사 도구의 예

중적으로 특화된 수준의 진단과 처치를 하기 위해 고안된 가장 간단한 방법의 평가라 할 수 있다. 유아를 대상으로 하는 대표적인 발달검사로는 덴버 발달선별검사(DDST), 미네소타 유아발달검사(MCDI), 베일리 발달검사(BSID) 등이 있다. 각 검사는 한국의 실정에 맞게 수정되고 표준화되어 사용되고 있다. 발달검사를 통한 결과는 유아가 과학 영역의 과제를 다룰 수 있는지의 여부를 판단하는 데 유용하다.

(2) 학습준비도 검사

학습준비도 검사는 유아가 교수를 통해 효과를 얻을 수 있는 현재의 상태를 측정하기 위해 사용되며, 유아의 성숙 정도와 선수 학습의 성취 상태를 모두 평가하기 위한 방법이다. 앞서 살펴본 발달검사가 새로운 지식과 기술을 습득하는 유아의 잠재력을 평가하는 방법이라면 학습준비도 검사는 유아가 획득한 기술을 측정한다는 점에서 차이가 있다(Gredler, 1997). 학습준비도 검사 결과는 읽기, 수학, 과학과 같은 특정 영역 또는 전반적인 학습 영역에서의 성취에 대한 예측을 하는 데 활용된다. 유아과학교육에 적용 가능한 학습준비도 검사로는 유아학습준비도검사(한국교육개발원, 1988), 유아부터 초등학교 6학년을 대상으로 개발된 기초학습기능검사(한국교육개발원, 1989), 5~14세를 대상으로 개발된 기초학력검사(국립특수교육원, 2004), 종합학습능력진단검사(문용린, 1995) 등이 있다.

(3) 지능검사

지능검사는 교육, 치료, 연구를 위해 유아의 지적 기능을 평가하거나 발달적 선별검사와 같이 특별한 교육이 필요한 유아를 알아보기 위한 평가 방법이며 학업의 수행 정도를 예측하는 검사로 활용된다. 국내에서 대표적으로 사용되고 있는 지능검사에는 한국 웩슬러 유아용 지능검사, 한국 웩슬러 유아지능검사, 카우프만 유아용 개별지능검사, 고대비네검사, 유

표 8-5 **대표적인 지능검사**

검사명	한국판 제작자	적용연령
한국 웩슬러 유아용 지능검사 III (K-WISC-III)	곽금주, 박혜원, 김청택 (2001)	6세~16세 11개월
한국 웩슬러 유아지능검사 (K-WPPSI)	박혜원, 곽금주, 박광배 (1996) WPPSI-R을 우리나라 실정에 맞게 수정하여 표준화	3세~7세 3개월
카우프만 유아용 개별지능검사 (K-ABC)	문수백, 변창진(1997) Kaufman Assessment Battery for Children을 표준화	2세 6개월~12세 5개월
고대비네검사	전용신(1970)	4~15세
유아지능검사(KISC)	한국행동과학연구소 (1993)	3세 6개월~6세 6개월

아지능검사 등이 있다. 각 검사의 내용 중에서 과학과 관련된 하위 영역인 공간과 수 개념, 사고력 측정과 같은 점수를 부분적으로 활용할 수 있다.

표준화 검사는 평가방법과 절차가 정해져 있는 방법으로 일반적으로 교실 이외의 장소에서 유아의 과학 발달 수준을 진단하고 평가하는 방법

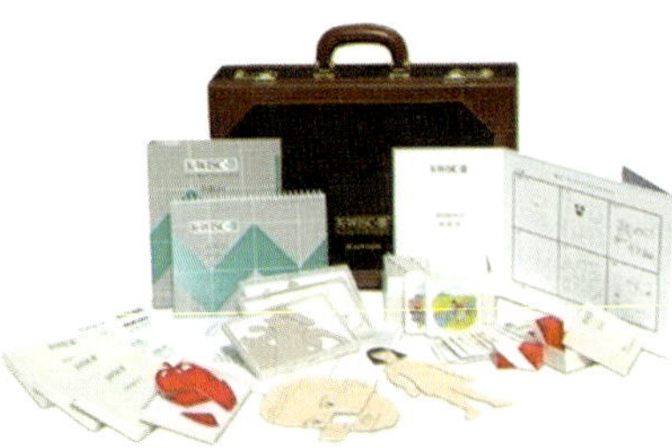

한국 웩슬러 유아용 지능검사

카우프만 유아용 개별지능검사

그림 8-6 **대표적인 지능검사 도구의 예**

이다. 단답형, 짝짓기형, 선다형 등과 같은 다양한 형식의 문항으로 구성된 지필식 검사는 다수의 유아에게 집단으로 실시할 수 있는 장점이 있으나, 유아의 언어능력에 영향을 받으므로 과학능력의 발달과 성취에 대한 정보를 신뢰성 있게 제공하지는 못하는 단점이 있다. 또한 표준화 검사는 과학 지식의 수준은 알아볼 수 있으나 문제해결 과정이나 탐구과정과 같은 질적인 정보를 제공하지는 못한다. 표준화 검사의 결과에 지나치게 의존하여 평가하게 된다면 과학교육이 시험 성적이라는 결과만을 높이기 위한 것이라는 위험한 편향에 빠질 수 있다. 따라서 표준화 검사의 이와 같은 문제를 극복하기 위해 교사의 평가목적과 유아의 발달 수준에 적합한 대안적인 평가방법을 다면적으로 활용하는 것이 필요하다.

표 8-6 **표준화 검사의 장점과 단점**

장점	단점
• 다수의 유아를 대상으로 실시할 수 있다. • 객관적인 자료를 얻을 수 있다. • 다른 유아와 비교가 가능하다.	• 유아의 언어능력에 영향을 받는다. • 문제해결 과정과 같은 질적인 면은 알 수 없다.

4) 총체적 평가

총체적 평가란 포트폴리오 평가라고도 하며, 유아의 과학학습 과정에 관한 정보를 수집하고 종합적으로 해석하는 평가방법으로서 앞서 살펴보았던 관찰법, 면접법, 표준화 검사법과 같은 단편적인 평가방법이 갖는 한계를 넘어 전체적이고 지속적인 평가를 강조하는 대표적인 대안적 평가방법이다(Martin, 2001). 총체적 과학교육의 관점에서 과학교육은 과학적 태도, 과학적 과정, 과학적 결과가 유기적으로 통합될 수 있는 것이어야 한다(권영례, 2000). 이러한 총체적 과학 교육의 관점에서 유아 과학교

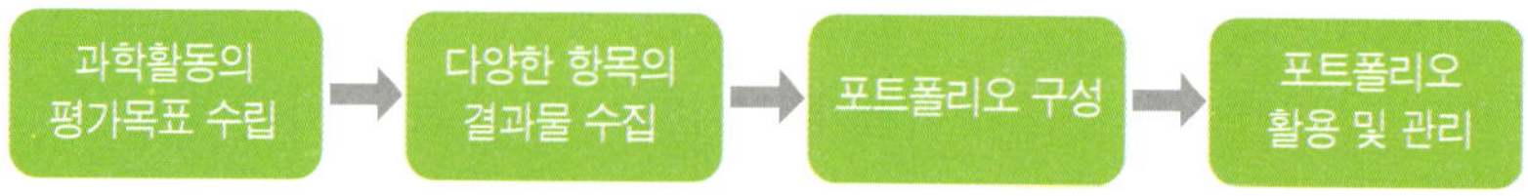

그림 8-7 과학 영역에서 총체적 평가 단계

육 평가 역시 문제를 해결하는 과정에 초점이 맞추어져야 한다는 점에서 총체적 평가는 적절한 정보를 제공하는 평가방법이다.

포트폴리오란 구체적인 목적을 가지고 유아의 발달과 학습에 대한 기록과 증거를 시간의 흐름에 따라 조직적으로 구성하여 정리한 것을 의미한다. 포트폴리오를 이용한 과학 영역에서의 총체적 평가는 유아의 과학적 지식, 기능, 태도의 성장을 관찰하고 기록하기 위하여 유아가 그린 그림, 그래프, 관찰일지 등 과학활동과 관련된 작품과 사진을 유아의 파일에 끼워 두고, 교사의 간단한 설명을 추가하여 유아의 과학에 대한 태도와 성취 정도를 평가하는 방법으로 활용된다. 과학 영역에 총체적 평가 방식을 적용하기 위해서는 먼저 과학활동에 대한 평가목표를 설정하고 그에 적합한 다양한 항목의 결과물을 수집하는 것이 필요하다. 포트폴리오를 활용한 총체적 평가에서는 수집된 결과물 가운데 개별 유아의 파일에 필요한 내용을 골라서 포트폴리오를 구성한 후, 완성된 포트폴리오를 유아 평가 또는 학부모상담 등의 용도로 활용하고 사후 관리를 하는 과정을 거치게 된다.

유아를 총체적으로 평가하기 위해 포트폴리오를 구성할 때는 유아의 그림, 편지와 같은 표상물뿐만 아니라 사진, 비디오테이프, 체크리스트, 일화기록, 관찰기록, 면담내용과 같은 다양한 유형의 결과물을 포함할 수 있다. 예를 들어, 유아의 블록 쌓기 작품이나 음률활동과 같은 경우에는 사진이나 비디오 촬영을 하거나 그림으로 그려서 자료화할 수 있다. 수집된 각각의 자료에는 날짜와 그날의 상황, 특징적인 내용을 간단하게 적어 두

표 8-7 포트폴리오 구성 시 포함될 수 있는 내용과 자료 형식

포트폴리오에 포함될 수 있는 내용	포트폴리오에 포함될 수 있는 형식
• 활동의 요약 • 실험 가설, 실험방법, 자료, 증거, 결과를 기록한 내용 • 유아가 실험한 결과물 • 실험 동안 측정된 모든 자료 • 모든 관찰 목록 • 표, 그래프 • 유아 개별 보고서 또는 모둠별 보고서 • 가정활동지 • 시험 결과 • 현장 견학과 같은 활동의 내용	• 글로 기록한 것 • 녹음한 것 • 사진 • 컴퓨터로 작업하여 출력한 것 • 그림, 도표 • 홈페이지에 올린 내용 • 개념도 • 유아가 자신의 활동을 보여 줄 수 있는 다양한 유형의 기록물

는 것이 좋다. 포트폴리오는 한 달 또는 한 학기와 같은 수집기간을 정해서 작품을 수집하게 되는데, 학기 초와 학기 중반, 학기 말의 작품이 골고루 포함되도록 수집하는 것이 유아의 발달 경향을 파악하는 데 유용하다.

총체적 평가는 표준화 검사와 같은 전통적인 방법과는 다른 평가방법으로서 광범위한 실생활에서 유아에 대한 다양한 정보를 수집한다. 이 과정에서 유아의 창의적인 문제해결력을 개발시키고, 유아 자신의 수행능력에 대한 복합적이고 종합적인 관점을 제공해 준다. 그리고 자신의 포트폴리오에 어떤 결과물을 넣을지 구성하는 과정에 유아도 직접 참여하게 되는데, 이를 통해 독립적이고 자기 주도적인 학습자가 되기 위해서 필요한 능력을 개발할 수 있다는 장점이 있다(Paulson, Paulson, & Meyer, 1991).

유아 과학활동의 과정에 초점을 두고 총체적 평가를 실시할 때에는 과학활동을 통한 지식 습득 여부뿐만 아니라 참여 정도, 활동에 대한 유아의 흥미와 즐거움 정도와 같은 과학적 태도를 함께 평가하는 것이 필요하

다. 포트폴리오를 구성하여 총체적 방법으로 유아를 평가하는 것은 유아의 능력, 흥미, 경험, 발달과 성취에 대해서 보여 주며 이후의 학습과 발달을 위한 유용한 정보를 제공해 준다. 그리고 유아에 관한 풍부한 자료를 바탕으로 개별 유아에 대한 평가가 가능하고, 교육과정 운영 및 개발에 도움이 되며, 학부모상담 시 상호작용을 효과적으로 가능하게 하는 유용한 자료가 된다.

표 8-8 총체적 평가의 장점과 단점

장점	단점
• 총체적이며 질적인 평가가 가능하다. • 유아에 대한 다양한 정보를 수집할 수 있다. • 유아의 발달 경향을 파악할 수 있다. • 유아가 능동적으로 참여할 수 있으며 스스로 평가하는 기회를 갖게 된다. • 학부모상담 시 활용할 수 있다.	• 과학 지식의 수준과 성취를 다른 유아와 객관적으로 비교하기가 어렵다. • 수집된 정보를 주관적으로 해석할 수 있다.

2. 교사평가

과학활동에서 교사의 역할은 유아에게 정답을 요구하거나 정답을 제시하는 것이 중요하다고 생각했는데, 막상 유아와 활동해 보니 유아의 반응을 이끌어 내고 활동을 촉진하는 것이 더 중요하다는 생각으로 바뀌었어요. 하지만 실제로 수업을 하려면 쉽지는 않아요. 막상 수업을 하려니 진행할 순서가 기억나지 않고, '어떻게 하면 알 수 있을까?' 와 같은 과학적 탐구를 촉진하는 질문을 많이 하려고 했는데 수업이 진행되면 교사 주도의 수업이 되어 버리고 말아요.

이 예처럼 교사가 과학교육을 적극적이고 효과적으로 수행하기 위해서는 과학 지식을 알고 있는 것뿐만 아니라 학습자인 유아의 발달 특성과 흥미에 적합한 교수방법을 아는 것이 중요하다. 이를 위해서는 교사가 알고 있는 어려운 과학 지식과 개념을 유아에게 흥미롭고 유아의 발달 단계에 적합한 수준으로 재구성하는 과학 교수행동 및 교수방법에 대한 교사의 전문 지식이 필요하다. 교사의 교수행동을 향상시킬 수 있는 방법 중 하나로 반성적 사고를 통한 자기 성찰의 과정을 들 수 있다. 반성적 교수는 교사가 인식하는 교수행동에서의 문제를 구조화하고 재평가하는 과정을 통해 새로운 이해에 이르러 자신의 교수행동을 바람직한 방향으로 변화시킬 수 있는 방법이다(박은혜, 1996).

과학교수 행동을 구체적으로 분석해 보는 방법에는 교사가 유아의 언어적 반응을 끌어내기 위한 대화인 발문과 유아의 행동에 대한 반응인 교사의 피드백 행동을 분석하는 방법이 있다. 구체적인 내용은 다음과 같다.

1) 교사의 발문과 피드백 평가

발문이란 유아의 언어반응을 이끌어 내기 위한 대안 양식으로 의문문 형태로만 이루어지지 않는다.

발문이란 효과적인 의사소통의 기본이 되며 상호작용적 교수행동의 핵심으로 유아의 흥미를 유발하고 사고를 촉진하며 토론을 이끌어 내는 중요한 역할을 한다. 과학의 과정 기능을 강조하는 교사의 과학적 탐구 발문 형태는 관찰, 추론, 예측, 분류·비교, 문제해결, 그리고 측정을 격려하거나 사실이나 지식을 확인하는 것으로 나누어 볼 수 있다(송언숙, 2005).

피드백 행동이란 유아의 활동이나 반응에 대해서 다시 교사가 반응하

표 8-9 **과학적 탐구 발문 형태**

항목	과학적 탐구 발문 형태	예시
1	관찰 격려	△△이가 ○○을 관찰하고 있구나. 물을 안 준 ○○은 어떻게 되었는지 살펴보자.
2	추론 격려	○○이 왜 찢어졌을까? 왜 그렇게 되었을까?
3	예측 격려	물에 넣으면 어떻게 될까?
4	분류 · 비교 격려	같은 것끼리 모아 보자. 어느 것이 더 길까?
5	문제해결 격려	씨앗은 흙에서만 자랄까? 어떤 것이 얼음을 녹일 수 있을까?
6	측정 격려	어떻게 잴 수 있을까? 얼마나 될까?
7	사실이나 지식 확인	나비는 알에서 애벌레, 번데기, 성충으로 자란단다.

는 것으로 교사 자신의 피드백 유형을 객관적으로 분석하는 것은 상호작용의 질을 높일 수 있다. 교사의 반응인 피드백 행동은 긍정적인 피드백과 부정적인 피드백 행동으로 나누어 볼 수 있다(송연숙, 2005). 먼저 긍정적인 피드백 행동으로는 유아의 응답을 칭찬하기, 유아의 응답을 수용하기, 유아에게 설명하기, 다른 유아에게 응답 기회주기, 유아가 대답하는 데 도움이 되는 단서를 제공하기가 있다. 부정적인 피드백 행동에는 유아의 응답에 반응을 보이지 않는 것, 유아의 응답이 틀렸음을 강조하는 부정, 유아에게 단순히 정답만을 제시하거나 요구하는 것, 유아가 응답하지 않고 있을 때 동일한 질문을 단순히 반복하는 것, 원래 질문과 전혀 관련 없는 새로운 반응을 보이는 것이 있다. 어떠한 피드백이 유아의 과학적 사고를 촉진하고 과학적 흥미를 불러일으킬 수 있을지는 매우 분명하게 나타날 것이다.

표 8-10 교사의 피드백 행동의 분석

구분	피드백 행동 유형	예시
긍정적인 피드백 행동	칭찬	교사가 여러 가지 단어를 사용하여 유아 응답을 칭찬. "매우 좋아." "좋은 생각이야." "훌륭해." 등
	수용	유아의 반응에 대한 단순한 긍정 및 수용. "그래, 맞아." 고개 끄덕임, 유아 응답 반복 등
	설명	유아의 반응이 바른지, 틀렸는지에 대해 이유를 제시하거나 설명함
	다른 유아에게 질문	다른 유아에게도 응답할 수 있는 기회를 제공함
	단서 제공	단서를 주거나 정보에 대해 재진술을 함으로써 유아가 응답하는 것을 쉽게 도와줌
부정적인 피드백 행동	무반응	유아의 반응에 대해 어떠한 반응도 보이지 않음
	부정	유아의 반응이 틀렸음을 표현하거나 여러 가지 단서를 사용하여 유아를 비판하거나 격앙된 방식으로 언어적인 부정을 표현함 "아니야, 틀렸어." "좀 더 집중해서 들어요." "더 배워야겠다."
	정답만 제시	유아에게 정답만을 요구하거나 제시함
	단순 반복	응답을 촉구하는 이야기로 원래의 질문을 반복하여 제시함
	관련 없는 반응	원래의 질문과는 전혀 다른 응답을 요구하는 새로운 반응이나 질문을 함

2) 교사의 과학교수 효능감 평가

과학교수 효능감은 과학교수 개인 효능감과 과학교수 결과기대로 나눌 수 있다. 과학교수 개인 효능감이란 교사가 과학을 효과적으로 지도할 수 있는지의 능력에 관한 신념이고, 과학교수 결과기대는 유아의 과학학습에 영향을 미칠 수 있다고 믿는지에 대한 신념이다(조부경, 서소영, 2000).

과학교수 효능감이 높은 교사는 과학활동에 대한 긍정적인 태도를 형성하고 과학활동을 선호하며(조형숙, 1998), 과학활동 시 교사와 유아 간 상호작용이 보다 빈번하게 보이는(권주영, 2007) 것으로 나타났다. 교사는 자기평가 방법의 하나로 〈표 8-11〉에 제시되어 있는 교사용 과학교수 효능감척도(조형숙, 1998)를 이용하여 자신의 과학교수 효능감을 평가해 보고 자신의 장점과 단점을 파악해 볼 수 있다.

표 8-11 유치원 및 초등학교 교사용 과학교수 효능감척도

문항	전혀 그렇지 않다	거의 그렇지 않다	보통이다	약간 그렇다	매우 그렇다
1. 유아가 특정 과학활동에 대해 보다 적극적으로 참여할 수 있는 것은 교사의 특별한 준비와 노력 때문이다.	1	2	3	4	5
2. 나는 항상 보다 바람직한 과학교수 방법을 찾고 창안하고자 노력한다.	1	2	3	4	5
3. 나 나름대로 열심히 노력을 해도 다른 영역에 비해 과학교육을 위한 아이디어와 교수능력이 부족함을 느낀다.	1	2	3	4	5
4. 만약 우리 반 유아의 과학적 탐구심과 이해능력이 향상되었다면 그 주된 이유는 나의 과학교수 방법이 효과적이었기 때문이다.	1	2	3	4	5
5. 나는 어떤 과학적 방법을 적합하게 가르치는 방법을 잘 알고 있다.	1	2	3	4	5
6. 과학 영역에 대한 유아의 흥미가 낮은 이유는 무엇보다 교사가 과학교육을 적절하게 하고 있지 못하기 때문이다.	1	2	3	4	5
7. 나 나름대로 유아의 발달 특성과 수준에 맞는 과학교육을 잘 하고 있다.	1	2	3	4	5
8. 과학활동에 흥미를 느끼지 못하던 유아가 점차 관심을 갖게 되는 것은 교사가 더 많은 관심과 노력을 기울였기 때문이다.	1	2	3	4	5
9. 나는 유아 과학교육을 위해 필요한 과학 지식과 개념에 대해 충분히 알고 있다.	1	2	3	4	5

10. 교사가 과학교육에 보다 관심을 갖고 노력을 해도 유아의 과학에 대한 흥미와 과학적 성취를 향상시키기는 어렵다.	1	2	3	4	5
11. 유아의 과학에 대한 긍정적 태도와 지식의 습득 정도는 교사에 의해 좌우된다.	1	2	3	4	5
12. 나는 유아가 과학실험의 과정이나 지식에 대한 질문을 할 때 어려움을 느낀다.	1	2	3	4	5
13. 나는 유아의 다양한 과학적 질문에 대해 잘 반응하고 대답해 줄 수 있다.	1	2	3	4	5
14. 나 자신이 과학교수 능력이 충분한지에 대해 자신이 없다.	1	2	3	4	5
15. 과학활동에 자발적인 흥미가 없는 유아를 교사의 특별한 지도로 즐겁게 참여할 수 있도록 하기는 어렵다.	1	2	3	4	5
16. 나름대로 구체적이고 적절한 방법으로 어떤 과학적 개념에 대해 설명해도 유아가 잘 이해하지 못할 경우 당황스러울 때가 있다.	1	2	3	4	5
17. 나는 과학활동을 전개하는 과정에서 유아가 여러 가지 질문을 할 경우 적극적으로 반응하고 상호작용한다.	1	2	3	4	5
18. 나는 교실에서 과학교육을 보다 활발히 진행하여 유아의 탐구심을 북돋아 주기 위해 어떻게 해야 할지 잘 모르겠다.	1	2	3	4	5
19. 나에게 과학교육 시험 수업이 맡겨진다면 무척 부담스럽다.	1	2	3	4	5
20. 교사가 아무리 훌륭한 과학교육 자료와 방법을 활용한 과학활동을 제공하더라도 모든 유아가 잘 이해하고 즐기도록 하기는 어렵다.	1	2	3	4	5

3. 프로그램 평가

유아, 교사에 대한 평가와 더불어 프로그램에 대한 평가도 필요하다. 프로그램 평가란 프로그램의 필요성 및 계획성은 어떠한지, 그리고 프로그램이 유아의 발달에 적합하도록 구성되어 있는지를 살펴보기 위한 평가를 의미한다.

1) 프로그램 평가를 위한 기준

유아 프로그램을 평가할 때는 다음과 같은 다섯 가지의 관점을 고려하여 기준을 마련하여야 한다(Katz, 1993). 첫째는 학급당 유아 수, 유아와 교사의 비율, 교사의 자격 요건, 교재 · 교구와 공간, 안전 관리와 같은 미리 정해진 기준을 제시하는 '위에서 아래로의 관점', 둘째는 실제 프로그램에 참여하고 있는 각 유아가 일상적으로 경험하는 삶에 반영되는 '아래에서 위로의 관점'이다. 셋째는 학부모와 교사가 상호작용하는 과정을 통해 학부모가 경험하고 있는 프로그램을 바라보는 '외부에서 내부로의 관점'이다. 넷째는 프로그램을 제공하고 있는 교사와 동료 교사의 관계, 교사와 부모의 관계, 교사와 유아교육기관의 관계와 같은 '내부의 관점'이다. 마지막으로 지역사회의 시민, 사회 구성원의 입장에서 프로그램을 바

표 8-12 프로그램 평가를 위한 평가 관점과 기준

평가 관점	평가 기준
위에서 아래로의 관점	학급당 유아 수, 유아와 교사의 비율, 교사의 자격 요건, 교재 · 교구와 공간, 안전 관리와 같은 미리 정해진 기준에 적합한가?
아래에서 위로의 관점	프로그램에 참여하고 있는 각 유아가 일상적으로 경험하는 삶은 어떠한가?
외부에서 내부로의 관점	학부모가 경험하고 있는 프로그램의 효과는 어떠한가?
내부의 관점	프로그램을 제공하고 있는 교사와 동료 교사의 관계, 교사와 부모의 관계, 교사와 유아교육기관의 관계는 어떠한가?
외부의 관점	프로그램에 대한 지역사회의 시민, 사회 구성원의 입장은 어떠한가?

라보는 '외부의 관점'이다. 따라서 유아 과학 프로그램의 평가는 프로그램의 목표, 프로그램 실행과정에서의 실용성, 프로그램 목표의 성취도, 기대하지 않았던 부가적인 다른 효과, 프로그램 구성요소, 지역사회에의 기여도 등을 고려하여 평가 기준을 마련한다. 프로그램에 대한 평가자료는 유아 프로그램 운영과정, 유아의 과학적 지식 및 태도의 변화, 교사의 평가 등 전반적인 분야에 걸쳐 수집된다.

2) 프로그램 평가의 유형

프로그램에 대한 평가는 평가의 형식, 목적과 시기, 방식에 따라 그 유형을 구분할 수 있다(이은해, 1995). 구체적인 내용은 다음과 같다.

(1) 평가 형식에 따른 구분

프로그램 평가 형식에 따라 형식적 평가와 비형식적 평가가 있다. 형식적 평가는 정해진 관찰 항목을 중심으로 교실의 환경구성 또는 교사-유아 상호작용과 교사행동을 평가하는 방법이다. 비형식적 평가는 비정기적으로 시행되며 사전에 정해진 틀 없이 교육과정을 수시로 검토하거나 교육 계획안 등을 바탕으로 매일의 프로그램 운영을 점검하는 방법이다. 형식적 평가에 비해 비형식적 평가는 기준이 모호하여 주관적인 평가로 치우칠 수 있다는 단점이 있다.

(2) 평가 목적과 시기에 따른 구분

프로그램 평가 유형은 프로그램 평가 목적과 시기를 고려하여 진단평가, 형성평가 및 총괄평가로 구분할 수 있다. 진단평가는 학기 초나 새로운 단원이 시작되기 전에 실시하는 평가로, 유아의 현재 수준을 파악하여 프로그램의 방향과 목적을 적절하게 설정하는 데 도움이 된다. 진단평가는 유아의 가정환경에 관한 정보, 학습 준비도와 같은 표준화된 검사도구, 교육시설 현황조사를 통해 실시되며, 유아에 대한 사전 이해를 바탕으로 프로그램 운영의 구체적인 계획을 수립하는 데 토대가 된다. 형성평가는 프로그램이 진행되는 과정 중에 실시하는 평가로, 유아의 이해 정도를 파악하고 프로그램에서 계획한 대로 교육적 성취가 이루어지고 있는지를 살펴보는 방법이다. 형성평가에는 그동안의 관찰자료, 행동 목록표, 유아의 작품, 면담자료, 표준화 검사, 포트폴리오 등 다양한 자료를 활용할 수 있다. 교사는 형성평가를 통해 프로그램이 유아에게 적합한지의 여부를 점검하여 보다 적절한 방향으로 프로그램을 수정할 수 있다. 총괄평가는 프로그램 실시 이후 프로그램의 전체적인 효과를 평가하는 것으로, 프로그램에서 목표했던 바가 의도했던 방향대로 이루어졌는지를 알아보는 것이다. 총괄평가는 유아의 과학적 지식, 태도의 변화를 최종적으로 알 수 있게 하며 추후 프로그램을 실시할 때 고려해야 할 점을 알 수 있게 한다. 진단평가와 총괄평가는 교사 또는 외부인에 의해서 실시될 수 있으나, 형성평가는 프로그램 진행과정을 알고 있는 교사에 의해서 실시되는 것이 좋다.

(3) 평가방식에 따른 구분

프로그램 평가 유형은 프로그램 평가방식에 따라 양적 평가와 질적 평가로 나눌 수 있다. 양적 평가는 프로그램의 목표가 어느 정도 성취되었는지를 수량화하여 평가하는 방법이다. 이러한 접근방법에 의한 평가는 프로그램을 통해 목표로 하는 능력이 얼마나 성취되었는지와 같은 결과를 중심으로 평가하는 방법과 프로그램 평가척도를 활용하는 방법이 있다. 양적 검사는 표준화된 도구를 사용하여 성취 결과에 점수를 부여하고 분석하여 프로그램의 효과를 검증하게 되므로 객관적인 효과를 분석할 수 있다. 그러나 프로그램 운영과정을 통해 얻은 다양한 과학 개념의 습

등과 과학적 태도의 변화와 같은 질적인 부분은 상대적으로 관심을 두지 않게 될 수 있는 제한점이 있다. 이를 보완할 수 있는 대안으로 질적 평가를 고려할 수 있다. 질적 평가는 원래 프로그램에서 의도했던 목표 이외에 과학활동 과정에서 나타난 자연스러운 과정과 독특한 반응에 주목한다. 질적 평가는 관찰, 유아의 작품, 포트폴리오, 면접 등의 자료를 활용하여 이루어진다.

이와 같이 유아 과학 프로그램에 대한 평가는 평가의 형식, 목적 및 시기, 방식에 따라 그 유형을 구분할 수 있으며 유형에 따라 다양한 평가 항목이 포함될 수 있다. 과학 프로그램 시행 전 또는 후에 간단히 평가할 수 있는 일반적인 평가도구의 예로 프로그램의 내용, 교수구조, 교수-학습 방법의 구성, 평가, 평등성, 다른 기준과의 부합 등의 항목으로 구성된 평가 척도(Settlage & Southerland, 2007)가 〈표 8-13〉에 제시되어 있다.

표 8-13 유아 과학 프로그램 평가도구의 예

내용
• 연령에 적합한 내용인가? • 유아의 삶에 중요하고 관련이 있는 내용인가?
교수구조
• 과학적인 탐구를 가르치고, 시범을 보이고, 연습하는가? • 유아가 활동에 참여함으로써 내용을 이해하는 데 도움이 되는가? • 유아가 과학적인 사고에 관해서 토론할 충분한 기회를 제공하는가?
교수-학습 방법의 구성
• 배경 지식이 적당하고 명확한가? • 교사용 지도서에 제시된 내용은 수업을 운영하는 데 도움이 되는가? • 구조와 형식이 교사가 따라가기에 쉬운가? • 특별한 교구나 장비가 필요한가?

평가
• 평가도구가 포함되어 있는가? • 형식적, 비형식직 평가가 다양하게 포함되어 있는가?
평등성
• 교구는 편견(인종, 성별, 능력, 연령 등)을 포함하고 있지 않은가? • 특별하거나 다양한 유아에게 적합한 전략을 사용하는가?
다른 기준과 부합
• 과학 프로그램 내용 기준에 적합한가? • 과학 프로그램 탐구 기준에 적합한가?

유아 과학 프로그램은 다양한 교육철학, 교수방법의 영향을 받는 매우 다양한 유기체이므로 프로그램의 효과와 질을 평가하는 데 있어서 한 가지 방법에 의존하면 제한점을 갖게 된다. 따라서 평가의 목적에 비추어 보아 가장 적합한 평가방식을 결정하고 프로그램의 특색뿐만 아니라 프로그램을 실시한 사람들의 특성과 사회문화적 현실을 반영하여 바라보는 것이 필요하다. 프로그램의 평가는 프로그램의 목적, 교육과정, 이론적 배경, 교육의 실제, 교육활동의 가치 등에 대해서 뒤돌아보며 좀 더 나은 방향으로 발전하기 위한 것이 되어야 한다(이진희, 2006). 이를 위하여 다양한 이론과 모형, 다각적인 접근방법을 활용하여 프로그램 평가를 실시할 때 유아의 발달적 요구와 교육적 요구를 보다 잘 지원해 줄 수 있는 프로그램이 될 수 있을 것이다.

1004

$E=mc^2$

제9장

유아 과학교육 프로그램

1. 미국 국립과학아카데미 프로그램
2. 버클리 수과학 프로그램
3. 과학기술과 사회의 관련성을 강조하는 프로그램

이 장에서는 최근 과학교육 프로그램의 경향인 직접 실험을 통한 탐구 과정을 중심으로 하는 유아 과학 프로그램과 과학과 사회, 환경과 인간의 관련성을 강조한 프로그램의 내용과 특성에 대해서 각각 살펴본다. 탐구 과정중심 과학교육 프로그램으로 최근에 개발되어 사용되고 있는 미국의 국립과학아카데미 프로그램(STC)과 버클리 수과학 프로그램(GEMS)을 소개하며, 과학과 사회의 관련성을 강조한 프로그램(STS)의 전반적인 내용을 소개한다.

1. 미국 국립과학아카데미 프로그램

미국의 STC(Science and Technology for Children) 프로그램은 구성주의 관점에 기초한 과학의 과정을 강조하는 최근 프로그램으로 다양한 실험 · 실습 활동으로 구성되어 있다. STC 프로그램의 구체적인 내용은 다음과 같다.

1) STC 프로그램의 개요

STC는 스미소니언 박물관으로 유명한 스미소니언 연구소와 국립과학아카데미(National Academy of Science)가 미국 초등학생의 과학교육을 진흥시키고자 공동으로 설립한 국립과학자료센터(National Science Resources Center: NSRC)가 1988년부터 1997년까지의 10년간에 걸쳐 개발한 교육자료다. 유아가 흥미와 관심을 갖도록 고안된 '계획된 창의적 실험 · 실습 활동'으로 구성된 학습 프로그램으로 유치원부터 초등학교 6학년을 대상으로 한다. STC 프로그램은 프로그램의 출판을 담당한 회사(Carolina Biological Supply Company)의 홈페이지에서 프로그램의 개발

배경 및 과정, 세부적인 프로그램의 운영계획, 확장활동을 위한 자료, 프로그램의 효과 등을 소개하고 있다.

그림 9-1 STC 프로그램 소개 사이트

출처: http://www.carolinacurriculum.com/stc/pilot.asp for more information

Science and Technology for Children (STC)
National Science Resources Center, Arts and Industries Building,
Room 1201, Smithsonian Institution, Washington, DC 20560
(202) 357-2555, Fax: (202) 786-2028

그림 9-2 STC 프로그램 사무국 연락처

2) STC 프로그램의 구성

STC 프로그램에서는 유아에게 풍부한 내용의 자료를 제공하여 관련된 많은 지식과 기술적인 정보를 알 수 있게 하며 더 높은 수준의 탐구가 원활하도록 도움을 준다. 과학교육 내용에서 관찰, 측정, 동일시하기, 증거 찾기, 패턴 인식하기, 원인과 결과 알기, 감각 확장시키기, 실험 고안하기와 실행하기 능력의 발달에 초점을 두고 있다.

STC 프로그램은 〈표 9-1〉과 같이 1단계부터 6단계로 이루어져 있으며 단계별로 4개의 세부 내용이 포함되어 있어 총 24개의 탐구중심 활동으로 구성되어 있다. 단계별 활동은 세부적으로 생활과학, 지구과학, 물리와

표 9-1 STC 프로그램 각 단계별 내용

단계	세부 과학 영역			
	생활과학 (life science)	지구과학 (earth science)	물리와 기술 (physical science with technology)	
1단계	식물과 동물 (organism)	날씨 (weather)	고체와 액체 (soils and liquids)	비교와 측정 (comparing and measuring)
2단계	나비의 일생 (the life cycle of butterflies)	흙 (soils)	변화 (changes)	균형과 무게 (balancing and weighing)
3단계	식물의 성장 (plant growth and development)	암석과 미네랄 (rocks and minerals)	화학실험 (chemical tests)	소리 (sound)
4단계	동물 연구 (animal studies)	육지와 물 (land and water)	전류 (electric circuits)	동작과 디자인 (motion and design)
5단계	돋보기로 관찰하기 (microworlds)	생태계 (ecosystem)	음식 속 화학 (food chemistry)	뜨는 것과 가라앉는 것 (floating and sinking)
6단계	식물을 이용한 실험 (experiments with plants)	측정 (measuring time)	자석과 동력 (magnets and motors)	종이 속 과학 (technology of paper)

기술을 주제로 하는 활동이 제공된다. 예를 들어, 1단계의 경우 생활과학 영역에서는 식물과 동물, 지구과학 영역에서는 날씨, 물리와 기술 영역에서는 고체와 액체 그리고 비교와 측정에 관한 활동을 제공한다. 각 활동은 과학적 추론능력 발달을 강조하는 수학교육, 언어교육, 사회교육, 예술교육과 통합되어 있다.

STC 프로그램에서는 유아가 읽을 자료와 활동지가 포함된 유아용 교재를 제공하고 있다. 소주제별로 교재를 제공하며 유아용 교재의 내용은 주제와 관련 있는 사진자료와 함께 관련 내용이 소개되고, 사진과 함께 제공되는 용어사전, 더 높은 사고를 위한 질문, 재미있고 흥미로운 사실 등으로 구성되어 있다. STC 1단계 프로그램 중 생활과학 영역의 식물과 동물에 관한 교재와 지구과학 영역의 날씨에 관한 교재는 [그림 9-3]과 같다. 이러한 유아용 교재뿐만 아니라 교사용 지침서와 비디오 자료를 제공하여 효과적인 수업 운영을 위해 제공되는 자료를 어떻게 활용해야 하는지를 자세히 설명하고 있다. 한편 STC는 유아가 직접 조작하고 실행해 보는 과정을 중심으로 하는 실험을 강조하는 과학활동 프로그램이지만 프로그램을 수행하기 위해서는 유아의 언어 능력이 많이 요구된다는 한계가 있다.

그림 9-3 STC 프로그램에서 사용하는 교재

3) STC 프로그램의 학습목표와 학습법

(1) 탐구와 발견을 통한 학습 증진

STC 프로그램은 일상생활에서 쉽게 접할 수 있는 기본적인 과학기기를 이용하여 아동을 탐구와 발견의 길로 이끌어 준다. 이러한 직접 조작하고 실험해 보는 실험을 통한 동기 유발식 학습법은 아동에게 내재되어 있는 호기심을 끌어내어 그들이 흥미를 갖도록 자극한다. 이런 방법이 아동으로 하여금 과학에 대해 더 많이 배우도록 유도한다고 본다.

그림 9-4 **STC 프로그램에 참여하고 있는 유아의 모습**

(2) 총체적 학습

STC 프로그램은 중요한 과학 개념에 대한 교육만이 아니라 아동의 논리적 사고력도 증진시켜 준다. STC 프로그램을 통해 관찰, 측정, 분석과 같은 다양하고 재미있는 활동에 참여하게 되며 생명, 지구, 물리와 같은 분야에 대한 실험을 하게 된다. 이렇게 학생이 직접 참여하는 과정을 통해 단순히 과학을 가르치는 것이 아니라 학생 스스로 '발견'하도록 도와준다. STC는 아동의 호기심을 끌어내고 흥미를 자극하는 동기 유발식 직접 실험(hands-on) 활동을 통해 과학 개념을 학습시킨다. 학생 스스로 계획하고 조사하며 실험하여 발견하도록 하기에 학생의 문제해결력이 향상되며, 과학 개념의 학습만이 아니라 분석력과 논리적 사고력의 증진이 가능하여 성적이 향상된다고 본다.

4) STC 프로그램의 효과 검증 결과

미국 캘리포니아 주 엘센트로 지역 학생을 대상으로 한 연구에서는 1995년부터 1999년까지 스탠퍼드 9개 지역의 시험 결과 단순 교과서로 학습한 학생보다 STC 프로그램을 채택한 학생들이 과학, 수학, 독해 및 작문에서 더 우수한 점수를 받았다. 그리고 미시간 주 전체 학생에게 실시된 과학교육 평가 프로그램의 분석 결과 STC로 학습한 학생의 점수 향상률은 6~30%로 나타났는데, 이는 비교집단의 과학 성적이 평균 3.2%가 향상된 것에 비해 훨씬 높은 결과다.

5) STS 프로그램 운영의 예

13과	액체의 경주
학습목표	1. 서로 다른 액체 중 어떤 것이 더 빠르게 움직일지 예측해 본다. 2. 자신의 가설을 시험하기 위하여 액체의 경주를 실시한다. 3. 자신의 결과를 기록하고 토의를 통해 비교해 볼 수 있다.

준비물	• 유아별 준비물: 수첩, 연필, 활동지 • 유아 두 명당 한 세트로 준비할 것: 흰색 플라스틱 숟가락 2개, 플라스틱 접시 • 전체 준비물: 갱지, 서로 다른 색 매직 2개, 액체의 성질을 기록할 표, 식물성 기름 15컵, 물 15컵, 풀 15컵, 초록색 샴푸 15컵, 신문지, 화장지, 휴지통, 비닐봉지
활동자료	
활동 준비	1. 유아별로 활동지를 준비한다. 2. 종이 위에 '액체의 경주' 라고 제목을 쓰고 제목 아래에 네 칸을 그린다. 각 칸에는 '샴푸와 풀' '물과 기름' '물과 풀' '샴푸와 기름' 이라고 제목을 쓴다. 3. 반의 유아를 두 명씩 짝지어 각각 두 종류의 액체를 가지고 실험을 진행한다(예: 전체 유아가 15쌍이라면 4쌍은 샴푸와 풀, 4쌍은 물과 기름, 4쌍은 샴푸와 기름, 3쌍은 기름과 풀을 가지고 실험한다). 4. 교사용 책상 중앙에 플라스틱 접시, 화장지, 신문지와 숟가락을 놓고 필요한 만큼의 용액이 담긴 컵을 정리해 둔다. 5. 쓰레기통과 비닐봉지도 가지런히 놓는다.
실험과정	1. 유아가 가지고 있는 선행 지식을 이용하여 샴푸와 물에 대해서 비교해 보도록 질문한다. 어떤 것이 기름종이에서 더 빨리 움직일까? 어떤 것이 가방에서 더 천천히 움직일까? 2. 두 개의 액체를 가지고 실험을 하게 될 것임을 알려 주고 어떤 액체가 미끄러운 표면에서 더 빨리 움직이게 될지 알아보게 될 것임을 알려 준다. 3. 활동지를 나누어 주고 각 쌍의 유아가 실험하게 될 액체의 종류를 활동지에 기록하게 한다. 그리고 어떤 액체가 달리기 시합에서 이길지를 예측하여 그 이유를 간단히 기록하게 한다.

실험과정

4. 책상에 신문지를 펼치고 교사용 책상에서 플라스틱 접시, 숟가락, 액체가 담긴 컵을 가지고 오도록 한다.
5. 접시 끝쪽에 두 종류의 액체를 숟가락으로 조금씩 떨어뜨리도록 한다. 각 방울 사이는 최소한 2.5cm 정도 떨어지도록 하며 10센트 동전 크기로 떨어뜨리도록 한다. 방울의 크기가 주요한 변수가 되므로 유아가 떨어뜨린 방울을 확인하여 교사가 조정해 주도록 한다.
6. 실험을 시작하기 전에 이 시합은 아주 빨리 끝날 수 있으므로 어떤 일이 일어나는지 주의 깊게 관찰하도록 언급해 준다. 유아가 접시를 수직으로 세워 실험을 시작하며, 두 개의 방울이 모두 접시 바닥에 떨어질 때까지 수직으로 들고 있도록 한다. 실험과정은 신문지 위에서 이루어지도록 주의를 준다.
7. 달리기 시합이 끝나자마자 활동지에 어떤 액체가 이겼는지 기록하도록 한다. 시간 여유가 있고 실험 기회를 더 주고자 한다면 유아끼리 접시를 바꾸어 새로운 액체로 실험을 해 보게 한다.
8. 액체 방울들의 달리기 시합이 끝나면 신문지, 플라스틱 접시, 숟가락은 쓰레기통에 버리고 사용 후 남은 액체가 담긴 컵은 교사용 책상으로 모으도록 한다. 이때 흘린 액체를 화장지를 이용하여 치우도록 한다.

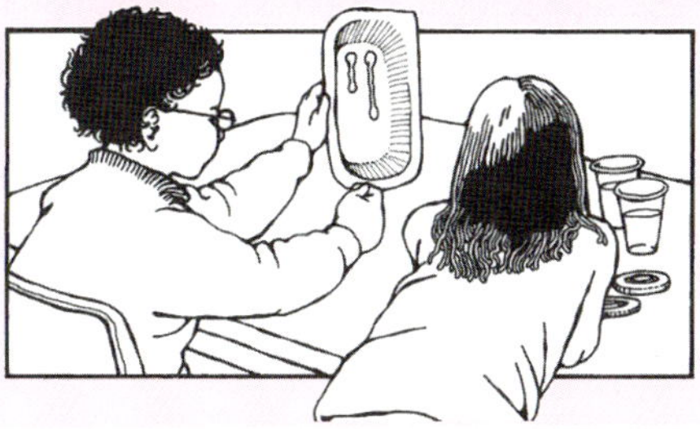

1. '액체의 경주' 표를 전시한다. 실험 결과를 공유할 수 있도록 적절한 칸에 결과를 기록하도록 한다.
2. 각 유아가 실험 결과를 기록하는 동안 실험한 액체 쌍 중에서 어떤 액체가 더 끈적거렸는지 서로 다른 색 매직을 이용하여 액체의 이름에 동그라미 표시를 하도록 한다.
3. 다음 질문에 대해 토의하도록 한다.
   - 어떤 실험 결과가 놀라운가?
   - 실험 결과가 처음 예상과 같았는가?
   - 액체의 끈적거림은 액체가 움직이는 데 어떻게 영향을 미쳤는가?

최종 활동	4. 유아와 함께 '액체의 성질' 표를 보며 어떤 액체가 더 끈적였는지, 어떤 액체가 더 잘 흘렀는지를 바탕으로 오늘 관찰한 결과를 요약해 본다. 유아의 반응을 표에 기록한다. 5. 유아 각자 자신의 과학 저널을 쓰도록 하고 지난 실험에서 자신이 기록한 액체에 대한 그림과 기록에 대해 살펴보도록 한다. 그 후 자신이 이번 실험을 통해 새롭게 알게 된 사실을 기록하도록 한다. 
확장활동	〈과학 영역〉 다른 액체를 조합하여 방울 경주를 더 실시해 보도록 한다. 예를 들어, 물은 언제나 경주에서 이기고 샴푸는 언제나 경주에서 지는지 알아보도록 격려한다. 그리고 따뜻할 때 혹은 차가울 때에 따라 흐르는 것에 차이가 있는지 알아보도록 한다. (따뜻한 창가나 난로 가까운 곳에 액체가 담긴 컵을 두어 따뜻하게 한다.) 유아가 접시의 각을 바꾸어 보거나 물방울의 크기를 다르게 하면 결과가 달라지는지를 관찰해 보게 한다. 마분지를 이용하여 실험을 하면 경주는 더 느려지고 방울이 흘러간 길이 나타난다. 〈언어 영역〉 도서 영역이나 공공도서관에서 물방울의 흐름에 관련된 책을 찾아 읽고 짧은 글을 지어 본다. 〈예술 영역〉 하얀색 도화지 위에 작은 방울을 떨어트리고 빨대를 이용하여 불어서 창의적인 형태로 표현해 본다.
활동을 통한 유아의 성취 내용	이 활동을 통하여 유아는 다음과 같은 사실을 알게 된다. 1. 고체와 액체의 특성을 주의 깊게 관찰하는 것만으로도 알 수 있다. 2. 고체와 액체의 어떤 특성은 실험을 통해서만 알 수 있다. 3. 액체는 관찰과 실험을 통해 알 수 있는 독특한 특성이 있다. 4. 액체와 고체는 유사점과 차이점이 있다.

2. 버클리 수과학 프로그램

두 번째로 살펴볼 미국의 버클리 수과학 프로그램(Great Explorations in Math and Science: GEMS)은 구성주의 관점에 기초한 과학의 과정을 강조하는 프로그램으로 유아가 직접 참여하는 다양한 실험 · 실습 활동으로 구성된 수과학 통합 프로그램이다. GEMS 프로그램의 구체적인 내용은 다음과 같다.

1) GEMS 프로그램의 개요

GEMS는 미국 캘리포니아 버클리 대학교의 수학/과학 프로그램 센터인 로렌스 과학센터(Lawrence Hall of Science: LHS)에서 개발한 수학/과학 교육 프로그램으로서 유치원부터 중학교까지를 대상으로 하는 교사용 학습 지도 안내서와 지도자료로 구성되어 있다. GEMS는 학생

LHS GEMS

GEMS Great Explorations in Math and Science

Lawrence Hall of Science
University of California, Berkeley

LHS

Write to: University of Califormia, Berkeley Gems
Lawrence Hall of Science #5200 Berkeley, CA 94720-5200
Phone: (510) 642-7771 Fax: (510) 643-0309
e-Mail: gems@bcrkeley.edu

그림 9-5 GEMS 프로그램의 로고와 GEMS 사무국 연락처

이 스스로 의문을 갖게 하고 이를 교사가 적합하게 지도하여 결과를 발견할 수 있게 하는 학생 중심의 학습방법을 채택하고 있어 현장에서 많이 사용되고 있는 프로그램 중 하나다. GEMS의 많은 단원은 과학에 초점을 맞추고 있지만 과학과 수학이 어떻게 서로 조화되고 있는지 잘 보여 준다. GEMS 프로그램은 지난 2000년부터 권영례 교수에 의해 한국에 보급되어 전국의 유치원, 어린이집에서 과학교육 프로그램으로 활용되고 있다.

글상자 9-1 | 로렌스 과학센터 소개

로렌스 과학센터(Lawrence Hall of Science: LHS)는 캘리포니아 주립대학의 첫 번째 노벨상 수상자인 로렌스 박사를 기념하기 위해 1968년에 세워진 수학/과학 교육센터다. 로렌스 과학센터(LHS)는 일반인의 과학교육에 필요한 워크숍, 강좌, 전시회, 영화 제작뿐만 아니라 생일파티와 같은 특별 이벤트 등 다양한 행사를 개최하고 있다. 미국의 교육부, 국립과학재단(NSF), 미국항공우주국(NASA) 등 여러 기관과 단체의 지원하에 프로그램을 개발하여 로렌스 과학센터와 학교, 과학관, 박물관 등을 통해 프로그램을 보급하고 있다. 로렌스 과학센터 홈페이지에는 현재 운영하고 있는 프로그램에 대한 소개와 유아를 위한 과학정보, 재미있는 아케이드 게임을 제공하고 있다.

LHS LAWRENCE HALL OF SCIENCE
UNIVERSITY OF CALIFORNIA, BERKELEY

University of California, Berkeley
Lawrence Hall of Science #5200
Berkeley, CA 94720-5200
tel: 510-642-5132
e-mail: lhsweb@berkeley.edu

홈페이지: http://www.lawrencehallofscience.org/

2) GEMS 프로그램의 구성

GEMS는 과학의 내용 중 천문, 지구과학, 수학, 생물, 환경과학, 물리, 화학, 일반과학을 다루고 있다. 8개 과학의 내용 기준으로 구분되는 프로그램에는 주제별로 세부적인 활동이 구성된다. 현재까지 총 63개에 이르는 다양한 주제와 활동으로 구성되어 있다. 이러한 활동은 전미과학교육기준(NSE)의 학습목표에 적합하게 개발되었으며 협동학습, 문제해결력, 문자자료와 언어기술의 연관성, 현실세계에서의 타당성을 강조하고 있다. GEMS 프로그램의 모든 활동과 탐구는 실제 활용에 기초하여 개발되었고 구성주의 학습이론이 포함되었다. 그리고 과목별 또는 다른 과목과의 상호관계를 심도 있게 다루고 있다. 아울러 GEMS는 각 단원이 이해와 지식을 발달시켜 주는 활동학습으로 구성되어 있다.

GEMS 프로그램에는 보다 어린 연령인 만 4~6세에 적용할 수 있는 언어, 극놀이, 동작, 놀이 등 다양한 활동으로 구성된 수과학 통합 프로그램으로 개발된 Peaches(Primary Explorations for Children and Educators in Science) 활동도 함께 구성되어 있어 폭넓은 연령의 유아에게 적용 가능하다는 장점이 있다. Peaches 프로그램에는 영유아용 활동임을 나타내는

표 9-2 GEMS 프로그램 내 영유아용 수과학 통합 프로그램인 Peaches의 로고와 활동내용

로고	Peaches 활동
PEACHES	나무의 동물 집(Tree Homes) 나비 숨기기(Hide A Butterfly) 무당벌레(Ladybug) 땅속의 개미집(Ant Homes under the Ground) 알, 알, 알(Eggs Eggs Everywhere) 어른 코끼리, 아기 코끼리(Elephants and Their Young) 어른 펭귄, 아기 펭귄(Penguinsand Their Youngs) 엄마 생쥐와 아기 생쥐들(Mother Opossum and Her Babies)

복숭아 모양의 로고가 활동지에 표시되어 있어 쉽게 알아볼 수 있으며 구체적인 활동내용은 〈표 9-2〉와 같다.

3) GEMS 프로그램의 학습목표와 학습법

GEMS는 LHS 센터의 교사연수 프로그램에 참여한 교사에 대한 조사결과를 토대로 교사는 효과적인 실험 중심의 수학/과학 교재 · 교구와 효과적이고 독창적인 활동을 요구한다는 사실에 기초하여 개발되었다. GEMS는 매우 유연하게 적용할 수 있는 풍부한 내용으로 구성된 프로그램으로 유아의 학습을 깊고 풍부하게 도울 수 있다. 유아의 연령별로 활용할 수 있는 프로그램을 선택하여 적용할 수 있으며 구성주의적 접근법을 적용하여 유아가 스스로 지식을 더 폭넓게 구성하고 구성된 지식이 더 오랫동안 지속될 수 있도록 하는 효과가 있다.

(1) 유아가 함께 참여하는 활동

GEMS는 유아가 활동에 참여하는 것을 매우 장려하는 프로그램이다. 이 프로그램의 주요한 목표이자 평가방법은 모든 유아의 관심과 참여를 최대화하는 것으로, 유아가 도전을 통해 멋진 상상을 펼치는 것을 강조한다. 유아는 직접적인 경험과 실험을 통해 주요 원리와 개념을 알게 되며 수학과 과학 활동에서 성공적인 경험을 하게 된다. 유아가 성장하면서 자신의 배움의 질을 높이고 이를 통해 과학을 공부하는 것을 계속 좋아하게 된다고 본다.

(2) 교사가 성공적으로 수업을 운영할 수 있는 활동

GEMS는 교사용 지도서를 통해 교사가 활동을 성공적으로 할 수 있도록 도움을 주고 있다. GEMS 프로그램은 교사에게 하나의 예로 작용하며 교사가 자신의 교수에 대해서 좀 더 탐구 중심의 활동을 할 수 있도록 격려한다. 단계별로 제시된 활동들은 모든 교사가 활동을 성공적으로 제시할 수 있도록 도움을 준다.

(3) 쉽게 구할 수 있는 재료를 활용한 활동

GEMS 교구는 효과적이고 실용적이며 경제적이고 계획에 따라 자유롭게 적용할 수 있는 양질의 수·과학 교구를 목표로 개발되었다. 물론 GEMS 활동에 필요한 재료 세트를 따로 판매하고 있기도 하지만, GEMS에서 사용하는 대부분의 교구는 일상생활에서 사용하는 것이므로 저렴한 가격으로 쉽게 구해 사용할 수 있다는 장점이 있다.

4) GEMS 프로그램의 효과 검증 결과

GEMS 프로그램은 2001년 미국의 수·과학 교육 전문가 패널 평가에서 촉망되는 교육 프로그램으로 선정되었다. 최근에 이루어진 구체적인 교육 효과 관련 연구에서는 샌프란시스코에서 GEMS 프로그램 중 지구, 달, 별에 관한 활동을 대상으로 프로그램의 효과를 검증한 결과 지구의 형태 및 중력과 같은 내용에 대해 잘 이해함을 보여 주었다. 전통적인 우주 관련 과학 프로그램을 적용한 비교집단에서는 이러한 변화가 발견되지 않았다(Granger, Bevis, Saka, & Southerland, 2009). 뿐만 아니라 교사가 자신의 과학 지식을 재구성하고 적용하는 데에도 전통적인 과학 프로그램에 비해 효과가 나타났다. 은하수 프로그램 실시 결과, 유아의 관찰능력과 과학적 평가기술이 향상되었고 비교집단에 비해 호기심이 유의하게 증가하였다.

5) GEMS 프로그램 운영의 예

유치원 연령부터 적용 가능한 활동의 예로 비눗방울 축제활동을 소개하고자 한다. '비눗방울 축제' 라는 제목의 활동지로 구성된 이 교재는 교실에서 비눗방울을 소재로 유아가 직접 실험과 활동을 수행하면서 물리적, 화학적 내용을 다루어 볼 수 있는 활동으로 구성되어 있다. 이 활동은 '비눗방울 모양' '비눗방울 크기 측정' '비눗방울의 구조' '몸과 비눗방울' 등 12개의 활동을 통해 비눗방울과 관련된 다양한 물리적 현상을 경험하고 자신의 질문을 구성하여 대답을 찾아가는 과정을 고안해 내는 것을 목표로 한다. 이를 통해 유아에게 주의 깊은 관찰과 분석 능력을 길러 줄 수 있다. 12개의 활동 중 첫 번째 활동인 '몸으로 비눗방울 만들기' 활동은 다음과 같다.

그림 9-6 '비눗방울 축제' 활동지 표지와 비눗방울 활동을 하고 있는 유아의 모습

- 활동명: 몸으로 비눗방울 만들기
- 활동에 필요한 준비물: 비눗물을 담을 용기 1~2개
- 활동 준비
  - 용기에 비눗물을 반쯤 채워 둔다.

- '몸으로 비눗방울 만들기' 팻말을 세워 둔다.

■ 주의할 점

- 유아에게 넓은 공간이 제공되어야 한다.
- 활동 영역을 자주 닦아 준다.

■ 활동내용

- 손가락을 사용해서 책상 위나 공중에 비눗방울을 만들어 불어 봅시다.

- 두 손을 이용하여 비눗방울을 만들어 봅시다.

- 빨대를 이용하여 비눗방울을 만들어 봅시다.

■ 우리의 질문

- 비눗방울 하나를 몇 명이나 같이 불 수 있을까?

- 비눗방울이 팔을 따라 흘러내리게 할 수 있을까?

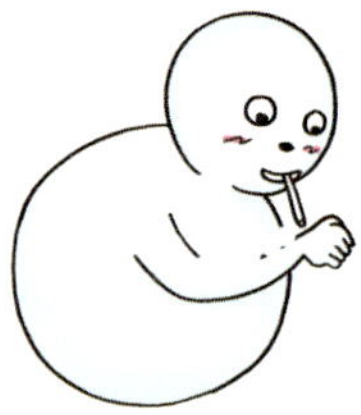

■ 추가학습

- 몸으로 비눗방울 만드는 방법을 자세히 설명하는 보고서를 써 본다.
- 집에서 거품 목욕을 해 보고 목욕을 하면서 새롭게 발견한 것에 대해 이야기해 본다.
- 다음 문장을 완성하여 써 본다.

  '비눗방울은 __________ 이다.'
  '비눗방울은 __________ 이 아니다.'
  '비눗방울을 잘 부는 요령은 __________ 이다.'

비눗방울 만들기 활동은 유아가 몸을 움직이면서 하는 매우 활동적인 실험이므로 주교사 이외에 보조교사가 필요한 경우가 있는데, 보조교사가 유아의 활동을 지원할 때 알아두어야 할 내용을 별도로 소개하고 있다.

유아가 최대한 활동을 스스로 구성하고 경험해 볼 수 있는 구성주의 학습 방법을 적용하고 있으므로 보조교사 역시 주교사와 동일하게 일관적인 태도로 유아의 학습을 도울 수 있는 구체적인 활동 지침을 제공하고 있다. 그리고 다문화 사회의 모습을 반영하여 영어로 제공되는 활동지 이외에 스페인어를 모국어로 사용하는 유아를 위해 스페인어로 구성된 교재도 함께 제공하고 있다.

글상자 9-2 | 보조교사를 위한 활동 지침

몸으로 비눗방울 만들기

당신의 임무는 유아가 스스로 새로운 것을 발견하도록 도와주고, 안전에 유의하도록 하며, 활동 영역을 자주 닦아 주는 것입니다. 영역에 있는 팻말을 보고 유아가 어떤 활동을 하는지 알아두십시오. 만일 팻말의 글을 못 읽는 유아가 있으면 자세히 알려 주십시오. 유아에게 질문을 하거나 스스로 시도해 볼 기회를 주는 것은 좋으나 직접 시범을 보이지는 마십시오. 유아가 스스로 할 수 없는 특별한 경우에만 시범을 보여 주십시오.

유아에게 질문을 할 때에는 다음과 같이 개방형 질문을 하도록 하십시오. "어떤 사실을 발견했지? 왜 그런 일이 일어난다고 생각하지?" 유아에게 또 다른 시도를 하도록 할 때에는 다음과 같이 질문하는 것이 좋습니다. "두 손을 사용하여 비눗방울을 만드는 다른 방법은 없을까? 네 개의 손을 사용하여 비눗방울을 만들 수는 없을까?"

유아에게 설명을 하려는 유혹에 빠지지 마십시오.

유아가 다른 영역에 정신을 팔거나 왔다 갔다 하며 소란스러우면 활동에 주의를 집중하도록 주의를 주십시오. 안전하지 않은 활동을 할 때에는 즉시 중지시키십시오. 하지만 비록 어리석은 행동이라 하더라도 유아에게는 학습의 경험이 된다는 사실을 명심하십시오. 몇몇 위대한 과학적 발견은 다른 과학자의 비웃음을 극복하고 이루어진 것입니다.

[비눗방울 영역을 관리할 때의 주의사항]
· 비눗물이 묻은 책상은 미끄러우므로 유아에게 주의하도록 한다.
· 비눗물이 묻은 책상을 자주 닦아 준다.
· 바닥에 비눗물이 떨어지면 신문지로 덮어 둔다.
· 용기의 비눗물을 다 사용하면 다시 채워 준다.

3. 과학기술과 사회의 관련성을 강조하는 프로그램

세 번째로 살펴볼 과학기술과 사회의 관련성을 강조하는 프로그램(Science and Technology in Society: STS)은 최근 우리나라에서도 많이 적용하고 있는 환경교육 프로그램과 유사한 맥락의 접근법이다. STS 프로그램의 구체적인 내용은 다음과 같다.

1) STS 프로그램의 개요

1970년대 중반 이후 전통적인 과학교육에 몇 가지 문제점이 발견되었다. 학생들이 과학을 매우 어렵게 인식하며, 유아가 과학 개념을 잘 이해하지 못할 뿐더러 과학교육이 과학 탐구능력의 함양에 효과적이지 못하다는 점이었다. 더구나 학생들이 과학에 대한 부정적인 생각을 가지게 되는 경향도 증가하였다. 이러한 현실을 개선하기 위하여 과학교육의 목표를 과학, 기술, 그리고 사회의 관련성을 이해하고 과학적으로 소양 있는 시민을 양성하는 교육으로의 전환을 모색하게 되었다. 즉, 유아가 자신의 일상생활에서 접하게 되는 과학기술과 관련된 최근 사회문제를 찾아서 합리적으로 해결하고 의사결정을 할 수 있는 과학적 소양을 기르며 과학-기술-사회의 관계에 대해서 흥미와 관심을 갖도록 하는 것이다. 다시 말해, 과학교육은 사고 탐색, 논리적 문제해결 능력의 증진, IQ 점수, 언어 및 대화 능력, 읽기능력, 수학적 기술, 그리고 사회적 능력을 증진시키는 것과 같은 전통적인 가치뿐만 아니라 기아, 에너지 고갈, 환경오염과 같은 사회문제를 해결하는 주 원동력이 될 수 있다고 보는 관점이다. 이러한 관점에 기반한 과학교육 프로그램으로는 STS가 있다.

STS는 과학(Science), 기술(Technology), 사회(Society)의 머리글자를 사용하여 만든 단어로 과학, 기술, 사회 간 상호작용을 과학학습에서 다루는 과정이다. STS 프로그램의 목표는 과학자 양성을 목적으로 한 탐구중심, 지식중심 과학교육을 개혁하기 위한 방향으로 '과학적 소양 함양' 과 '모든 이를 위한 과학교육' 이라는 내용을 포함한다. STS 프로그램은 구성주

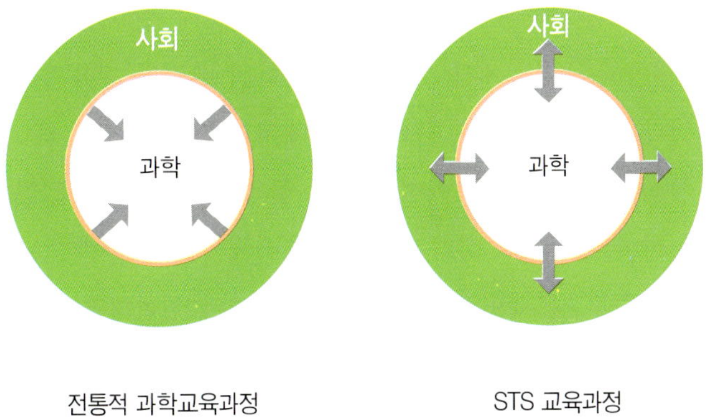

그림 9-8 전통적 과학교육과정과 STS 과학교육과정의 비교

의 학습 모델에 기반하고 있다. 유아는 자신에게 유용하고 필요한 정보를 다루기 때문에 보다 잘 이해할 수 있으며 탐구 결과를 자신의 삶에 잘 적용할 수 있다고 본다. 유아는 실제 문제와 이슈에 직접 참여하면서 문제를 해결하는 과정을 배우는 것이다. 이러한 실제적인 문제를 다루는 과정을 통해 유아는 과학과 기술에 대해 더 잘 이해할 수 있고 과학과 기술이 우리 삶에 미치는 영향에 대해서 생각해 볼 기회를 갖게 된다.

2) STS 프로그램의 구성

STS 과학교육 프로그램은 과정중심, 탐구중심 과정을 강조하면서 동시에 여러 교과 영역과의 통합을 모색하여 보다 풍부한 프로그램을 제공하고 있다. 과학활동 과정에 말하기, 듣기, 읽기, 쓰기와 같은 언어활동을 포함하고 있으며 측정, 분류와 같은 수학활동을 포함하고 있다. 유아의 경우 미술활동, 음률활동, 신체활동을 통해 보다 풍부하게 자신의 생각과 느낌을 표현하고 관찰한 내용과 가설을 구조화시킬 수 있을 것이다.

이렇게 과학 프로그램에서 다양한 교과 영역을 통합하는 것은 자연스러운 과정이다. 여러 교과과정이 통합되는 방법에는 데이지 모델과 장미 모델의 경우를 생각해 볼 수 있다(Martin, 2006). 이 두 가지 모델은 서로 교과목이 통합되는 과정에서 서로 다른 철학적 배경과 교육적 효과가 나타날 수 있다는 차이가 있다. [그림 9-9]에서의 그림과 같이 데이지 모델은 꽃의 중심이 확연하게 보이며 각각의 꽃잎이 중심을 향해 있다. 데이지 모델에 의한 통합적인 과학교육 프로그램에서는 중심이 되는 과학 영역에 다른 영역은 각 영역의 특징을 살려 보조적인 형태로 더해진다. 예를 들어, 마찰을 중심 주제로 선택하였다면 수학은 거리와 시간을 측정하는 데 사용되며, 마찰에 대해서 설명하고 관련 책을 읽기 위한 활동으로 읽기활동이 포함될 것이다. 그리고 음악활동으로 자전거를 타고 가는 것에 관한 노래를 부르는 것과 신체활동으로 다양한 표면에서 구르고 뛰어 보는 것이 포함될 수 있다. 이러한 접근방식에서 각각의 교과는 중심 주제인 마찰과 연계성을 가지며 독립적으로 이루어진다. 수학은 여전히 수학으로 가르치고, 읽기는 읽기 수업으로, 쓰기는 쓰기 수업으로 진행된다. 그러나 각 교과 영역이 따로 운영되는 것은 아니며 중심이 되는 주제에 통합된다는 점에서 단순한 교과 통합과는 차이가 있다.

장미 모델에서는 데이지 모델과 달리 각각의 꽃잎은 서로의 경계가 보이지 않아 각 꽃잎을 따로 인식하기보다 하나의 꽃으로 인식하게 된다. 장미 모델을 적용한 STS 프로그램에서는 유아에게 의미가 있거나 흥미를 끄는 특정 문제나 상황에 초점을 두고 수업이 진행된다. 수업은 문제중심, 프로젝트 중심으로 개별 유아의 이해를 도울 수 있는 것이라면 어떤 것이건 탐구할 수 있도록 진행된다. 예를 들어, 탄산음료에 대한 수업에서 유아는 신문, 광고지에서 탄산음료에 대한 내용을 수집하여 종류를 비교해 보거나 반 아이들이 좋아하는 탄산음료를 조사하여 그래프로 구성해 보는 것과 같은 활동을 진행할 수 있다.

STS 프로그램 운영에서 적절한 주제를 선택하는 것은 매우 중요한 문

데이지 모델	장미 모델
핵심이 되는 교과 영역인 과학이 중심에 위치하면서 다른 교과 영역은 꽃잎처럼 주변부에 위치하는 형태로 통합	모든 교과 영역이 서로 결합되어 있으면서 각 꽃잎의 경계가 뚜렷하게 보이지 않는 형태로 통합

그림 9-9 교과 통합의 두 가지 모델

제다. STS 교육은 국가적으로 적용되고 있는 교육과정 내에서 대주제를 선정하지만, 소주제는 과학, 기술, 사회와 관련이 있는 것으로 일상생활에서 유아가 경험하고 유아의 삶과 유아가 살고 있는 지역사회와 관련이 있는 것으로 선정한다. 유아의 일상생활을 떠올려보자. 부모님과 함께 장을 보고 신용카드로 결제한 후 자동차를 타고 집으로 돌아온다. 컴퓨터 게임을 하다가 목이 마르면 우유를 마신다. 우유를 다 마신 후 우유팩은 쓰레기통에 버리지 않고 따로 모아 분리 수거한다. 시골에 계신 할머니, 할아버지께 핸드폰으로 통화를 하고, 리모컨으로 텔레비전 채널을 변경하다가 뉴스에서 인공위성의 발사 소식을 접하게 된다. 이렇듯 유아의 생활은 과학 및 기술과 관련이 있으며 사회문제도 여러 경로를 통해서 접하게 된다. 따라서 STS 프로젝트는 신용카드를 사용하는 것, 우유팩을 분리 수거하는 것, 전화기를 사용하는 것, 인공위성을 발사하는 것과 같은 유아의 생활 속 경험을 바탕으로 하는 여러 가지 상황에서부터 시작할 수 있다. STS 프로그램에서는 학생과 교사가 접하게 되는 여러 가지 문제와 실제 이슈와 관심을 반영한 다양한 주제가 가능하다. 그 주제는 〈표 9-3〉과 같이 문제가 갖는 의미적 차원에 따라 지구적인 문제, 국가적인 문제, 지역적인 문제, 개인적인 문제로 분류할 수 있다.

표 9-3 **STS 프로그램에서 탐구할 수 있는 다양한 주제**

지구적인 문제	에너지 자원, 인구 증가, 빈곤
국가적인 문제	국민 건강, 땅의 사용, 멸종 위기 생물
지역적인 문제	쓰레기 수거, 재활용, 교통 문제
개인적인 문제	과학소설, 막힌 화장실, 산악 자전거, 정전

STS와 관련된 이러한 주제는 지역사회와 관련 있는 유아의 경험을 바탕으로 해야 한다. 여러 가지 사회 상황 속에서 어떠한 결정을 내리기 위

해 과학적 근거를 가지고 의사결정을 할 수 있는 연습을 하는 것이다. 뿐만 아니라 과학과 기술을 대하는 태도를 통해 과학의 사회적, 심리적, 정치적 특징과 윤리적, 도덕적 가치를 고려하는 훈련을 요구하는 것이다. 이러한 사회문제는 유아 수준에서 바로 직접적으로 다루기 어려운 부분도 있다. 영국의 과학교사협회(Association for Science Education)에서는 3세 이하 유아를 위한 자료(Science, and Technology Idea for the Under 8s: SATIS 8s)를 개발하여 유아교육과정에 적용하고 있다(Bybee, 1985).

표 9-4 영국 과학교사협회(ASE)에서 제시한 SATIS 8s 소주제

주제	세부 내용
비눗방울	비눗방울 조사하기
나비	생물, 생명의 과정
공원에서의 힘	힘 조사하기
뜨거움과 차가움	온도에 대한 탐구
반사	거울의 과학
거칠함과 부드러움	물질
후각과 냄새	감각의 탐험
끈적거리는 물건	물질의 조사
경고색	색과 생물의 시각

3) STS 프로그램의 학습목표와 학습법

STS 프로그램 운영 시에는 생활과 사회 속에서 유아에게 친밀한 자료와 매체를 다양하게 활용한다. 토론, 역할놀이, 모의실험, 문제해결과 의사결정, 자료 분석, 조사활동, 실제 활동, 연구 설계, 사례 연구, TV, 비디오 녹화테이프, 녹음테이프와 같은 시청각 매체를 활용하거나 전문가 초청 토론이나 인터뷰 등을 활용할 수 있으며 현장 견학을 활용하는 것도

표 9-5 전통적 과학교육과 STS 과학교육의 차이

관점	전통적 과학교육	STS 과학교육
개념 형성	• 개념은 교수의 결과이며, 시험을 잘 보기 위해서 배우는 것이다. • 개념은 매우 단기간 동안만 지속된다.	• 개념은 활동의 산물이며 생활에 필요하고 유용한 것이며 문제 해결의 필수 요건이라고 여겨진다. • 개념은 장기간 지속되고, 새로운 상황에 적용할 수 있다.
과학 과정	• 과학과정은 과학자가 가진 기능이며 생활에 아무런 영향을 주지 못해 유아는 이해하지 못한다. • 유아는 과학과정을 추상적이고 획득하기 어렵다고 생각한다.	• 유아는 과학과정을 꼭 다루어야 할 필수적인 요소라고 생각한다. • 유아는 과학과정과 그들의 활동 간의 관계를 쉽게 이해한다.
연결과 응용	• 유아는 과학 수업내용의 가치와 활용성을 이해하지 못한다.	• 유아는 과학 수업내용을 일상생활과 잘 관련시키고 사회문제를 해결하는 데 참여한다.
연결과 응용	• 과학 수업내용은 현재의 사회문제 해결에 별 쓸모가 없다. • 유아는 배운 내용을 단순히 암기하며 현재의 과학기술과 관련시키지 못한다.	• 유아는 정보를 스스로 찾고 사용하며 현제의 과학기술 발달에 관심을 집중하고 과학의 중요성과 그 역할을 인지한다.
유아의 창의성	• 과학활동과 일치되지 않는 질문은 무시되므로 질문능력이 떨어지고 흥미를 끄는 독특한 질문을 하지 않는다. • 독창적인 생각을 거의 하지 않으며 특정 상황에서 가능한 인과관계를 찾는 데 훈련되어 있지 않다.	• 흥미를 불러일으키거나 독창적인 독특한 질문을 자주 하며 그것은 활동자료를 개발하는 데 사용된다. • 특정 상황에서 가능한 인과관계를 찾는 데 잘 훈련되어 있다.
태도	• 시간이 지남에 따라 과학에 대한 흥미와 호기심이 감소한다. • 교사를 정보의 전달자로 본다. • 유아는 과학을 배워야 할 정보로 본다.	• 시간이 지남에 따라 흥미와 호기심이 점차 증가한다. • 교사를 촉진자, 안내자로 본다. • 유아는 과학을 문제를 다루는 방법으로 본다.

유용하다. STS는 교과서 중심의 기존 학습방법과 달리 유아가 문제해결에 도움이 되는 정보를 찾는 과정에서 주도적으로 참여하며, 교사는 구성주의 과학교육에서 강조하는 상호작용 방법을 이용하여 유아의 활동을 격려하고 유아의 생각을 중요하게 고려한다. STS 교육은 교사가 중심이 되어 지식을 나열하고 학생들에게 이해시켜 개념을 획득하도록 하는 전통적 교육방법과 차이를 보인다(Yager & Tamir, 1993).

STS 프로그램은 유아가 일상생활 경험 속에서 자연스럽게 갖게 되는 호기심과 질문을 시작으로 유아가 제기한 문제를 해결하기 위해 지식과 자료를 찾게 된다. 유아에게는 필요한 정보를 찾아 선택하고, 수집한 정

표 9-6 STS 수업 모형의 예

과학	수업 단계	기술	수업활동
자연세계에 대한 질문	문제로의 초대	환경에 대한 인간의 적응 문제	유아에게 호기심을 갖게 하는 실생활과 관련된 문제를 제시한다. 유아가 자신의 생각을 충분히 생각한 후에 발표하도록 한다. 교사는 유아의 문제 인식을 돕고 생각을 정리해 주는 역할을 한다.
탐구방법	탐색	문제해결 전략	문제해결을 위해 실험을 하거나 도움이 되는 자료를 수집하여 타당성을 알아본다. 교사는 관련 용어를 정확히 알려 준다.
자연현상에 대한 설명	설명 해결 방안의 제시	인간 적응 문제의 해결	해결방법을 발표하게 하고 해결과정에서 해결하지 못한 것을 토론을 통해 이해하도록 한다. 문제가 해결되지 않은 경우에는 교사가 보충설명을 한다.
개인적·사회적 행동 및 적응	실행	개인적·사회적 행동 및 적응	유아의 생각을 확인하고 정착시키기 위해 실생활과 관련된 새로운 상황을 지시하고 적용한다.

보를 활용하여 여러 가지 설명을 제시하고 검증할 다양한 실험을 계획하거나, 관찰한 내용을 분석하여 토의하는 과학적 사고과정을 거치는 능력이 요구된다. 유아가 제기한 문제를 스스로 해결하는 과정을 경험하면서 기존 과학교육의 문제점이었던 동기부여와 과학 지식 적용의 문제가 해결된다고 본다. 또 과학은 교과서나 책 속에서만 볼 수 있는 것이 아닌 모든 곳에서 일어나고 적용되고 있는 원리로 인식되며, 지식을 암기하는 것보다는 정보를 수집하고 종합하여 적용하는 능력을 강화시킬 수 있다. 나아가 STS 접근을 통해 여러 교과나 과목이 사회관계망 속에서 서로 통합된다. 이러한 STS 접근을 적용한 아이오와 셔토쿼 프로그램(Iowa Chautauqua Program)에서 실행하고 있는 구체적인 수업 모형은 〈표 9-6〉과 같다.

4) 여러 나라의 STS 프로그램 교육과정

STS 프로그램 중 대표적인 것으로는 영국의 사티스(SATIS), 미국의 아이오와 셔토쿼 프로그램(ICP), 캐나다의 사이언스 플러스(Science Plus) 등이 있다. STS 프로그램은 여러 나라에서 각국의 상황에 적용한 프로그램으로 개발되어 있는데, 개발에 관한 간략한 내용은 다음과 같다. 영국에서는 1970년대에 영국 과학교사협회에 의해 사회 속의 과학(Science in Sociey)과 사회적 상황의 과학(SISCON)의 교육과정 개혁운동이 일어났다. 미국에서는 1978년 국립과학재단이 지원한 보고서에 STS가 처음 소개된 이후 미국 과학교사협회에서 STS를 과학교육의 핵심 목적으로 선정하여 과학교육의 개혁운동으로 확립하게 되었다. 캐나다에서는 1973년에 STS 과학관을 반영하였고, 네덜란드에서는 1960년대에 STS 교육을 강조하였다. 그리고 일본에서는 1980년대에 사회적 상황의 과학(SISCON)을 면밀히 분석하여 적용하였다.

우리나라에서도 1990년대 이후 STS에 대한 활발한 논의와 적용에 관한 연구가 진행되어 왔다. 2007년 개정 유치원 교육과정에서는 탐구생활 영역 개정의 배경 및 중점에서 탐구하는 태도와 과정을 중시하며, 개념 형성 위주로 진행되는 탐구생활 영역의 기본 방향이 올바로 실현될 수 있도록 '탐구하는 태도 기르기'를 독립적인 하나의 내용 영역으로 분리하여 강조하였다. 그리고 과학의 이로움과 폐해에 대한 관심을 부각시켜 생활에서 흔히 접하는 간단한 도구와 기계를 활용하면서 편리성과 동시에 역기능에 대해서도 관심을 가지도록 하는 내용을 포함하였다(교육과학기술부, 2008).

5) STS 프로그램 운영의 예: 영국의 사티스 프로젝트

사티스 프로젝트는 1984년 영국 과학교육협회의 과학교사와 과학교육자 30여 명이 모인 모임에서 출발했다. 사티스 프로그램은 영국 사회에서 이전에 개발되었던 사회 속의 과학과 사회적 상황의 과학 교육과정과 같은 STS 기반 프로그램과 유사한 맥락으로 개발되었다. 그리고 학교 과학교육이 지나치게 학문적이고 학생의 일상적인 경험과 동떨어져 있기 때문에 학생들이 성인이 되어 가는 과정과 직업세계로 진입하는 과정을 준비하는 데 도움이 되지 못한다는 당시의 과학교육에 대한 비판을 반영하고 있다(Hunt, 1996). 따라서 많은 토론과정을 거쳐 '짧고, 사용하기 편리하며, 교육과정과 관련이 깊고, 학생들이 직접 참여하여 활동할 수 있는' 과학교재를 만드는 것을 목표로 개발이 시작되었다. 사티스 프로그램의 구체적인 목표는 [그림 9-10]과 같다.

사티스 프로젝트의 출판물은 단일한 교과서 형태로 제공되지 않고 여러 개의 단원으로 나뉘어 구성되어 있다. 이 단원들은 개념적 순서에 따라 구성된 것이 아니므로 순서에 관계없이 흥미나 관심에 따라 각 단원을

- 과학은 교실이나 실험실에 한정된 것이 아니라 지역사회, 더 나아가 전 세계적으로 확장될 수 있다는 사실을 인식하게 한다.
- 과학 및 기술과 사회의 상호작용에 관심을 갖도록 한다.
- 과학과 기술의 발전이 사회와 환경에 양 측면, 즉 이득뿐만 아니라 해로운 영향을 미칠 수도 있다는 사실을 인식하게 한다.
- 천연자원의 한계성과 적절한 이용의 필요성을 인식하게 한다.
- 과학은 하나의 독립된 영역이 아니라 경제, 사회, 문화, 역사 등 다른 학문 분야와 관계되어 상호작용한다는 사실을 인식하게 한다.
- 과학은 인간적인 측면을 가지고 있음을 인식하게 한다.
- 사실에 근거하여 논의하고 다른 의견이나 정보에 의거하여 의사결정을 하는 능력을 향상시킨다.

그림 9-10 사티스 프로그램의 목표

자유롭게 선택하여 활용할 수 있다. 각 단원은 미래의 시민, 미래의 노동자, 학생 자신의 삶, 세계와의 관련을 중시하며 의사결정을 강조하고, 학생의 일상생활 경험과 관련 있는 학습자료를 제공한다. 활동방법은 개별 활동뿐만 아니라 집단활동을 통한 상호작용을 강조한 접근을 사용하며 이해 질문, 토론, 시뮬레이션, 역할놀이, 의사결정, 문제해결 등 다양한 교수방법을 활용한다. 유아의 활동 역시 문제해결에 대한 전략을 중시하는 활동으로 구성되어 있으며 실험, 토론, 자료 분석, 문제해결과 의사결정, 조사연구, 역할놀이와 모의실험, 사례 연구, 연구 고안 등 다양한 활동으로 구성되어 있다.

사티스 프로젝트는 14~16세를 위한 내용이 가장 처음 개발되었으며,

표 9-7 사티스 프로그램의 구성

SATIS의 구성	
Early SATIS	8~14세용
SATIS 14~16	14~16세용 12권, 총 120단원
SATIS 16~19	16~19세용 4권, 총 100단원

이후 16~19세를 위한 내용이 개발되었고, 마지막으로 8~14세를 위한 내용이 개발되어 점차 프로그램의 대상 연령을 확대하였다.

사티스 프로그램은 교재 · 교구를 선택할 때 저렴하고 사용하기 쉽고 유아의 생활과 관련이 있는 것으로 선택한다는 특징이 있다. 사티스 프로그램에서 사용할 수 있는 자원 목록이 제공되고 있는데, 이 목록은 토론, 가정 내 조사, 데이터 분석, 사례조사, 가상 상황에 적용해 보기나 역할극, 의사결정 연습, 실험 과제와 같은 다양한 접근에서 사용될 수 있도록 한다. 사티스 프로그램은 그것을 사용하는 자신의 삶과 현재 살고 있는 곳의 지역적 특성을 반영하였는가, 그리고 자신과 관련이 있는 재료를 사용하였는지의 여부를 중심으로 평가한다(Walker, 1990).

표 9-8 사티스 프로그램의 교재 · 교구 선택 기준

기준	내용
저렴할 것	수업에 필요한 교재 · 교구를 구하는 데 비용이 많이 든다면 그와 같은 재료를 사용하여 수업을 준비하기가 어렵다.
사용하기 쉬울 것	사용하기 쉽고 널리 사용되는 재료라면 교사가 수업 준비를 하는 데 많은 시간이 필요하지 않다.
관련이 있을 것	유아의 생활과 관련이 있어야 하며 수업계획에도 관련이 있어야 한다. 수업 후 일상적으로 적용하는 데 필요한 특성이기도 하다.

과학교육의 대주제 영역	소주제	활동실제
1. 물체와 물질	1) 물	① 물이 되어 보아요
		② 물에도 힘이 있어요
	2) 가루	① 어떻게 분리할까?
		② 가루로 만들어요
	3) 여러 가지 힘	① 자석은 신기한 힘이 있어요
		② 낙하산 만들기
2. 생명체와 자연환경	1) 식물	① 뿌리는 중요해요
		② 잎에 줄무늬가 생겼어요
	2) 개구리	① 개구리 키우기
		② 먹이 피라미드 만들기
	3) 환경오염	① 사는 생물이 달라요
		② 종이를 만들어요
3. 자연현상	1) 소리	① 소리가 보여요
		② 콩을 춤추게 하는 북소리
	2) 빛과 그림자	① 무지개 만들기
		② 그림자는 계속 변해요
	3) 날씨	① 일기예보는 어떻게 만들어질까?
		② 구름을 만들어요
4. 도구와 기계	1) 도구과 기계의 편리함	① 옛날과 오늘날의 도구
		② 도구와 기계의 종류
	2) 생활 속의 도구	① 도르래
		② 바퀴 달린 물건 만들기
	3) 생활 속의 기계	① 시계 속이 궁금해요
		② 컴퓨터와 놀아요

제10장

유아 과학 개념의 적용 실제

1. 물체와 물질
2. 생명체와 자연환경
3. 자연현상
4. 도구와 기계

1 물체와 물질 1) 물

<table>
<tr><td colspan="2">활동명</td><td>❶ 물이 되어 보아요</td></tr>
<tr><td colspan="2">활동목표</td><td>유아가 자신의 몸을 움직이는 간단한 게임을 통해 물의 분자구조를 표현해 봄으로써 수소와 산소로 이루어진 물의 구조를 경험해 본다.</td></tr>
<tr><td colspan="2">대상연령</td><td>만 4~5세</td></tr>
<tr><td colspan="2">준비물</td><td>물방울 모양의 머리띠 여러 개, 호루라기 등(각각의 물방울 위에 영문자 H, O가 쓰여 있다.)</td></tr>
<tr><td rowspan="3">활동 과정</td><td>사전준비</td><td>유아의 머리 크기에 맞게 조절할 수 있는 형태의 머리띠를 준비한다. 머리띠에는 커다란 물방울 모양의 그림이 붙어 있다. 물방울 한가운데는 물의 분자구조를 이루는 수소와 산소를 나타내는 H와 O가 쓰여 있다. 활동에 참여하는 유아의 수만큼 준비한다.
→ 만약 활동에 참여할 유아에게 영문자가 어렵다고 판단되면 '수' '산'과 같이 한글로 표기하거나 그 밖에 수소와 산소를 상징할 수 있는 그림으로 표현해도 좋을 것이다.</td></tr>
<tr><td>도입</td><td>① 유아에게 물의 순환에 관한 동화를 들려주거나 관련된 노래를 통해 유아가 활동에 흥미를 가질 수 있도록 한다.
② 유아에게 머리띠를 보여 주며 물의 성분구조에 대해 간단히 설명한다. "지난 시간에 물이 ***(유아에게 물과 관련된 지난 시간의 내용을 상기시킨다)에 대해서 알아봤지요. 그런데 물은 수소와 산소가 만나서 된 거예요. 이렇게 수소 두 개와 산소 한 개가 합쳐지면 우리가 마시는 물이 돼요."
③ 분자구조와 게임의 관계를 연결하며 오늘의 게임을 설명한다. "그래서 오늘 우리가 이제 이 수소와 산소 머리띠를 쓰고 직접 물이 되어 볼 거예요. 노래가 나오면 다 함께 손을 잡고 돌다가 노래가 그치고 선생님이 호루라기를 불면 수소 머리띠 쓴 친구 두 명과 산소 머리띠를 쓴 친구 한 명의 셋이 뭉쳐서 물을 만들면 돼요."</td></tr>
<tr><td>전개</td><td>① 게임에 참여하는 전체 유아에게 원하는 머리띠를 나누어 준다.
② 유아가 머리띠를 쓰면 게임의 규칙에 대해 다시 한 번 간단히 설명한다.
③ 게임을 시작하면 유아가 머리띠를 쓰고 노래를 부르며(혹은 틀어 놓은 노래에 맞춰) 다 함께 손을 잡고 돌거나 손을 놓고 자유롭게 춤을 춘다.
④ 음악이 그치면 교사가 호루라기를 불며 "물을 만드세요!"라고 외친다.
⑤ 수소 두 명과 산소 한 명으로 물이 만들어진 팀은 앉게 한다.
⑥ 몇 개의 물이 만들어졌는지 함께 세어 본다.</td></tr>
</table>

활동 과정	전개	⑦ 물을 만든 친구들의 머리띠 위에 물 스티커를 붙여 준다. ⑧ 다시 노래를 하며 게임을 계속한다. → 활동을 할 때는 유아의 안전을 고려하여 유아가 뛸 수 있는 충분한 공간을 확보해 주어야 한다. 실외놀이터나 가까운 공원 등이 적당하다. 실내에서 해야 한다면 충분한 공간을 확보할 수 있도록 교구장 등을 미리 정돈해 둔다.
	마무리	① 활동에 참여한 아동 대부분 3~4회 이상씩 물을 만드는 데 성공하였다면 사전 예고를 하면서 게임이 마무리될 것임을 알린다. "이제 이번 노래를 부르면 한 번만 더 물을 만들고 게임을 정리할게요." ② 게임을 정리하면 다시 함께 모여 오늘 게임에 대한 유아의 소감을 듣고 물을 이루는 분자식에 대해 이야기해 준다. ③ 유아에게 친숙한 물과 관련된 동요를 부르며 활동을 마무리한다.
확장 활동		• 물이 얼음이 되면? 얼음이 되면 원자 간의 사이가 물보다 가까워진다. 또한 수증기가 된다면 분자 사이의 거리가 벌어지게 된다. 이와 같은 원리를 이용하여 게임을 확장한다. 유아가 물 만들기 게임을 잘 진행하고 분자구조를 어느 정도 이해한다면 게임을 확장하여 얼음과 수증기를 만드는 것을 포함시킨다.
사진자료: 활동의 실례		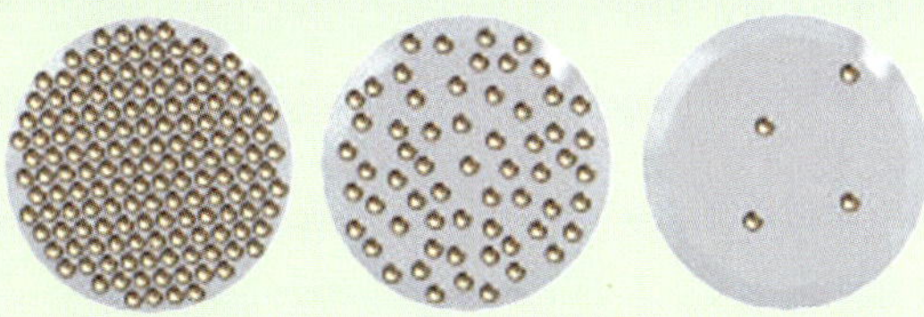 얼음 물 수증기 물의 세 가지 형태 분자구조*

* 출처: http://cafe.daum.net/healingaw

1 물체와 물질 1) 물

<table>
<tr><td colspan="2">활동명</td><td>❷ 물에도 힘이 있어요</td></tr>
<tr><td colspan="2">활동목표</td><td>물레방아를 만들어 보고 물을 이용해 물레방아를 돌려보는 활동을 통해 물에도 힘과 에너지가 있음을 이해한다.</td></tr>
<tr><td colspan="2">대상연령</td><td>만 3~4세</td></tr>
<tr><td colspan="2">준비물</td><td>물의 힘을 보여 줄 수 있는 사진(수력발전소, 커다란 물레방아, 물에 의해 홈이 파인 절벽 등), 골판지나 폼보드, 자른 우유팩, 빨대 등</td></tr>
<tr><td rowspan="4">활동 과정</td><td>사전준비</td><td>골판지나 폼보드를 물레방아의 본이 될 수 있도록 잘라 놓는다. 원 두 개와 그것들을 서로 연결할 수 있는 사각형으로 자른다. 연결 본은 우유팩 등으로 해도 좋다. 또한 물의 힘을 보여 줄 수 있는 사진을 준비하여 도입활동에 활용한다. 수력발전소, 커다란 물레방아, 물에 의해 홈이 파인 절벽 등 물이 다른 사물을 움직이거나 변화시킨 사진이면 좋다.</td></tr>
<tr><td>도입</td><td>물의 힘과 에너지를 보여 주는 다양한 장면의 사진을 보며 이야기 나누기를 한다. 물에 의해 폼이 파인 절벽 사진을 보며 큰 물줄기가 들판을 지나가면 들판의 흙이 파이고 오랫동안의 물 흐름으로 바위나 길의 모양도 변할 수 있음을 이야기한다. 물의 힘을 가지고 에너지와 전기를 만들 수 있다는 것과 마지막으로 물레방아 사진을 보여 주며 물이 방아를 돌리는 힘을 이용해 떡을 만드는 에너지를 만들기도 했다는 사실 등을 이야기해 준다.</td></tr>
<tr><td>전개</td><td>① 도입활동에서 함께 살펴본 사진과 오늘의 활동을 연결시키는 안내를 해 준다. "자, 방금 본 것처럼 물도 힘을 가지고 에너지를 만들 수 있어요. 그래서 오늘은 방금 본 사진 중에서 우리도 만들 수 있는 물건을 만들어 보려고 해요."
② 재료를 소개하고 만드는 방법을 간단히 설명한다.
③ 미리 잘라 둔 골판지(혹은 폼보드)와 우유팩, 빨대 등을 연결하여 물레방아 모양을 만든다.
→ 골판지로 물레방아의 골격을 만들 경우 물을 부으면 잘 돌아가지만 몇 번의 실험만으로도 골판지가 물에 헤어져 물레방아가 망가지게 된다. 폼보드로는 자르기 힘들지만 여러 번 물을 부어도 망가지지 않는 튼튼한 물레방아를 만들 수 있다.
④ 원하는 유아는 물레방아를 꾸민다.</td></tr>
<tr><td>마무리</td><td>완성된 물레방아에 물을 부으며 물레방아가 움직이는 것을 직접 관찰한다. 많은 양의 물을 세게 부으면 물레방아가 더 잘 움직이고 적은 양의 물을 살살 부으면 물레방아가 천천히 움직이는 것을 보면서, 물에도 힘의 강약이 있고 그러한 힘으로 물건을 움직일 수 있는 에너지가 있음을 이야기하며 활동을 마무리한다.</td></tr>
</table>

<table>
<tr><td>확장 활동</td><td>• 올라가는 물
준비물: 가늘고 투명한 빨대, 굵고 투명한 빨대, 물을 채운 그릇
물을 채운 그릇에 가는 빨대와 굵은 빨대를 나란히 세워 놓는다. 물이 빨대 속에서 어느 정도 올라가는지 관찰한다. 굵은 빨대보다 가는 빨대에서 물이 더 높이 올라가는 것을 관찰한다. 왜 굵은 빨대보다 가는 빨대에서 물이 더 높이 올라가는지 이야기를 나눈다.
→ 좁은 관을 물속에 넣으면 물과 그릇 사이에서 작용하는 점착력이라는 힘 때문에 물이 위로 올라가는데, 관 속의 물기둥은 무게가 더 가볍기 때문에 넓은 관보다 좁은 관에서 더 높이 올라간다.
• 움직이는 잉크
준비물: 유리컵, 따뜻한 물, 차가운 물, 잉크
따뜻한 물과 차가운 물 속에서 잉크가 퍼지는 모양이 달라지는 모습을 관찰한다.
→ 차가운 물에서는 물 분자가 천천히 운동하지만 뜨거운 물에서는 빠르게 운동한다. 따라서 뜨거운 물에서 잉크는 더 빨리 퍼지게 된다.</td></tr>
<tr><td>사진자료: 활동의 실례</td><td>
물의 힘을 알 수 있는 물레방아 돌리기

올라가는 물</td></tr>
</table>

1 물체와 물질

1) 가루

활동명		❶ 어떻게 분리할까?
활동목표		설탕과 밀가루가 섞인 혼합물을 분류해 봄으로써 두 가루의 성질이 서로 다름을 이해한다.
대상연령		만 4~5세
준비물		설탕, 콩가루, 커피, 굵은 소금, 밀가루, 물, 깔대기, 막대기, 비커(투명컵), 거름종이
활동과정	사전준비	-
	도입	여러 가지 종류의 가루를 탐색해 본다. 각각의 가루가 주는 느낌에 대해 자유롭게 이야기해 본다. 가루를 물에 녹이면 어떻게 될지 예상해 본다. 각각의 가루를 소량씩 물에 녹여 보면서 어떤 가루가 물에 녹는지 알아본다.
	전개	① 가루와 관련된 동요를 통해 유아의 주의를 환기한다. ② 탐색했던 가루 중 가장 비슷한 모양이면서 물에 녹는 것 한 가지와 물에 녹지 않는 것 한 가지를 고른다(밀가루와 설탕이 좋은 예가 될 것이다). ③ 둘을 물에 넣고 막대기로 잘 젓는다. ④ 이렇게 물속에 넣어 섞이게 된 밀가루와 설탕을 다시 분리할 방법에 대해 이야기 나눈다. ⑤ 빈 비커 위에 깔때기를 놓고 깔때기 위에 거름종이를 올린다(장치를 하면서 교사는 거름종이의 성질에 대해 이야기해 준다). ⑥ 설탕과 밀가루 혼합액을 깔때기의 거름종이에 붓는다. ⑦ 거름종이를 빼내어 걸러진 밀가루 부분을 투명 그릇(샬레)에 올려 둔다. ⑧ 비커 속에 남은 설탕 용액은 따로 둔다.
	마무리	비커 속의 설탕 용액의 맛을 보면서 설탕물임을 확인한다. 유아에게 왜 거름종이가 밀가루만 걸러지고 설탕은 빠져나가게 되었는지에 관해 발문한다. 교사는 유아의 답을 기록한다. 이 외에 또 다른 가루를 예로 들어 둘을 물에 함께 섞었을 때 분리할 수 있는 방법에 대해 묻는 것으로 활동을 마무리한다.

확장 활동	• 설탕 만들기 설탕 만들기 활동을 확장하여 물에 용해된 설탕물을 다시 설탕으로 되돌릴 수 있는 방법에 대해 이야기 나눈다. 유아의 의견이 충분히 나누어진 후 물에 용해된 설탕 용액을 가열한다. 충분히 가열하면 용액 중 설탕 부분이 서서히 다시 나타나는 것을 관찰할 수 있다. 설탕을 물에 녹일 때는 많은 양의 설탕이 필요하다. 설탕이 더 이상 물에 잘 녹지 않을 만큼 거의 불포화 상태가 될 때까지 많은 양의 설탕을 녹인다.
사진자료: 활동의 실례	 용액을 분리할 때 쓰는 실험도구

1 물체와 물질 1) 가루

<table>
<tr><td colspan="2">활동명</td><td>❷ 가루로 만들어요</td></tr>
<tr><td colspan="2">활동목표</td><td>쌀가루와 콩가루, 빵가루 등으로 떡을 만들어 먹어 봄으로써 열을 가하면 모양과 성질이 달라지는 가루의 특징을 이해한다.</td></tr>
<tr><td colspan="2">대상연령</td><td>만 3~4세</td></tr>
<tr><td colspan="2">준비물</td><td>찹쌀가루, 빵(카스텔라) 가루, 콩가루, 깨, 소금, 따뜻한 물, 떡 만드는 과정에 관한 설명이 있는 사진 등</td></tr>
<tr><td rowspan="4">활동 과정</td><td>사전준비</td><td>여러 가지 종류의 먹을 수 있는 가루들을 준비한다. 콩가루, 쌀가루, 깨, 소금, 설탕가루 등을 준비하여 아이들이 냄새나 느낌, 맛을 보며 탐색할 수 있도록 준비한다.</td></tr>
<tr><td>도입</td><td>준비된 가루를 탐색해 본다. 각각의 가루를 냄새 맡고 만지고 맛보면서 어떤 가루인지 추측해 본다. 탐색한 가루로 만들 수 있는 음식에 대해 이야기해 본다.</td></tr>
<tr><td>전개</td><td>① 유아가 탐색하고 추측한 가루가 어떠한 가루인지 이야기해 준다.
② 오늘의 활동(떡 만들기)과 재료를 소개한다.
③ 떡 만드는 과정을 사진과 함께 보여 주며 설명한다.
④ 찹쌀가루에 따뜻한 물을 넣어 익반죽한다.(반죽 시에 소금을 약간 넣는다.)
⑤ 익반죽한 반죽을 동글동글하게 빚는다.
⑥ 동그랗게 빚은 반죽을 끓은 물에 넣어 익힌다.
⑦ 끓기 시작하고 경단이 익어서 물 위에 떠오르면 건져 낸다.
→ 경단을 끓이는 과정은 뜨거운 물 때문에 위험하므로 경단을 끓이는 과정만 주방에서 진행하는 것도 좋다. 유아가 지켜보는 곳에서 한다면 반드시 두 명 이상의 교사가 지켜보면서 유아의 안전에 유의해야 한다.
⑧ 뜨거운 물에서 건진 경단을 접시에 올려놓고 김이 빠지며 식을 수 있도록 잠시 기다린다.
⑨ 준비된 가루(빵가루, 콩가루, 깨)에 경단을 굴려 가루를 묻혀서 경단을 만든다.</td></tr>
<tr><td>마무리</td><td>완성된 경단을 함께 먹으며 경단에 묻은 가루에 따라 어떠한 맛이 나는지 이야기 나눈다. 찹쌀가루를 반죽하고, 뜨거운 물에 익혔을 때 가루가 어떻게 변했는지 상기시키며 활동을 정리한다.</td></tr>
</table>

확장 활동	-
사진자료: 활동의 실례	 삼색 경단

1 물체와 물질

3) 여러 가지 힘

<table>
<tr><td colspan="2">활동명</td><td>❶ 자석은 신기한 힘이 있어요</td></tr>
<tr><td colspan="2">활동목표</td><td>여러 가지 물건 중 자석에 붙는 물건과 붙지 않는 물건을 구분해 보는 실험을 통해 자석의 성질에 대해 이해하고 물체의 상호작용에 대해 관찰하는 경험을 해 본다.</td></tr>
<tr><td colspan="2">대상연령</td><td>만 3~4세</td></tr>
<tr><td colspan="2">준비물</td><td>N극과 S극이 표시된 여러 가지 모양의 자석, 물건을 구분할 바구니 2개, 구분 표시(자석에 붙는다/자석에 붙지 않는다), 여러 가지 물건(클립, 플라스틱, 나무, 철로 만든 칼, 고무줄, 천 등), 활동지</td></tr>
<tr><td rowspan="4">활동
과정</td><td>사전준비</td><td>자석의 성질에 대해 다룬 책(예: 『자석은 힘이 세다』, 아람 출판사)을 함께 읽으며 자석에 대한 관심을 유도한다. 개별 유아에게 나눠 줄 자석과 접시를 준비하여 여러 가지 물건을 한 종류씩 담아 둔다.</td></tr>
<tr><td>도입</td><td>① 유아당 자석 2개씩을 나누어 주고 탐색해 보는 시간을 갖게 한다. "이 물건의 이름은 무엇일까?" "만져 보니까 느낌이 어떠니?" "2개를 붙여 보니까 어떻게 되니?"
② 자석의 성질에 대한 유아의 사전 지식에 대해 이야기 나눈다. "자석은 어떤 성질을 가지고 있을 거 같니?"</td></tr>
<tr><td>전개</td><td>① 여러 가지 물건을 담아 둔 접시를 보여 주며, 어떤 물건이 자석에 붙고 또 붙지 않을지 예측해 보도록 한다. "여기 여러 가지 물건이 있는데 이 중 어떤 것이 자석에 붙을까?" "왜 그렇게 생각하니?"
② 개별 유아에게 여러 가지 물건이 담긴 접시를 하나씩 나누어 준다.
③ 각각의 물건을 자석에 붙여 보고 붙는 것과 붙지 않는 것을 구분해 본다.
④ 책상 중간에 '자석에 붙는다' '자석에 붙지 않는다'로 구분한 2개의 바구니를 놓고, 각자의 실험 결과에 따라 여러 가지 물건을 구분하여 담게 한다.
⑤ 자석에 붙는 물건에 어떤 것이 있는지 함께 확인하고, 어떤 공통점이 있는지 서로의 생각을 나누어 본다.
⑥ 유아의 의견을 종합하여 자석에 붙는 물건은 철로 만들어졌음을 확인한다.
⑦ 실험에 사용한 물건 이외에 우리 주변에서 자석에 붙을 것 같은 물건으로는 어떤 것들이 있는지 발문한다.
⑧ 유아가 제시한 물건에 자석을 붙여 보고 결과를 확인한다.</td></tr>
<tr><td>마무리</td><td>① 실험을 통해 알게 된 자석의 성질 이외에 자석이 갖는 다른 성질에 대해 이야기 나눈다. "실험을 통해서 확인한 것처럼 자석은 철로 만든 물건을 당기는 힘이 있어요. 이</td></tr>
</table>

활동과정	마무리	외에 또 자석은 어떤 성질을 갖고 있을까요?" ② 유아의 대답이나 관찰내용을 토대로 자석에는 서로 다른 두 개의 극이 있고, 같은 극끼리는 밀어내고 다른 극끼리는 붙는 성질이 있음을 확인한다. ③ 우리 주변에서 자석의 성질을 이용한 경우로 무엇이 있는지에 대해서도 이야기 나누어 보고, 함께 알게 된 사실을 정리한다.
확장 활동		• 철가루 놀이와 자석이 통과하는 물질 모래상자에 자석을 넣어 휘저은 뒤 철가루가 묻어 나오는 것을 확인하고, 투명 아크릴판에 철가루를 올린다. 그다음 아크릴판 아래에서 자석을 움직이면 철가루도 움직이는 것을 관찰한다. 자석의 크기를 달리하여 철가루의 움직임이 어떻게 다른지 비교해 본다. 아크릴판 대신 유리, 마분지, 거울 등을 이용하거나 혹은 물속에서 실험해 보고, 자석의 힘이 이러한 물건들을 통과하는지를 확인해 본다.

사진자료: 활동의 실례

자석에 붙는 물건과 붙지 않는 물건 분류하기

철가루 놀이

1 물체와 물질 3) 여러 가지 힘

<table>
<tr><td colspan="2">활동명</td><td>❷ 낙하산 만들기</td></tr>
<tr><td colspan="2">활동목표</td><td>낙하산 만들기를 통해 중력에 대해 이해하고, 공기 저항을 통해 중력의 힘을 약화시킬 수 있음을 확인한다.</td></tr>
<tr><td colspan="2">대상연령</td><td>만 4~5세</td></tr>
<tr><td colspan="2">준비물</td><td>가로, 세로 20cm 정도의 사각 모양 아세테이트지(가장 얇은 두께로 준비), 네임펜, 스티커, 실 여덟 가닥(20cm보다 약간 길게 잘라놓음), 가위, 테이프, 고무찰흙, 초시계</td></tr>
<tr><td rowspan="3">활동 과정</td><td>사전준비</td><td>대근육활동 시간을 통해 바닥에서 30~40cm 정도 떨어진 높이에서 그냥 떨어지는 경우와 우산을 쓰고 떨어지는 경우에 대한 경험을 해 본다. 우드락 등을 이용해 '낙하산 만드는 순서'를 보기 좋게 만들어 두고, 개별 아동에게 나눠 줄 실험재료를 미리 준비해 둔다.</td></tr>
<tr><td>도입</td><td>낙하산 그림을 보여 주며 사전 경험에 대해 이야기 나누며 주제에 대한 관심을 끌어낸다. "이것이 무엇인지 아니? 낙하산을 본 적이 있니? 언제 어디서 보았니? 만약 낙하산이 없다면 하늘에 있는 사람은 어떻게 될까?" 실험을 통해 확인해 보기로 한다.</td></tr>
<tr><td>전개</td><td>① 만들어 둔 순서판을 이용하여 낙하산을 만드는 과정에 대해 설명한다. "아세테이트지를 세 번 접은 뒤 꼭짓점을 중심으로 이등변삼각형이 되도록 잘라요. 아세테이트지의 접힌 부분 가장자리에 실이 밖으로 길게 나오도록 테이프로 실을 붙이고 8개의 길이가 똑같도록 잰 다음 밑 부분을 한데 묶으세요. 고무찰흙을 바둑알만하게 묶어 실에 매달아 주세요."
② 고무찰흙을 사람이라 가정하고, 동일한 크기의 고무찰흙 2개와 2배 크기의 고무찰흙을 만든다.
③ 기본 고무찰흙, 낙하산에 기본 고무찰흙을 붙인 것, 낙하산에 2배 크기의 고무찰흙을 붙인 것을 각각 낙하산을 타지 않은 사람과 몸무게가 적은 사람, 몸무게가 많은 사람의 경우라고 가정하고 어떤 것이 가장 빨리 혹은 늦게 떨어질지에 대해 예측한다.
④ 교사는 동일한 높이에서 각 상황에 맞게 고무찰흙을 떨어뜨리고, 유아는 초시계를 이용하여 각 낙하산이 바닥에 떨어지는 데 걸리는 시간을 측정한다.
⑤ 결과를 확인하고 예측한 내용과 비교해 본다.
⑥ 낙하산이 계속 하늘에 머물게 하려면 어떻게 하면 될지에 대해 이야기 나눈다. "어떻게 하면 낙하산이 좀 더 오랫동안 하늘에 떠 있게 할 수 있을까? 낙하산이 아래로 떨어지지 않고 위로 올라갈 수도 있을까?" "바람이 부는 경우에 좀 더 오래 있을 수 있어요." "사람이 타지 않을 정도로 가벼우면요."</td></tr>
</table>

활동 과정	전개	⑦ 유아의 의견을 반영하여 비슷한 조건을 만들어 다양한 상황에 대한 낙하산의 움직임을 관찰한다.
	마무리	실험을 통해 알게 된 내용을 정리한다. "모든 물체는 위에서 아래로 떨어지려고 하는데, 이는 지구의 중력 때문이에요. 낙하산에 있는 날개가 아래로 향하는 중력의 힘을 약화시키고 이 때문에 중력이 저항을 받아 떨어지는 속도가 느려지는 것이랍니다."
확장 활동		• 우주에서의 생활 무중력 타운 혹은 우주탐험 체험관을 견학해 보거나 우주인의 생활과 관련된 영상자료를 통해 우주와 지구의 차이에 대해 이해한다. 중력이 작용하지 않는 우주의 환경에 대해 알아보고, 무중력 상태에서 샤워나 배변, 취침 등 일상생활에 어떤 변화가 있을지 예측해 보는 경험을 한다.
사진자료: 활동의 실례		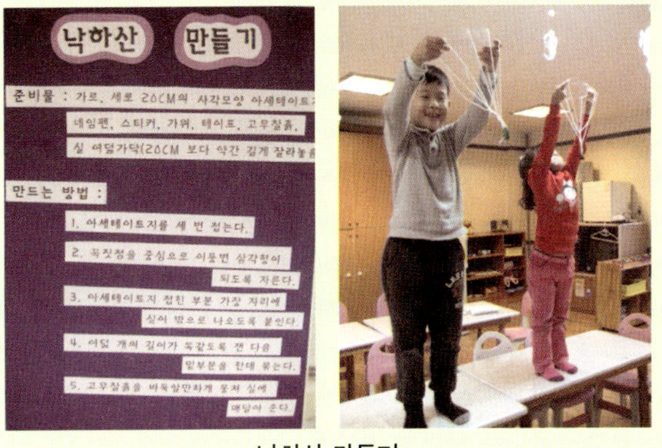 낙하산 만들기  우주에서의 생활*

* 출처: 국립중앙과학관 사이버과학교육관(http://www.science.go.kr)

2 생명체와 자연환경

1) 식물

<table>
<tr><td colspan="2">활동명</td><td>❶ 뿌리는 중요해요</td></tr>
<tr><td colspan="2">활동목표</td><td>뿌리가 있는 것과 제거된 식물의 비교를 통해 식물이 뿌리로 물과 영양분을 흡수하며, 생명의 유지에 있어 뿌리가 매우 중요한 것임을 이해한다.</td></tr>
<tr><td colspan="2">대상연령</td><td>만 3~4세</td></tr>
<tr><td colspan="2">준비물</td><td>채집한 명아주, 투명한 유리그릇, 물</td></tr>
<tr><td rowspan="3">활동
과정</td><td>사전준비</td><td>유아와 산책을 나가 들판에서 흔히 자라는 식물 가운데 크기가 적당하고 생명력이 강한 식물 중 두세 가지를 뿌리째 채집한다. 명아주는 우리나라 들판 어디에나 매우 흔한 식물이고 생명력도 강해 실험에 적당하다.</td></tr>
<tr><td>도입</td><td>① 유아와 함께 사전에 채집해 온 명아주를 꺼내 함께 관찰한다.
② 돋보기를 사용해 자세히 관찰하면서 줄기, 뿌리, 잎이라는 세 가지 식물의 기본 구조에 대해 자연스럽게 탐색한다.
③ 유아에게 명아주 생김의 특징을 자유롭게 이야기하고, 교사는 이를 기록해 둔다.</td></tr>
<tr><td>전개</td><td>① 교사는 유아가 관찰한 명아주의 생김을 통해 식물의 구조에 대해 설명한다. “그렇지요. 우리가 살펴본 명아주도 잎과 줄기와 뿌리가 있어요.”
② 교사는 유아에게 각각의 구조가 식물의 생명 유지를 위해 하는 역할이 있음을 이야기한다. “우리가 입으로 밥을 먹는 것처럼 명아주도 물을 먹어요. 물을 먹으면서 줄기나 잎에 필요한 영양분을 빨아 마시는 거예요.”
③ 식물에게 뿌리의 중요성을 알 수 있게 해 주는 발문을 한다. “그럼 명아주에게 뿌리가 없으면 어떻게 될까?”
④ 실험에 대해 설명해 준다. “그럼 명아주에게 뿌리가 없으면 어떨지 될지 우리가 직접 알아볼까요?”
⑤ 채집해 온 명아주 중에서 비슷한 크기의 명아주 두 개를 골라 하나의 뿌리를 자른다.
⑥ 투명한 두 개의 유리컵에 물을 담고 한쪽에는 뿌리를 자르지 않는 명아주를, 다른 한쪽에는 뿌리를 자른 명아주를 넣는다.
⑦ 물의 위치를 유리컵에 매직으로 표시해 둔다.
⑧ 명아주를 해가 잘 드는 창가에 두고 일주일 정도 관찰한다.
⑨ 3~4일 뒤 두 개의 컵을 비교하여 살핀다.</td></tr>
</table>

마무리	3~4일 뒤 두 개의 컵을 비교하여 어떤 쪽이 더 많이 시들었는지, 어떤 쪽이 물이 더 많이 줄었는지 이야기해 본다. 뿌리가 있는 명아주가 훨씬 싱싱하며 컵의 물이 더 많이 줄었음을 확인할 수 있다. 뿌리가 없는 쪽의 명아주는 확연히 시들었음을 쉽게 관찰할 수 있다. 유아와 함께 왜 뿌리가 있는 쪽의 컵 물이 더 많이 줄었는지 스스로 답할 수 있게 발문한다. 뿌리가 물을 빨아들이며 영양분을 줄기와 잎에도 보내 주므로 식물에게 뿌리는 매우 중요한 부분임을 설명하는 것으로 마무리한다.
확장 활동	• 양파 키우기 유아가 흔히 먹을 수 있는 채소 중 수경재배를 통해 뿌리를 키울 수 있는 종류(양파, 당근, 대파 등)를 골라 투명컵에 담는다. 물이 줄어들면 계속해서 물을 보충하면서 채소의 뿌리가 자라나는 것을 관찰하고 지켜본다.
사진자료: 활동의 실례	 양파 키우기

2 생명체와 자연환경

1) 식물

<table>
<tr><td colspan="2">활동명</td><td>❷ 잎에 줄무늬가 생겼어요</td></tr>
<tr><td colspan="2">활동목표</td><td>햇빛을 받지 못한 부분의 잎사귀 색이 변하는 실험을 통해 식물의 구조 중 잎이 하는 역할을 이해하고 식물이 빛을 이용하여 영양분을 생성하는 과정인 광합성을 경험한다.</td></tr>
<tr><td colspan="2">대상연령</td><td>만 4~5세</td></tr>
<tr><td colspan="2">준비물</td><td>화분에 심은 잎이 커다란 식물, 반창고, 카메라, 관찰지 등</td></tr>
<tr><td rowspan="2">활동 과정</td><td>사전준비</td><td>교실에 잎이 커다랗고 풍성한 화분을 들여 놓아 키운다. 식물을 키우는 동안 교사는 유아에게 자연스럽게 식물을 탐색하고 관찰할 수 있는 기회를 제공한다. 또한 여러 가지 발문과 관련 책을 통하여 유아가 식물의 구조와 각 부분의 역할을 이해하고 관심을 가질 수 있도록 도움을 준다. 유아가 함께 키우는 각 화분에 저마다 재미있는 이름을 붙여 주는 것도 좋다.</td></tr>
<tr><td>전개</td><td>① 관련된 그림책을 함께 읽으며 유아의 관심을 환기시킨다.
② 그동안 관찰한 화분의 식물의 생김이나 특징에 대해 이야기 나눈다.
→ 교사는 각 화분에 붙여 준 이름을 호명하며 식물의 생김과 특징 등 식물의 구조를 파악할 수 있는 발문을 한다. "그럼, 우리가 키운 '초록 키다리'는 어떻게 생겼니? 그래요, 초록 키다리는 잎사귀가 초록색이고 길쭉하게 생겼지요."
③ 식물의 각 부분이 하는 일에 대해 일부 설명하고 잎이 하는 일에 대해 발문한다. "뿌리는 그렇게 물을 빨아들여 식물의 곳곳에, 잎사귀까지 물을 전달하는 일을 해요. 그러면 잎사귀는 어떤 일을 할까요?"
④ 잎이 하는 일에 대한 유아들의 다양한 답을 기록해 둔다.
⑤ 각 화분의 잎의 중간 부분에 반창고를 둘러 붙인다.
→ 잎에 햇빛이 닿는 것을 막아 광합성을 하는 것을 부분적으로 막는 것이 목적이므로 3cm 이상의 굵은 반창고를 꼼꼼히 두른다.
⑥ 화분을 햇빛이 잘 드는 창가에 두고 일주일 동안 평소와 같이 보살핀다.
⑦ 카메라로 반창고를 붙인 화분의 모습을 사진 찍어 둔다.
⑧ 일주일 뒤 반창고를 떼어내고 잎의 색이 어떻게 변했는지 관찰한다.
⑨ 반창고를 붙인 부분이 옅은 녹색으로 변한 이유에 대해 함께 이야기한다.
⑩ 줄무늬가 생긴 식물의 모습을 사진 찍고 관찰지에 사진을 붙인 뒤 사진 밑에 잎의 색이 변한 이유와 식물의 잎이 하는 일에 대한 자신의 생각을 간단히 기록한다.</td></tr>
</table>

<table>
<tr><td>마무리</td><td>반창고를 두른 부분의 색이 변해 잎에 줄무늬가 생긴 식물을 보면서 식물의 잎이 하는 일에 대해 이야기를 나눈다. 식물의 잎이 광합성이라는 활동을 통해 영양분을 만드는 일을 한다는 것과 광합성을 하면서 초록색도 만든다는 사실을 이야기해 준다. 빛이 없으면 광합성을 할 수 없기 때문에 반창고를 가린 잎의 부분이 광합성을 하지 못해 색이 변했음을 설명해 주며 활동을 마무리한다.</td></tr>
<tr><td>확장 활동</td><td>• 색이 바랜 잔디
① 잔디밭 위에 마분지와 같이 두꺼운 종이를 깔아 놓는다.
② 돌을 올려 두어 종이를 고정시킨다.
③ 일주일 뒤 종이를 치우고 변화를 관찰한다.
④ 종이가 올려져 있던 부분의 잔디만 색이 바랜 이유에 대해 이야기 나눈다.</td></tr>
<tr><td>사진자료: 활동의 실례</td><td>

콩잎 키우기</td></tr>
</table>

2 생명체와 자연환경 2) 개구리

<table>
<tr><td colspan="2">활동명</td><td>❶ 개구리 키우기</td></tr>
<tr><td colspan="2">활동목표</td><td>개구리 알을 키워 보는 과정을 통해 개구리가 알에서 올챙이, 개구리로 성장해 가는 과정과 개구리의 생김새, 움직임, 먹이, 습성 등을 이해하고 동물을 사랑하는 마음을 갖는다.</td></tr>
<tr><td colspan="2">대상연령</td><td>만 3~4세</td></tr>
<tr><td colspan="2">준비물</td><td>개구리 관련 책, 수조, 개구리 알, 다양한 먹이, 돋보기 등</td></tr>
<tr><td rowspan="3">활동
과정</td><td>사전준비</td><td>교실의 적당한 장소를 찾아 개구리를 키우며 관찰할 수 있는 영역을 만들고, 수조와 돋보기 등의 관찰도구를 준비한다.</td></tr>
<tr><td>도입</td><td>① 개구리를 본 경험이나 키워 본 경험에 대해 이야기 나눈다. “개구리를 키워 본 적이 있니? “개구리를 보았을 때 어떤 기분이 들었니?”
② 개구리에 대해 알고 있는 것과 알고 싶은 것을 이야기 나눈다. “개구리 알을 키우려면 무엇을 준비해야 할까?” “개구리는 무엇을 먹고 살까?” “개구리는 알에서 어떻게 성장해 갈 거라고 생각하지?” “앞으로 개구리 알을 키워 볼 텐데 개구리의 무엇이 궁금하니?”</td></tr>
<tr><td>전개</td><td>① 개구리 알을 키우면서 관찰지에 무엇을 어떻게 기록해야 하는지 이야기 나누고, 관찰일지 작성에 대한 약속을 공유한다.
② 개구리의 성장과정 관찰
- 매일 일정한 시간을 정해 두고, 올챙이 알이 있는 수조를 관찰하는 시간을 갖는다. 변화된 모습을 관찰일지에 그림으로 표현하여 시간이 지나면서 알이 어떻게 변화하는지를 확인한다.
- 개구리로 성장한 다음 개구리의 생김새에 대해서도 자세히 관찰하고, 각각의 신체 기관의 역할은 무엇인지에 대해서도 관련 서적을 통해 조사한다.
③ 개구리가 좋아하는 먹이 관찰
- 도입과정에서 나눈 개구리 먹이에 대한 사전 지식을 바탕으로 다양한 개구리의 먹이를 준비한 뒤, 하루에 한 가지씩 다른 먹이를 주고 개구리가 어떤 먹이를 많이 먹는지 관찰한다(이때 개구리에게 주는 먹이는 비교 가능하도록 움직이는지의 여부나 맛, 질감 등이 차이 나도록 선정한다). 관찰 결과를 기록하고, 결과를 바탕으로 새로 알게 된 내용을 공유한다.</td></tr>
</table>

마무리	개구리를 키워 보면서 경험한 내용에 대해 정리하여, '개구리' 라는 책을 만든다. - 개구리의 성장과정에 대한 관찰기록을 바탕으로 책을 만든다. 개구리의 성장과정과 생김새, 개구리가 좋아하는 먹이, 서식지 등에 대한 차례를 정한다. 각자 맡은 부분을 정해 관찰기록 내용을 그림이나 글로 표현하고 한꺼번에 모아 책을 만든다.
확장 활동	• 개구리 사전 만들기 여러 가지 종류의 개구리에 대한 내용을 정리해 보고(서식지, 생김새, 특징 등), 특징에 맞고 기억하기 쉬운 별명을 하나씩 만들어 준다. 친구들이 만들어 준 별명을 앞 장에 적고 조사한 내용을 뒷장에 정리한 뒤 하나로 묶어 개구리 사전을 만든다.

사진자료: 활동의 실례

개구리 키우기: 개구리 알과 수조 안의 올챙이*

개구리 성장과정 활동지

개구리 책 만들기

* 출처: http://blog.daum.net/mindjjang/38

2 생명체와 자연환경 2) 개구리

활동명		❷ 먹이 피라미드 만들기
활동목표		개구리와 천적관계에 있는 동물에 대한 내용을 통해 먹이사슬을 이해하고, 먹고 먹히는 관계를 통해 생태계가 균형을 유지한다는 것을 이해한다.
대상연령		만 4~5세
준비물		관련 도서, 파리-개구리-뱀의 관계 그림(잡아먹히는 그림 표현), 천적관계의 동물 사진, 먹이 피라미드 만들기 자료(사각뿔 전개도)
활동 과정	사전준비	개구리를 키우면서 개구리가 무엇을 먹고 사는지를 확인한다.
	도입	먹이사슬에 대한 내용을 다룬 관련 책(예: 『붉은 여우를 잡으려면』, 아림 출판사)이나 영상자료를 통해 유아가 동물의 먹고 먹히는 관계에 대해 관심을 갖게 한다.
	전개	① 개구리가 살아가는 주변 환경에 대해 이야기 나눈다. "개구리는 무엇을 먹고 사니?" "그럼 개구리를 잡아먹는 동물은 누구일까?" "그럼 또 그 동물을 잡아먹는 동물은 누구지?" "마지막엔 어떻게 될까?" ② 파리와 개구리, 뱀의 사진을 보여 주며, 개구리를 중심으로 천적관계의 의미에 대해 이야기를 나눈다. "파리와 개구리, 개구리와 뱀이 서로 만나면 어떻게 될까?" "동물이 서로 잡아먹고 먹히는 것에 대해서 어떻게 생각하니?" ③ 관련 자료(개미와 개미핥기, 파리와 개구리, 개구리와 뱀, 뱀과 매 등)를 바탕으로 천적관계에 있는 다른 동물에 대해 이야기 나눈다. "천적관계에 있는 동물에는 또 어떤 것이 있을까?" "바다에 사는 동물도 천적관계에 있는 동물이 있을까?" "하늘에서 사는 동물들은 어떨까?" ④ 사각뿔 전개도를 활용하여 먹이 피라미드를 만들어 본다. ⑤ 완성된 먹이 피라미드의 모습과 내용에 대해 탐색하며, 먹이 피라미드의 의미에 대해 이야기 나눈다. "왜 아래 단계에 있는 동물은 칸이 넓고 위 단계에 있는 동물은 칸이 좁은 거 같니?" "만약 피라미드가 거꾸로 되거나 모양이 변해서 중간 단계에 있는 동물의 수가 아래 단계에 있는 동물의 수와 같아진다면 어떻게 될까?" "동물들이 서로 잡아먹고 잡아먹히는 것에 대한 생각은 어떻게 달라졌니?"
	마무리	① 동물의 먹고 먹히는 관계를 통해 생태계가 균형을 유지함에 대해 정리한다. ② 주변에서 먹이 피라미드 관계를 적용할 수 있는 다른 예가 있는지에 대해서도 이야기 나눈다.

확장 활동

• 개구리의 보호색

보호색과 관련된 도서(예: 『위장하는 동물들』, 첫발결시리즈)를 활용하여 동물의 보호색에 대해 이야기 나누고, 개구리가 천적에게 잡아먹히지 않기 위해 취할 수 있는 방법과 상황에 따른 개구리의 몸 색깔 변화에 대해 알아본다. 더불어 사람들이 자신에게 처한 위험한 상황을 피하기 위해 사용하는 보호색에는 어떤 것이 있는지에 대해서도 생각해 본다.

사진자료: 활동의 실례

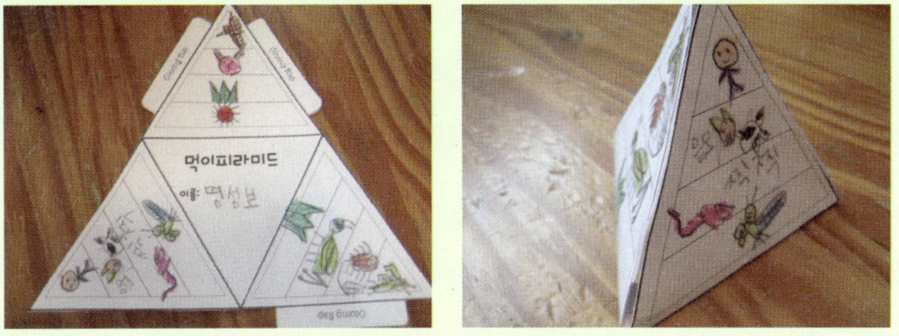

먹이 피라미드 만들기

개구리의 보호색*

* 출처: 키드키즈, http://www.kidkids.co.kr

2 생명체와 자연환경 3) 환경오염

활동명		❶ 사는 생물이 달라요
활동목표		물의 깨끗함에 따라 사는 생물이 다름을 알아봄으로써 물을 오염으로부터 보호하고 깨끗하게 보존하는 것의 필요성과 중요성에 대해 경험해 본다.
대상연령		만 4~5세
준비물		민물생물 사진(옆새우, 산천어, 가재, 피라미, 다슬기, 은어, 붕어, 우렁이, 미꾸라지 등), 강물 모형, 민물고기 도감
활동과정	사전준비	유치원에서 가까운 곳에 계곡이나 시내가 있다면 산책을 나가 계곡에 사는 생물 중 하나를 채집한다. 채집한 생물을 가지고 교실로 돌아와 민물고기 도감 등을 통해 생물의 이름을 알아본다. 도감을 통해 물의 깨끗함 정도에 따라 사는 생물이 다름을 알 수 있다. 채집한 생물을 통해 산책을 갔던 계곡물의 깨끗함 정도를 알아본다.
	도입	① 유아와 도감을 함께 읽으며 채집한 생물이 어느 정도 깨끗한 물에 사는지 이야기한다. "우리가 잡아 온 옆새우는 아주 깨끗한 물에서만 사는 생물이야. 1급수에서 산대요. 1급수는 강물이나 계곡물 중에서 아주 깨끗한 물이에요. 우리가 산책 가는 계곡물은 정말 깨끗한 물인가 보다." ② 물의 깨끗함에 따라 사는 생물이 다름을 이야기해 준다.
	전개	① 강물 모형을 통해 이야기를 시작한다. "여기 강물이 흘러요. 강물의 제일 위쪽은 아주 깨끗한 물이라서 깨끗한 물에서만 사는 물고기가 많이 있어요. 그런데 조금 아래쪽에는 물이 덜 깨끗해서 여기 사는 물고기들은 조금 달라요. 더 아래쪽에는 물이 조금 더러워져서 또 다른 물고기가 살아요. 어떤 물고기가 사는지 우리 친구들이 좀 붙여 줄까요?" → 강물의 모형에서 색이나 채도를 조절하여 급수가 내려갈수록 탁한 색을 연출하게 하여 유아들이 구별하기 쉽게 하도록 돕는다. ② 유아가 한 사람씩 강물 모형 위에 자신들이 생각하는 대로 각각의 생물이 서식할 것으로 예상되는 곳에다 사진을 부착하게 한다. → 유아가 사진을 떼었다 붙였다를 여러 번 반복할 수 있도록 충분한 시간을 준다. ④ 민물도감이나 세밀화 책을 보며 급수에 따라 강에 사는 생물의 종류를 정리해 붙여 본다.
	마무리	물의 깨끗함에 따라 사는 생물이 다르며 지나치게 물이 더러워지면 모든 생물이 살 수 없는 물이 됨을 이야기하며 활동을 마무리한다.

확장 활동	• 물이 얼마나 필요할까요? 여러 가지 생활하수로 더러워진 물을 깨끗하게 하기 위해서는 다량의 물이 필요하다. 비눗물 한 컵, 식용유 약간, 샴푸용액 한 컵을 희석시키기 위해 들어가는 물이 얼마인지 실험을 통해 알아봄으로써 생활하수로 인한 물오염에 대해 확인하고 물오염 방지를 위한 개인의 실천계획을 이야기해 본다.
사진자료: 활동의 실례	 급수별 사는 생물 알아보기  계곡에 사는 생물 알아보기

2 생명체와 자연환경 3) 환경오염

<table>
<tr><td colspan="2">활동명</td><td>❷ 종이를 만들어요</td></tr>
<tr><td colspan="2">활동목표</td><td>종이를 만드는 데 필요한 나무의 양, 종이 쓰레기가 환경오염에 미치는 영향 등을 알아보고 함께 종이를 만들어 봄으로써 종이 사용과 환경의 관계를 이해한다.</td></tr>
<tr><td colspan="2">대상연령</td><td>만 4~5세</td></tr>
<tr><td colspan="2">준비물</td><td>신문지, 물, 촘촘한 철망, 믹서기, 나무 모형 등</td></tr>
<tr><td rowspan="3">활동 과정</td><td>사전준비</td><td>종이를 만드는 데 들어가는 나무의 양과 관련된 서적이나 기사 등을 통해 관련 사전 활동을 준비한다. 나무 한 그루로 1만 2000장 정도의 종이를 만들 수 있으므로 나무 한 그루가 죽어 200여 쪽의 책 100권을 만드는 것이다. 예를 들어, 미리 나무 모형을 만들어 놓고 "우리 유치원 도서관에 있는 책을 만들려면 나무가 얼마나 필요할까?" 하고 물어본다. 또한 종이를 만드는 데뿐 아니라 다 쓴 종이를 버리면 그것을 폐기하는 데 많은 양의 물과 에너지가 들어가는 것과 관련된 활동을 도입으로 준비한다. 중간 규모의 종이공장 하나가 하루에 사용하는 물은 중간 도시의 인구 전체가 하루에 사용하는 물과 같은 양이다.</td></tr>
<tr><td>도입</td><td>① 유아에게 종이를 만드는 데 얼마나 많은 양의 물과 에너지가 필요한지 발문하며 주의를 환기시킨다(관련 기사나 그림 등 시청각자료를 사용하면 좋다).
② 종이를 만드는 데 많은 양의 나무와 물이 필요함을 상기시키며 어떻게 종이를 쓰는 것이 환경오염을 줄일 수 있는 일인지 발문한다.
③ 유아가 발표한 답을 기록한다.</td></tr>
<tr><td>전개</td><td>① 유아의 답과 연결하여 종이를 아껴 쓰는 방법의 일환으로 종이로 재생종이를 다시 만들어 쓰는 방법이 있음을 소개한다. "그래요. 우리 친구들이 많이 이야기한 것처럼 종이를 아껴 쓰는 것이 환경오염을 줄일 수 있는 방법이에요. 그런데 종이를 아껴 쓰는 방법 중에는 이미 썼던 종이를 활용해서 그것으로 종이를 다시 만들어 쓰는 방법도 있어요. 이런 종이를 재생종이라고 하는데 오늘은 선생님과 함께 재생종이를 만들어 볼 거예요."
② 재생종이를 만드는 데 필요한 재료를 소개한다.
③ 재생종이를 만드는 과정을 간단히 설명한다.
④ 준비한 신문지를 잘게 찢어 물에 불린다.
⑤ 물에 불린 신문지를 믹서기에 넣어 간다.
⑥ 믹서기로 간 신문지 죽을 가는 철망에 올려놓고 물을 뺀다.</td></tr>
</table>

활동 과정	전개	⑦ 물을 뺀 신문지 반죽을 넓고 편편하게 다듬어 편다. ⑧ 다듬어 편 신문지 죽이 잘 마를 수 있도록 그늘에서 하루 이상 기다린다. → 신문지 죽을 만들 때 다양한 재료를 첨가해 색다른 재생종이를 만들 수 있다. 말린 꽃잎 등을 넣으면 '꽃 재생종이'가 되고, 염료를 넣어 색이 있는 재생용지를 만들 수 있으며, 향료를 넣어 냄새가 좋은 재생종이를 만들 수도 있다.
	마무리	편편하게 펴 둔 신문지 죽을 하루나 이틀 정도 말린 후 철망에서 털어내면 신문지로 만든 재생종이가 완성된다. 완성된 재생종이에 환경오염 줄이기와 관련된 자신의 실천 약속을 써서 교실 벽면에 부착해 두는 활동으로 활동을 마무리한다.
확장 활동		• 재생종이로 액자 만들기 신문지로 만든 재생종이를 사용하여 액자와 같은 생활 속 물건을 만들어 본다. 재생종이 위에 본인이 원하는 사진을 붙인 후 다양한 장식으로 테두리를 꾸며 본다. 모루나 뽕뽕이, 스팽글 등을 붙이거나 반짝이풀로 꾸미면 좋다. 보다 입체감이 있는 액자를 만들려면 흰 도화지에 원하는 사진을 붙인 후 테두리에 재생종이를 붙인다. 테두리에 재생종이를 여러 번 덧대면 입체감 있는 테두리의 액자를 만들 수 있다.
사진자료: 활동의 실례		 신문지로 종이 만들기

3 자연현상

1) 소리

<table>
<tr><td colspan="2">활동명</td><td>❶ 소리가 보여요</td></tr>
<tr><td colspan="2">활동목표</td><td>소리의 진동에 따라 벽에 나타나는 그림자가 달라지는 실험을 통해 소리에도 크기와 힘이 있음을 이해한다.</td></tr>
<tr><td colspan="2">대상연령</td><td>만 4~5세</td></tr>
<tr><td colspan="2">준비물</td><td>빈 깡통, 풍선, 고무줄, 알루미늄 포일, 가위, 다양한 소리를 낼 수 있는 여러 가지 물건(냄비, 마라카스, 방울, 그릇, 유리컵 등)</td></tr>
<tr><td rowspan="3">활동과정</td><td>사전준비</td><td>빈 깡통을 준비하여 앞뒤가 모두 뚫린 형태로 준비해 둔다. 깡통의 단면이 날카로우므로 유아가 손을 베이지 않도록 안전에 유의한다. 단면 부분을 투명테이프로 둘러 주면 좋다. 햇빛이 화창한 날씨에서만 실험이 잘 진행될 수 있으므로 활동을 계획하려면 날씨를 미리 알아 두어야 한다.</td></tr>
<tr><td>도입</td><td>① 다양한 소리가 나는 여러 가지 물건을 탐색한다.
② 손으로 두드리거나 입으로 불거나 다른 물건으로 치면서 소리를 내 본다.
③ 물건의 한쪽에서 소리를 내고 다른 한쪽에 귀를 대고 소리를 들어 본다.
④ 물건의 소리를 낼 때 다른 한쪽에 손가락을 대고 울리는 진동음을 느껴 본다.
⑤ 소리를 몸으로 체험한 후 어떠한 느낌인지 유아에게 물어보고 유아의 대답을 기록하여 둔다.</td></tr>
<tr><td>전개</td><td>① 유아에게 소리를 내는 물건을 만져 보았을 때 떨림을 느꼈는지 발문한다. “우리가 그릇을 두드릴 때 그릇을 가만히 만져 보면 손에 어떤 느낌이 들었어요? 그렇구나. 떨리는 느낌이 들었구나. 우리는 이렇게 소리가 그릇을 타고 움직이는 것을 손으로 느낄 수 있어요.”
② 소리를 손으로 느낄 수 있을 뿐 아니라 또 다른 방식으로 체험해 볼 수 있는 가능성에 대해 발문하고 소리를 눈으로 볼 수 있음에 대해 언급해 준다. “우리가 귀로 들을 수 있는 소리를 이렇게 만져서 느낄 수 있는데 또 눈으로 볼 수도 있대요.”
③ 오늘의 실험 내용과 재료를 소개한다.
④ 가위로 풍선의 입구를 오려내고 빈 깡통의 한쪽에 덮어씌운다.
⑤ 풍선이 깡통에 흘러 내려가지 않도록 고무줄로 묶어서 고정한다.
⑥ 풍선을 잡아당겨 팽팽해지도록 조정한다.
⑦ 팽팽하게 당겨진 풍선 면에 작은 사각형 모양으로 오린 알루미늄 포일을 붙인다.</td></tr>
</table>

활동 과정	전개	⑧ 알루미늄 포일 쪽을 움직여 창에서 들어오는 햇빛을 벽으로 반사시킬 수 있는지 확인한다. ⑨ 깡통의 빈 부분에 대고 소리를 지르면서 벽에 반사되는 빛의 모양이 어떻게 달라지는지 관찰한다. → 유아가 마음껏 소리를 내고 그 소리에 따라 벽에 비치는 모양이 달라지는 것을 경험할 수 있도록 충분한 시간을 주어야 한다.
	마무리	소리를 크게 질렀을 때와 작게 냈을 때 빛의 움직임이 어떻게 달라졌는지 이야기해 본다. 왜 소리의 크기에 따라 벽에 비치는 모양이 달라졌는지 이야기 나눈다. 소리에도 힘과 크기가 있음을 이야기하면서 활동을 마무리한다.
확장 활동		• 종이로 높은 음과 낮은 음 소리 내어 보기 다양한 물체의 소리를 다양한 방법으로 만들어 볼 수 있다는 것을 경험한다. 주변에서 소리를 낼 수 있는 물건을 찾아보고 물건을 모아 본 후 어떤 방법으로 소리를 낼 수 있는지에 대해 아이들과 함께 이야기 나눈다. 우리가 흔히 쓰는 종이로도 소리를 낼 수 있다는 것을 이야기하며 저마다 다른 방법으로 소리를 내 보게 한다. 손으로 종이를 잡고 세게 움직이면 바람에 흩날리는 종이의 소리를 낼 수 있다. 뿐만 아니라 종이에 입술을 대고 바람을 불어 그 진동에 의한 소리를 내 볼 수도 있다. 입으로 부는 바람의 강약을 조절하면 종이를 통한 진동 소리를 높게 혹은 낮게 낼 수 있다.
사진자료: 활동의 실례		 다양한 소리 탐색하기

3 자연현상 1) 소리

활동명		❷ 콩을 춤추게 하는 북소리
활동목표		소리의 진동에 따라 쌀알이 움직이는 실험을 통해 소리의 진동에 힘과 에너지가 있음을 경험한다.
대상연령		만 3~4세
준비물		북, 숟가락, 콩 혹은 쌀(굵은 소금 등도 좋다), 셀로판지 등
활동과정	사전준비	진동에 움직일 수 있는 비교적 가벼운 곡식(예: 쌀이나 콩)이나 굵은 소금을 준비한다. 본활동에 들어가기 전에 소리에 진동이 있음을 느낄 수 있는 도입활동을 준비한다.
	도입	① 셀로판지를 두 손으로 팽팽하게 잡아당긴다. ② 팽팽해진 셀로판지 가운데 입술을 대고 강하게 불어 본다. ③ 셀로판지에서 나는 소리를 탐색한다. → 잘 불어지지 않을 때는 공기의 흐름이 모아지도록 위아래 입술을 좁게 다물고 다시 한 번 불어 본다. 셀로판지를 불면서 입술에 전해지는 떨림이나 셀로판지에서 나는 소리 등에 주의를 기울여 본다.
	전개	① 셀로판지에서 나는 소리의 느낌이 어떤지 함께 이야기 나눈다. ② 교사는 유아에게 입으로 불었을 때 셀로판지가 떨렸던 점을 상기시킨다. ③ 이러한 소리의 떨림을 이용해서 다른 것을 움직이게 할 수 있다는 점을 이야기하며 오늘의 활동을 소개한다. "소리가 셀로판지를 떨리게 한 것처럼 소리는 쌀이나 콩도 움직이게 할 수 있대요. 그래서 오늘 우리는 북소리로 콩을 춤추게 해 보려고 해요." ④ 북 위에 콩이나 쌀(혹은 굵은 소금)을 약간 올려놓는다. ⑤ 콩이 올려져 있는 북의 가장자리를 손으로 두드려 소리를 낸다. ⑥ 북의 소리에 따라 튀어 오르는 콩의 모습을 관찰한다. ⑦ 가까운 곳에 냄비를 대고 숟가락으로 냄비 바닥을 강하게 두르려 큰 소리를 낸다. ⑥ 냄비의 소리에 따라 쌀이 공중으로 튀어 오르는 것을 관찰한다. ⑦ 냄비 소리의 강약을 조절하며 그때마다 달라지는 쌀의 움직임을 관찰한다. ⑧ 냄비 소리에 쌀이 움직일 때와 움직이지 않을 때 플라스틱 그릇을 만져 보면서 떨림을 손으로 느껴 본다. → 작은 소리에는 쌀이 튀어 오르지 않으며 너무 큰 소리에는 쌀이 사방으로 튀어 올라 비닐 뚜껑을 벗어날 것이다.

활동 과정	마무리	냄비 소리에 따라 쌀이 어떻게 움직였는지 함께 이야기 나눈다. 냄비가 소리를 낼 때 쌀이 올려져 있던 플라스틱 그릇을 만져 보았을 때의 느낌에 대해서도 이야기해 본다. 냄비 소리에 어떻게 쌀이 튀어 오른 것인지 발문함으로써 유아가 소리의 진동에 대해 관심을 가질 수 있도록 돕는다.
확장 활동		• 물컵 실로폰 연주 같은 크기의 투명한 유리컵에 다양한 양의 물을 담는다. 컵을 두드릴 수 있는 막대를 준비하여 물이 담겨져 있는 컵의 입구를 살짝 두드려 본다. 막대로 두드렸을 때 물의 양에 따라 소리가 달라짐을 느껴 본다. 물의 양을 내림차순으로 정리하여 물의 양이 많아질수록 음이 높아지는지 혹은 낮아지는지를 알아본다.
사진자료: 활동의 실례		 북소리로 콩 움직이기  물컵 실로폰 연주하기

3 자연현상 2) 빛과 그림자

활동명		❶ 무지개 만들기
활동목표		무지개 만들기 실험을 통해 무지개가 생기는 원리와 빛에도 색이 있다는 사실을 알고, 빛의 성질(직진, 굴절, 반사)에 대해 이해한다.
대상연령		만 3~4세
준비물		관련 도서, 점토, 손전등, 거울, 넓적한 수조, 흰 종이, 나무막대, 구멍 뚫린 마분지
활동 과정	사전준비	관련 도서를 비치해 두어 '빛'에 대한 관심을 유도하고, 빛의 기본 성질에 대한 내용을 간접적으로 경험할 수 있게 한다.
	도입	① 수수께끼로 무지개에 대한 관심을 유도한다. "선생님이 말하는 게 무엇인지 맞혀 보세요. 이것은 비가 온 후에 해가 뜨면 볼 수 있어요. 일곱 가지 색의 옷을 입고 있어요. 이것은 무엇일까요?" ② 무지개에 대한 사전 지식에 대해 이야기 나눈다. "무지개를 본 적이 있니?" "어떤 모양이었고, 무슨 색으로 되어 있었니?" "그날 날씨는 어땠지?"
	전개	① 무지개를 만드는 방법에 대해 생각해 본다. "어떻게 하면 무지개를 만들 수 있을까?" ② 실험재료를 소개한다(넓적한 수조, 손전등, 거울, 흰 종이). ③ 수조에 물을 붓는다. ④ 물이 담긴 수조에 거울을 넣는다. ⑤ 손전등을 거울에 비춘다. ⑥ 흰 종이 위에 생긴 무지개를 관찰하면서 실험재료가 각각 어떤 역할을 했는지에 대해 전달한다. "손전등은 무엇을 대신하였니?" "거울은 어떤 역할을 했지?" ⑦ 무지개가 생기는 것은 빛의 굴절에 의한 것임을 설명하고, 나무막대를 이용하여 빛의 굴절을 확인시켜 준다. ⑧ 이 외에 빛이 가지는 다른 성질에 대해 질문하고, 직진과 반사에 대한 내용을 설명한 뒤, 구멍 뚫린 마분지와 거울 등을 이용하여 함께 확인한다. "빛은 또 어떤 성질이 있을까?" "주변을 어둡게 한 상태에서 구멍 뚫린 마분지에 손전등을 비추면 빛은 어떻게 나아갈까?" "태양이 있을 때 바닥에 거울을 놓으면 어떻게 되니?"

활동 과정	마무리	① 유아와 함께 무지개 실험을 해 본 소감에 대해 이야기 나눈다. ② 무지개를 만들 수 있는 다른 방법에 대해 생각해 본다.
확장 활동		• 빛의 혼합 마분지 중간에 일정한 네모 크기로 구멍을 만들고 여러 가지 셀로판지를 붙여 준비한다. 바닥에 흰 종이를 깔고 빛에 비추어 생기는 그림자를 관찰하고, 여러 가지 색의 셀로판 마분지를 겹쳤을 때 어떤 색으로 보이는지 관찰한다. 또한 우리 생활에서 빛의 이러한 성질을 활용한 사례에 대해서도 살펴본다.
사진자료: 활동의 실례		 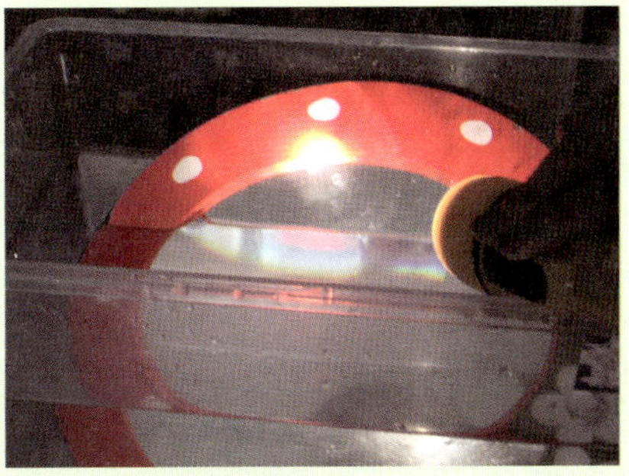 무지개 만들기  빛의 혼합

3 자연현상 2) 빛과 그림자

활동명		❷ 그림자는 계속 변해요
활동목표		그림자의 다양한 모양을 관찰해 보는 경험을 통해 여러 가지 조건에 따라 변화하는 그림자의 성질을 이해하고, 그림자를 가리는 방법에 대해 예측해 본다.
대상연령		만 4~5세
준비물		원기둥 모양의 물체, 큰 손전등 2개, 작은 손전등 1개, 흰 도화지
활동과정	사전준비	교실 한쪽에 암실을 만들고 OHP와 스탠드 등을 비치하여 자유놀이시간에 유아가 손이나 모양자, 도형 조각 등의 물건을 이용하여 다양한 그림자 모양을 만들어 볼 수 있게 한다. 또한 실외놀이시간을 이용해 실외놀이터에서 친구들의 그림자를 밟거나 우유팩에 물을 담아 친구들이 만든 그림자를 물로 따라 그려 보는 놀이를 경험해 볼 수 있게 한다.
	도입	사전 경험을 통해 관찰한 그림자 모양의 변화에 대해 이야기 나눈다. "그림자의 모양은 언제나 똑같았니?" "어떤 경우에 그림자가 길고 어떤 경우에 짧았던 거 같니?" "그림자의 색깔은 똑같은 정도로 진했니?" "그림자 모양이 달라지는 것은 무엇 때문일까?"
	전개	① 책상에 원기둥 모양의 물체를 놓고 한 개의 손전등을 비춰 그림자 하나를 만든다. ② 그림자 모양을 변화시킬 수 있는 다양한 여러 조건에 대해 예측해 보고, 예상되는 그림자의 모양을 활동지에 표현해 본다. "어떻게 하면 지금의 그림자와 다른 모양의 그림자를 만들 수 있을까?" "빛이 다른 쪽에 생기면 그림자는 어떻게 달라질까?" "빛의 세기가 다를 때 그림자는 어떻게 달라질까?" "만약에 한꺼번에 여러 개의 빛이 생긴다면 그림자는 어떻게 나올까?" "우리가 생각한 것을 활동지에 그림으로 그려 보자." ③ 실험을 통해 유아가 예측한 내용이 맞는지를 확인해 보기로 한다. ④ 손전등의 방향과 높이를 달리하여 그림자를 만든다. ⑤ 작은 손전등을 이용하여 그림자가 어떻게 달라지는지 관찰한다. ⑥ 유아 2명의 도움을 받아 손전등 3개를 한꺼번에 원기둥에 비춰 본다. ⑦ 유아가 예상한 내용과 실제 결과를 비교한다. ⑧ 실험 결과를 바탕으로 하루 중 시간(오전 10시, 오후 2시, 5시 정도)에 따라 그림자 모양이 어떻게 다를지 예상해 보고, 다음에 결과를 확인해 보기로 한다.
	마무리	실험내용을 다시 상기하면서 그림자가 가진 성질에 대한 내용을 정리한다. "빛의 수가 많아지면 그림자의 수도 많아지지요." "빛이 더 크고 밝을수록 그림자는 더 짙어지며, 빛을 더 가까이에서 비출수록 그림자는 더 길어집니다."

확장 활동

• 그림자를 가려 보아요

그림자를 가리는 방법은 무엇인지에 대해 유아의 생각을 수렴하여 각자의 생각대로 실험해 보고 그림자를 가릴 수 있는지 확인한다. "밖에 나갔을 때 보았던 친구들의 그림자를 숨길 수는 없을까?" "어떻게 하면 그림자가 가려질까?"(걸어가요/친구들이 와서 가려줘요/웅크리고 있어요/햇볕을 손으로 가리고 있어요/검은색 종이로 가려요/스케치북으로 머리 위를 가려요/이불로 그림자를 가려요 등)

사진자료: 활동의 실례

오전 10시경

오후 5시경

시간에 따라 달라지는 그림자를 그려 보기

물로 그림자 따라 그리기

3 자연현상 3) 날씨

<table>
<tr><td colspan="2">활동명</td><td>❶ 일기예보는 어떻게 만들어질까?</td></tr>
<tr><td colspan="2">활동목표</td><td>일기예보가 만들어지는 과정과 날씨를 측정하는 과정에 대해 알아보는 활동을 통해 일기예보가 생활에 어떤 도움을 주는지 이해하고, 도구를 이용하여 양을 측정하는 경험을 해 본다.</td></tr>
<tr><td colspan="2">대상연령</td><td>만 4~5세</td></tr>
<tr><td colspan="2">준비물</td><td>온도계, 일기예보 동영상, 주간예보 내용, 달력, 측우기, 풍향계 만들기 재료</td></tr>
<tr><td rowspan="3">활동 과정</td><td>사전준비</td><td>주간예보 내용을 확대하여 우드락에 붙여 두고, 인터넷을 통해 일기예보를 시청할 수 있도록 관련 사이트를 찾아 둔다.</td></tr>
<tr><td>도입</td><td>① 오늘 날씨에 대해 이야기한다. "오늘 날씨가 어땠어요?" "선생님은 오늘 비가 올 것을 모르고 우산을 가지고 오지 않아 머리가 다 젖었어요." "미리 알았다면 이러지 않았을 텐데, 우리 친구들도 이런 경험이 있나요?"
→ 그날의 날씨 상황에 맞게 "서늘할지 모르고 잠바를 챙겨 오지 않았어요." "햇빛이 강할 줄 모르고 모자를 챙기지 않았어요." 등으로 바꾸어 날씨를 알면 생활에 도움이 된다는 내용을 알 수 있게 한다.
② 날씨를 알 수 있는 방법에는 어떤 것이 있는지 이야기 나눈다. "날씨를 미리 알 수 있는 방법에는 무엇이 있을까요?"</td></tr>
<tr><td>전개</td><td>① 일기예보에 대해 이야기 나눈다. "일기예보를 본 적이 있니?" "일기예보를 통해 무엇을 알 수 있을까?"
② 오늘의 일기예보를 확인하고, 주간예보 자료를 보며 일기예보에서 나온 내용에 대해 이야기 나눈다. "일기예보에는 어떤 내용이 들어 있니?" "여기 있는 표시는 무엇을 나타내는 것이지?"
③ 일기예보를 만드는 과정에 대해 이야기한다(기상측정 → 자료 수집 → 자료회의 → 보도).
④ 일기예보에 나온 온도와 강수량, 풍향 등을 측정하는 방법에 대해 알아본다.
- 온도계 사용법에 대해 알아본다.
- 플라스틱 음료수병, 우유팩 등 재활용품을 이용하여 풍향계와 측우기, 백엽상 등을 만들어 본다.
⑤ 주간예보를 바탕으로 예보 날씨와 실제 날씨를 비교한다. 온도계와 측우기, 풍향계를 활용하여 매일 정해진 시간에 날씨를 관측하여 기록한다.</td></tr>
</table>

<table>
<tr><td rowspan="2">활동 과정</td><td>전개</td><td>⑥ 기록한 일기예보 달력을 확인하며 예보 날씨와 실제 날씨가 얼마나 비슷하고 다른지에 대해 이야기 나누고 그 이유에 대해 생각해 본다.</td></tr>
<tr><td>마무리</td><td>① 활동한 내용을 바탕으로 일기예보가 생활에 어떤 도움을 주는지에 대해 생각해 본다.
② 날씨를 알 수 있는 다른 방법에 대해 생각해 본다.</td></tr>
<tr><td colspan="2">확장 활동</td><td>• 기상청 견학 및 사후 활동
기상청을 방문하여 날씨를 관측하는 여러 가지 도구도 살펴보고, 직접 일기도를 그리거나 카메라 앞에서 실제로 기상캐스터가 되어 보기도 한다. 교실로 돌아와 초록색/하늘색 부직포를 이용하여 전국지도와 바다를 만들고, 다양한 날씨기호를 그려 실제 일기예보를 할 수 있는 스튜디오를 만들고, 날씨 정보와 원고, 마이크, 카메라를 설치하여 기상캐스터 역할놀이를 해 본다.</td></tr>
<tr><td colspan="2">사진자료: 활동의 실례</td><td>
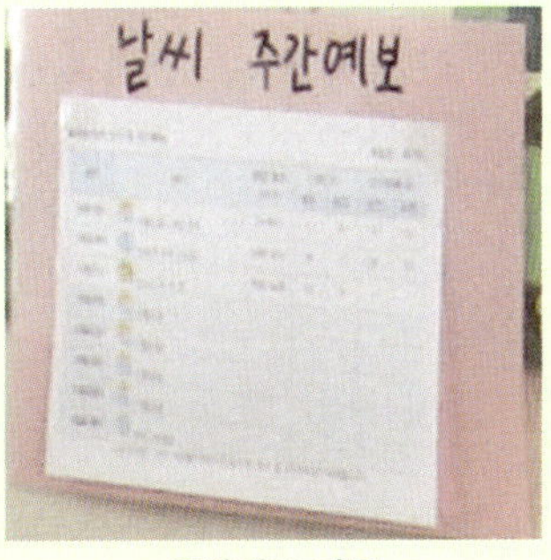

주간예보 자료
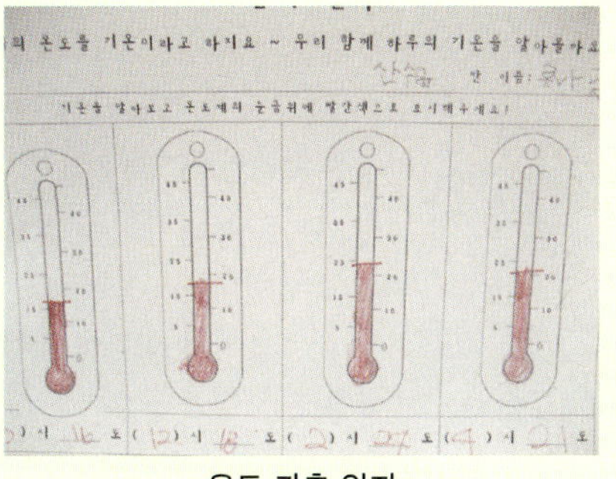
온도 관측 일지
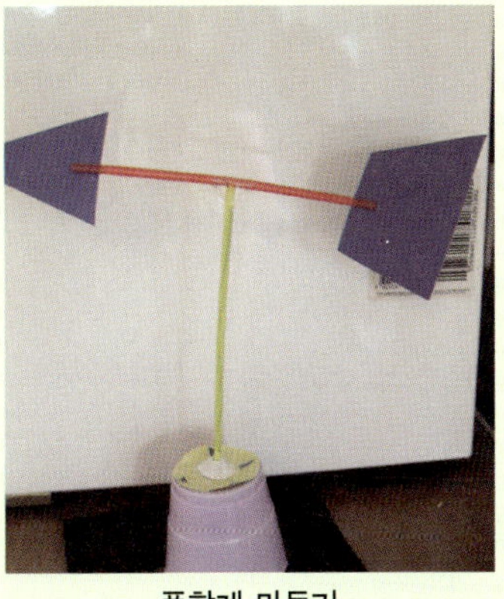
풍향계 만들기

측우기 만들기
</td></tr>
</table>

3 자연현상 3) 날씨

활동명		❷ 구름을 만들어요
활동목표		구름을 만드는 실험을 통해 다양한 날씨현상에 관심을 갖고, 날씨 변화의 원리에 대해 이해한다.
대상연령		만 3~4세
준비물		유리컵, 유리그릇, 얼음, 소금, 뜨거운 물, 실험과정 그림 카드
활동과정	사전준비	구름이 만들어지는 실험과정을 그림 카드로 제작하여 준비한다.
	도입	구름에 대한 사전 경험에 대해 이야기 나눈다. "구름을 본 적이 있니? 어떤 모양이었니?" "구름이 많은 날과 적은 날 날씨에 차이가 있었니?" "구름은 왜 만들어지는 걸까?" "구름은 어떻게 만들어지는 걸까?"
	전개	① 그림 카드를 통해 구름이 만들어지는 과정에 대해 설명하고, 어떤 현상이 일어날지 예측해 보게 한다. ② 실험 순서에 따라 실험을 진행하고 결과를 관찰한다. - 접시에 각 얼음과 소금을 준비한다. - 유리컵을 뜨거운 물로 헹군다. - 뜨거운 물을 반 정도 붓는다. - 얼음과 소금이 담긴 접시를 유리컵 위에 올려놓는다. ③ 실험 과정과 결과를 관찰일지에 기록하고 내용을 정리한다. "어떤 날에 구름이 잘 생길 거 같니?" "실험에서 얼음과 소금은 어떤 역할을 하였니?"
	마무리	실험내용을 바탕으로 구름이 만들어지는 원리에 대해 정리하고, 구름이 만들어지는 것과 관련된 날씨현상에 대해 이야기 나눈다.

확장 활동

• 비 실험

물의 순환과 관련하여 비가 내리는 과정에 대해 이야기 나누고, 냄비에 물을 붓고 가열한 뒤, 차가운 냄비 뚜껑을 비스듬히 대어 비가 만들어지는 과정을 실험으로 확인한다.

• 토네이도 실험

패트병 뚜껑 중앙에 구멍을 뚫고 두 병을 연결하여 물감을 푼 물을 담아 흔들면 구멍 사이로 물이 빠져나가며 토네이도 현상을 관찰할 수 있다.

사진자료: 활동의 실례

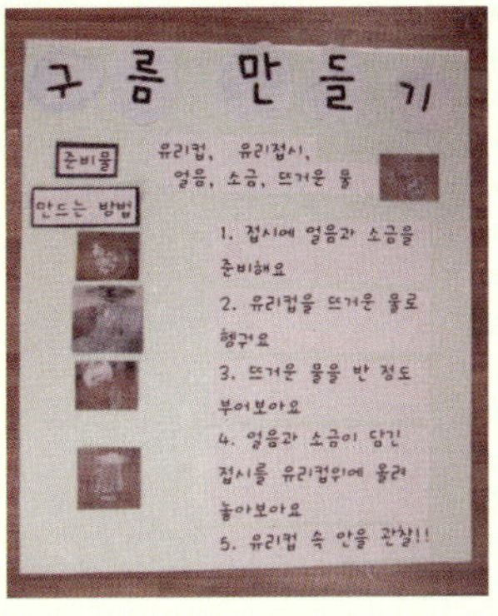

구름 만들기

비 실험

토네이도 실험

4 도구와 기계

1) 도구와 기계의 편리함

활동명		❶ 옛날과 오늘날의 도구
활동목표		옛날 도구를 사용하고 오늘날의 도구와 비교해 봄으로써 도구의 편리함에 대해 이해하고, 도구가 점점 발전될 수 있다는 사실을 이해한다.
대상연령		만 3~4세
준비물		관련 서적, 맷돌, 믹서기, 콩, 빨래판, 수수께끼 그림 카드
활동과정	사전준비	교실 한쪽에 맷돌, 빨래판 등을 비치하여 아이들이 자연스럽게 옛날에 사용하던 도구에 대해 탐색할 수 있는 환경을 마련해 준다. 그림 카드 앞면의 위아래에는 옛날과 오늘날의 도구 그림을, 뒷면에는 도구의 이름을 적어 수수께끼 카드를 만들어 둔다.
	도입	관련 서적(예: 『옛날에도 전자레인지를 썼을까』, 솔루토이 한국사)을 함께 읽는다.
	전개	① 옛날 물건 중 맷돌과 빨래판에 대해 자세히 관찰한다. "맷돌은 어떤 때 이용하였을까?" "어떻게 해서 맷돌에 콩을 넣으면 갈아지는 걸까?" "빨래판의 어떤 특성 때문에 빨래가 잘 빨아지는 것일까?" ② 오늘날 이 물건들을 대신하는 물건과 비교해 본다. "맷돌과 믹서기는 어떤 점이 같고, 어떤 점이 다른 거 같니?" ③ 실제로 맷돌과 믹서기를 이용해 콩을 갈아 보고 그 결과에 대해 이야기한다. "어떤 것이 힘이 덜 드니?" "어떤 것을 이용할 때 콩을 더 빨리 갈 수 있니?" "두 개의 경우 콩이 갈린 모양이나 맛에는 어떤 차이가 있지?" ④ 수수께끼 카드를 이용하여 아이들에게 옛날 도구에 대해 문제를 내고 맞혀 보게 한다. "이것은 더울 때 사용하는 물건이에요." "오늘날 우리는 이것 대신에 선풍기나 에어컨을 사용하고 있어요." "이것은 무엇일까요?" → 맞히기 어려워하는 경우 그림자료를 보여 주면서 이름을 유추해 보도록 유도한다. ⑤ 문제를 맞히면 옛날 도구의 그림을 보여 주면서 이름을 다시 한 번 확인시켜 준다. ⑥ 수수께끼 카드의 활용방법에 대해 설명하고, 이후 자유선택활동 시간에 두 명씩 수수께끼 놀이를 할 수 있도록 한다.

활동 과정	마무리	① 옛날 물건과 오늘날 물건의 변화에 대해 정리하며, 다양한 기계와 도구의 유용함과 편리함에 대해 정리한다. ② 도구나 기계의 발명은 생활 속의 불편함에서 나온 것임을 전달하고, 지금 생활 속의 불편한 부분이 무엇인지 생각해 보고 그것을 개선할 수 있는 방법에 대해 함께 생각해 보자고 한다.
확장 활동		• 발명품 대회 출전작품 감상(국립중앙과학관 홈페이지 참고) 유명한 발명가가 만들어 낸 도구의 편리한 이용에 대해 이야기 나누고, 실제 생활에서 나온 아마추어 학생들의 발명작품을 감상한 뒤, 생활 속의 불편함을 개선할 수 있는 나만의 발명품에 대한 아이디어를 모아 본다. 가능하다면 설계도를 만들고 적절한 재료를 이용하여 만들어 보고 실제 활용 가능한지에 대해서 확인해 본다.

사진자료: 활동의 실례

맷돌

수수께끼 그림카드: 옛날과 오늘날의 도구

4 도구와 기계

1) 도구와 기계의 편리함

활동명		❷ 도구와 기계의 종류
활동목표		여러 가지 생활도구의 기계와 종류를 알아보고, 용도에 맞게 분류하는 활동을 통해 도구 이용의 편리함에 대해 이해한다.
대상연령		만 3~4세
준비물		'다양한 도구와 기계' '주방' '창고' '책상' '청소함' 제목 글자, '기계' 바닥이 지저분한 교실 그림, 주변에서 접할 수 있는 도구 및 기계 그림 카드(믹서기, 체, 계량저울, 병따개, 망치, 전동드릴, 못, 톱, 빗자루, 쓰레받기, 먼지털이, 청소기, 가위, 스테이플러, 자, 컴퓨터 등), 주방, 창고, 청소, 아이 방(문구), 융판
활동 과정	사전준비	다양한 종류의 도구와 기계 그림을 준비하여 융판 윗부분에 붙여 두고, 이를 분류할 수 있도록 주방, 창고, 청소함 책상의 제목 글자를 만들어 코팅한 뒤 카드를 붙일 수 있도록 찍찍이를 붙여 준비해 둔다.
	도입	바닥이 지저분한 교실 그림(작은 종이 조각과 지우개 가루 등이 많이 떨어져 있는 상황)을 보여 주며 교실을 정리하려고 하는데 어떻게 하면 좋을지에 대해 이야기 나누고 도구와 기계의 필요성에 대해 이야기 나눈다. "재미있게 놀고 났더니 교실이 지저분해졌어요. 교실을 깨끗이 하려면 어떻게 해야 할까요? 무엇이 있으면 도움이 될까?" "청소를 해요." "빗자루요." "쓰레받기, 청소기, 걸레 등이 필요해요." "맞아요. 청소하는 도구나 기계가 있으면 힘을 덜 들이고 빠른 시간 안에 교실을 정리할 수 있어요."
	전개	① 그림 카드를 보며 우리가 일상에서 사용하는 편리한 도구에 대해서 이야기 나눈다. "우리가 주변에서 사용하고 있는 도구와 기계에는 어떤 것이 있을까? 그 도구를 본 적이 있니? 어디서 보았니? 이름은 무엇이지? 어떤 때 어떻게 사용하니?" ② 같은 일을 하기 위해 함께 쓰이는 도구끼리 분류하고 각 용도에 대해 이야기 나눈다. "이 중에서 요리를 할 때 주방에서 필요한 도구는 어떤 것일까?" 아동이 나와서 그림 카드를 선택하여 각 상황에 맞는 코팅지에 붙이도록 한다. 분명하게 선택하지 못하는 도구 및 기계는 그림 카드를 보여 주며 함께 구분해 보고, 그림 카드 이외에 각 상황에서 이용할 수 있는 다른 도구와 기계에 대해서도 이야기 나눈다. ③ 상황별로 분류한 코팅지를 이용하여 다른 도구와 기계로는 어떤 것이 있는지, 그 물건이 없을 때와 있을 때 어떤 차이가 있는지에 대해 생각해 본다. "이것 이외에 주방에서 사용하는 다른 도구나 기계로 어떤 것이 있을까? 그것이 없다면 어땠을까?"

활동 과정	마무리	다양한 기계와 도구의 유용함과 편리함에 대해 정리한다. 도구나 기계의 발명은 생활 속의 불편함에서 나온 것이므로 생활 속의 불편한 부분에 대해서 생각해 보고, 편리한 도구나 기계에 대해 생각해 보자고 한다.
확장 활동		• 도구와 기계의 차이 도구와 기계는 움직이는 힘이 다르다는 것을 이야기하고, 기계를 움직이는 여러 가지 힘에 대해 이야기 나눈 뒤, 위에서 다룬 여러 가지 도구와 기계를 '도구'와 '기계'로 분류해 본다.
사진자료: 활동의 실례		 도구와 기계 분류하기

4 도구와 기계 2) 생활 속의 도구

활동명		❶ 도르래
활동목표		도르래의 원리를 이해하고, 생활에서 도르래의 원리를 활용한 물건들의 편리함에 대해 안다.
대상연령		만 3~4세
준비물		관련 도서, 손잡이가 있는 플라스틱 양동이, 빈 실패, 리본, 쇠구슬, 노끈, 테이프
활동 과정	사전준비	관련 도서, 모래놀이에서 사용하는 작은 양동이(양동이), 청소할 때 쓰는 큰 양동이(우물 대용), CD 2장, 리본끈, 테이프심, 옷걸이 철사, 글루건
	도입	무거운 양동이를 들어 올리려면 어떻게 해야 할지 물어보며 주제에 대한 관심을 유도한다. "양동이를 들어 올리려면 어떻게 해야 할까?" "힘을 적게 들이면서 양동이를 들어 올리려면 어떻게 해야 할까?" "무거운 돌을 건축할 때 어떻게 쌓아 올렸을까?"
	전개	① 작은 양동이에 물을 3/4 정도 담는다. ② 한 손으로 들어 보고 무게가 어느 정도 나가는지 측정해 본다. ③ 도르래를 만든다. 준비된 재료를 소개하고 이를 이용하여 간단한 도르래를 만드는 방법을 설명한다. "CD 2장 사이에 테이프심을 끼운 뒤 글루건으로 떨어지지 않게 붙여 줄 거예요." "CD와 테이프심 사이로 옷걸이 철사를 통과시킨 뒤 철사를 꼬아 매듭을 만들어 줍니다." ④ 도르래를 이용하여 작은 양동이를 들어 본다. 50cm 정도 되는 리본의 끝을 작은 양동이 손잡이에 묶는다. 리본을 도르래의 테이프심에 걸치게 통과시킨 다음 다른 쪽 리본의 끝을 잡아당겨 작은 양동이가 위로 올라갈 때까지 천천히 위로 들어 올린다. ⑤ 도르래를 이용했을 때와 이용하지 않았을 때 작은 양동이를 들어 올리는 데 어떤 차이가 있는지 비교한다. ②의 경우와 ④의 경우 무게에 어떤 차이가 있는지 확인한다. "어느 경우에 무게가 적게 느껴지니?" "그 이유는 무엇일 것 같니?" → 우리가 만든 움직도르래를 사용하면 무게가 반으로 느껴진다. 왜냐하면 움직도르래는 두 개의 지지벨트를(여기서는 리본)를 갖게 되는데, 하나는 양동이에 묶어 둔 리본끈에서 도르래, 다른 하나는 도르래에서 사람의 손으로의 벨트이다. 이러한 원리가 양동이의 무게를 반으로 만든다. ⑥ 우리 주변에서 도르래의 원리를 활용한 물건에 대해 생각해 본다. → 블라인드, 기중기, 엘리베이터 등이 모두 도르래의 원리를 활용한 것이다.

활동 과정	마무리	실험내용을 정리하며, 일상에서 도르래의 원리를 활용할 수 있는 다른 방법에 대해 함께 생각해 본다.
확장 활동		• 모형 엘리베이터 만들기 주스통(혹은 우유팩) 2개, 질기고 긴 줄, 모래, 도르래용 실패, 돌림손잡이, 엘리베이터 안에 있을 사람 모형 등을 활용하여 엘리베이터를 만들어 본다. 고층건물에 올라갈 때 엘리베이터를 타고 갈 때와 걸어서 갈 때 걸리는 시간을 비교해 보고, 엘리베이터의 편리함에 대해 이해한다.
사진자료: 활동의 실례		 도르래로 양동이 들어 올리기  수원화성박물관의 거중기

4 도구와 기계 2) 생활 속의 도구

활동명		❷ 바퀴 달린 물건 만들기
활동목표		자동차와 같이 바퀴가 달려서 우리의 생활을 편리하게 해 주는 물건을 유아의 생활 속에서 찾아보고, 바퀴가 달린 물건을 직접 제작해 봄으로써 바퀴의 성질과 그 편리함을 이해한다.
대상연령		만 4~5세
준비물		바퀴가 달린 물건과 기계 사진(자동차, 자전거, 비행기, 의자, 가방 등), 교실에서 사용하는 물건 중 바퀴가 달린 물건(청소기, 상자 등), 상자, 색 시트지, 본드, 접착용 테이프, 바퀴를 만들 수 있을 둥근 폐품(화장지 심, 테이프 심 등)
활동과정	사전준비	바퀴로 인해 편리함이 더해진 물건이나 기계의 사진을 준비한다. 자동차, 자전거, 비행기, 바퀴 달린 의자, 여행 캐리어, 바퀴가 있어 옮기기 쉬운 상자 등 유아가 생활 속에서 흔히 볼 수 있는 물건이면 좋다. 본활동을 위해서는 바퀴가 달린 여러 가지 물건을 만들 수 있는 다양한 크기의 상자와 바퀴를 만들 수 있을 만한 다양한 종류의 폐품을 준비한다. 유아가 그 모양을 보고 바퀴가 물건을 디자인하는 데 영감을 얻을 수 있는 폐품이면 좋다. 화장지 심, 테이프 심, 커피전문점 음료수의 뚜껑, 요구르트 병 등 유아가 생활 속에서 흔히 접할 수 있으면서 바퀴의 둥근 성질을 나타내는 폐품으로 준비한다.
	도입	① 교실에서 유아가 흔히 보는 물건 중 바퀴가 달려 편리한 물건의 대표적인 것을 하나 골라 유아에게 보여 주며 바퀴의 편리함에 대해 이야기를 시작한다. → 예를 들어, 교사는 바퀴가 달린 장난감 상자를 보여 주면서 다음과 같이 말할 수 있다. "이렇게 바퀴가 달려 있어서 장난감이 많이 들어 무거운 상자인데도 우리가 힘을 들이지 않고 여기저기로 옮길 수 있지요?" ② 우리의 생활 속에 바퀴가 달려 있어 우리의 생활을 편리하게 도와주는 물건이나 기계에는 어떤 것이 있는지 발문한다. ③ 준비한 사진을 보여 주며 생활 속에서 바퀴가 달린 편리한 물건에 대해 이야기를 나눈다.
	전개	① 준비된 폐품자료를 보여 주며 그것들로 만들 수 있는 바퀴가 있는 편리한 물건에 대해 이야기해 본다. ② 유아는 각자 자신이 만들 바퀴가 달린 물건을 디자인해 본다.

활동 과정	전개	→ 디자인 시 교사는 유아에게 막연하게 만들고 싶은 물건을 생각하라고 권하기보다 도입활동에서 썼던 사진을 다시 제공하거나 폐품의 모양이 상기시키는 바를 발문하는 등 물건을 디자인하는 데 아이디어를 얻을 수 있도록 유아를 돕는다. ③ 상자 등으로 디자인한 물건의 몸통을 만들 때 색 시트지를 붙인다. ④ 다양한 모양의 둥근 폐품을 이용하여 바퀴를 만들어 붙인다. ⑤ 손잡이 등 필요한 세부를 제작하고 꾸민다. ⑥ 완성된 물건을 친구들에게 소개하고 그 쓰임을 보여 준다. ⑦ 교사는 유아가 발표할 때 유아가 디자인한 물건에 바퀴가 달려서 편리한 점에 대해 생각해 볼 수 있도록 발문한다.
	마무리	완성된 물건을 가지고 관련된 상황을 연출하여 극화놀이를 해 본다. 바퀴가 달린 캐리어를 만들었다면 비행기 내부를 꾸며 여행놀이를 하고, 자동차를 만들었다면 주차장 놀이를 해도 좋다. 극화놀이를 하면서 자연스럽게 활동을 마무리한다.
확장 활동		• 바람으로 가는 바퀴 만들기 우드락으로 바퀴 부분의 동그라미와 기다란 사각형 모양을 재단한다. 사각형 모양을 재단할 때는 한 면이 바퀴 부분의 반지름보다 작은 크기로 재단해야 두 개의 원을 연결하여 무난하게 바퀴를 만들 수 있다. 바퀴를 만들어 끼운 뒤 색종이 등으로 꾸민다. 바퀴를 완성한 뒤 입으로 바람을 불어 바퀴를 굴려 본다. 얇은 그림책 등으로 바퀴를 굴려 보아도 재미있다.
사진자료: 활동의 실례		 바퀴가 달린 물건, 캐리어 만들기  바람으로 가는 바퀴*

* 출처: http://cafe.daum.net/allovechild

4 도구와 기계

3) 생활 속의 기계

<table>
<tr><td colspan="2">활동명</td><td>❶ 시계 속이 궁금해요</td></tr>
<tr><td colspan="2">활동목표</td><td>시계 분해 실험을 통해 여러 가지 기계의 구조에 관심을 갖고 기계를 이루고 있는 부분과 전체의 관계를 이해하며 기계의 작동 원리를 이해한다.</td></tr>
<tr><td colspan="2">대상연령</td><td>만 4~5세</td></tr>
<tr><td colspan="2">준비물</td><td>'시계의 구조' PPT 자료 , 고장 난 시계(손목시계, 탁상시계, 벽시계 등), 여러 가지 크기와 모양의 드라이버, 부품을 담을 수 있는 접시나 종이컵, 디지털카메라 3대(내부 구조 촬영), 포스트잇</td></tr>
<tr><td rowspan="3">활동
과정</td><td>사전준비</td><td>시계의 내부 및 외부 구조와 작동원리에 대한 관련 사진자료를 활용하여 간단한 PPT 자료를 만든다. 유아와 함께 PPT 자료를 시청하며 시계의 작동원리와 구조에 대해 관심을 갖도록 유도한 뒤 시계를 분해해 보는 활동을 제안한다.</td></tr>
<tr><td>도입</td><td>모둠별로 각 기계의 외형을 관찰한 뒤 내부 구조가 어떻게 생겼을지에 대해 이야기 나눈다. "시계 내부에는 무엇이 있을 거 같니?" 모둠별로 책상에 비닐깔개를 깔고 분해를 위한 준비물을 준비해 둔다.</td></tr>
<tr><td>전개</td><td>① 시계를 분해하기 위해 드라이버를 사용하는 방법과 분해 후 관찰할 부분에 대해 이야기 나눈다. "드라이버의 모양과 크기를 살펴보고 적절한 것을 선택하도록 하며, 나사를 풀려면 오른쪽으로, 조이려면 왼쪽으로 돌려요. 날카로운 부분에 다치지 않도록 안전하게 사용해요." "시계를 분해한 다음 내부 모양은 어떠한지, 맞물려 돌아가는 곳이나 서로 연결된 선이 있는지 자세히 관찰해 보기로 해요."
- 관찰내용은 내부 모양, 즉 맞물려 돌아가는 곳이나 서로 연결된 선이 있는지 등이다.
② 내부 구조를 디지털카메라로 촬영한 뒤, 내부를 더 분해하여 어떤 것이 있는지를 탐색·비교해 보도록 한다. 이때 특이한 부품은 포스트잇에 내용을 적어 접시에 따로 구분해 두도록 한다. "시계에 들어 있는 자석 모양은 시계의 종류에 따라서 어떻게 다른가요?" "톱니바퀴를 돌리면 어떤 변화가 있나요?"
③ 시계의 겉모습과 분해과정을 통해 알게 된 내부 구조의 특징을 활동지에 기록한다. PPT 자료를 참조하여 조립과정에서 분해한 부속품의 명칭을 확인하고 부속품의 역할에 대해 생각해 본다.</td></tr>
</table>

<table>
<tr><td rowspan="2">활동 과정</td><td>전개</td><td>④ 분해한 것을 종류별로 쟁반에 담아 두었다가 관찰이 끝나면 디지털카메라로 촬영해 둔 장면을 참조하여 다시 조립해 본다.</td></tr>
<tr><td>마무리</td><td>① 시계를 분해하고 조립해 본 소감에 대해 이야기 나눈다. “시계를 분해해 보니 어땠어요?”
② 기계를 분해하고 조립하면서 알게 된 새로운 사실에 대해 정리한다.</td></tr>
<tr><td colspan="2">확장 활동</td><td>• 다른 기계 분해하기
유사한 종류의 다른 기종의 기계(예, 전화기, 라디오, 시계 등)를 모아 보고, 각 모둠별로 물건을 정한 뒤 분해하여 비슷한 점과 차이점을 비교한다. 각 기계의 분해 결과를 바탕으로 작동 원리가 어떻게 달라지는지 구체적으로 탐구해 본다.</td></tr>
<tr><td colspan="2">사진자료: 활동의 실례</td><td>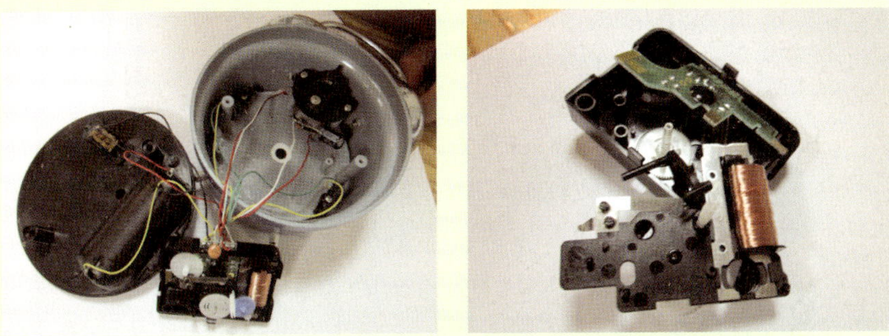
탁상시계의 내부

시계 분해하기</td></tr>
</table>

4 도구와 기계

3) 생활 속의 기계

<table>
<tr><td colspan="2">활동명</td><td>❷ 컴퓨터와 놀아요</td></tr>
<tr><td colspan="2">활동목표</td><td>우리 생활 속에 유용한 기계인 컴퓨터를 탐색하고 그 모형을 만들어 놀이함으로써 컴퓨터의 쓰임과 유용성을 경험해 본다.</td></tr>
<tr><td colspan="2">대상연령</td><td>만 4~5세</td></tr>
<tr><td colspan="2">준비물</td><td>키보드와 모니터가 있는 컴퓨터, 두꺼운 동화지, 상자, 풀, 가위, 목공용 본드, 매직, 다양한 재활용품 등</td></tr>
<tr><td rowspan="3">활동
과정</td><td>사전준비</td><td>활동을 시작하기 전에 기관에서 아이들이 컴퓨터를 접할 수 있는 시간을 갖는다. 교사가 컴퓨터를 사용하는 시간에 아이들에게 자연스럽게 컴퓨터에 대해 설명하는 것도 좋다. 또한 사전에 가정과 연계하여 아이들에게 각자 집에서 부모님과 함께 컴퓨터를 탐색하고 컴퓨터의 쓰임에 관해 부모님과 이야기 나눠 보게 한다. 각자 자신의 집에 있는 컴퓨터의 사진을 기관에 가져오도록 하는 것도 좋다.</td></tr>
<tr><td>도입</td><td>아이들이 준비한 각자의 컴퓨터 사진을 친구들에게 보여 주며 각자 자신의 집에서 어떨 때에 컴퓨터를 사용하는지, 컴퓨터를 사용하면 어떠한 편리한 점이 있는지 발표한다.</td></tr>
<tr><td>전개</td><td>① 아이들이 발표한 이야기를 정리하여 컴퓨터의 쓰임에 관해 다시 한 번 짧고 명료하게 언급해 준다. “그래요, 우리 친구들이 이야기한 것처럼 부모님은 컴퓨터로 글도 쓰시고 또 우리는 컴퓨터로 궁금한 것을 찾아보기도 하고 그러지요.”
② 준비한 컴퓨터를 보여 주며 컴퓨터의 구성에 대해 발문하고 유아의 답을 들은 뒤 간단하게 설명한다(본체, 모니터, 키보드의 구성과 각각의 역할에 대한 간략한 설명을 한다).
③ 유아에게 만약에 본인이 컴퓨터를 만든다면 어떠한 특별한 기능이 있는 컴퓨터를 만들고 싶은지 물어보고 오늘의 만들기 재료를 소개한다.
④ 전체 구성원이 4~5개 모둠이 될 있도록 전체를 적당한 인원으로 나누어 모둠을 만든 뒤 만들기 재료를 나누어 준다.
⑤ 각 모둠끼리 자신들이 만들고 싶은 특별한 기능이 있는 컴퓨터에 대해 상의해서 디자인할 수 있는 시간을 준다.
⑥ 유아가 충분히 상의하고 설계가 완료되었다면 제작을 시작한다.</td></tr>
</table>

<table>
<tr><td rowspan="2">활동
과정</td><td>전
개</td><td>⑦ 종이 컴퓨터 제작과정에서 교사들은 각 모둠을 돌아다니며 유아가 설계에 무리한 부분이 없는지 살피고 필요하다면 유아의 설계가 실현될 수 있도록 아이디어를 준다.
⑧ 뼈대가 완성되면 매직 등으로 필요한 부분을 그려 넣는다.
⑨ 각 모둠별로 자신들의 컴퓨터의 특징을 살려 이름을 지어 준다.</td></tr>
<tr><td>마
무
리</td><td>모둠별로 자신들의 종이 컴퓨터를 친구들 앞에서 발표하며 소개한다. 미리 상의한 개성 넘치는 별칭도 발표하며 자신들의 컴퓨터가 특별히 어떠한 점에서 뛰어난 기능을 가진 컴퓨터인지 설명한다. 각 모둠의 발표가 끝나면 ???</td></tr>
<tr><td colspan="2">확장
활동</td><td>• 여러 가지 블록으로 컴퓨터 모형 만들어 보기
기관에서 유아가 흔히 사용하는 여러 가지 형태의 블록으로 컴퓨터를 만들어 본다. 커다란 플라스틱 와플 블록이나 종이 벽돌 블록 등으로 모니터와 본체가 있는 컴퓨터를 만들어 본다. 유치반 아이들의 경우 자그마한 크기의 나무 블록으로 오밀조밀한 모양의 컴퓨터를 만들어 보아도 좋다. 키보드는 얇은 두께의 상자에 그림을 그려 붙여 주거나 실제 키보드를 사용하는 것도 아이들의 흥미를 유발할 수 있다.</td></tr>
<tr><td colspan="2">사진자료:
활동의 실례</td><td>
종이로 만들어 본 컴퓨터</td></tr>
</table>

참고문헌

곽향림(2002). 구성주의 관점에서 본 유아의 개념변화를 위한 과학교수방법. 유아교육학논집, 6(1), 87-109.

권재술(1991). 학문중심과학교육의 문제점과 생활소재의 과학교재화 방안. 한국과학교육학회지, 11(1), 117-126.

교육과학기술부(2007). 유치원 교육과정 해설서.

교육과학기술부(2008). 유치원교육과정해설 Ⅲ: 표현생활, 언어생활, 탐구생활.

교육부(1998). 유치원 교육과정 해설.

권영례(2000). 유아과학교육. 서울: 학지사.

권영례(2006). 교과교육론. 파주: 양서원.

권영례, 이순형(1992). 유아수학교육. 서울: 한국방송대학교 출판부.

권주영(2007). 유아교사의 과학교수 효능감 수준에 따른 과학교육 실제에 관한 연구. 생태유아교육연구, 6(1), 85-113.

김명희, 김영천(1998). 다중지능이론: 그 기본 전제와 시사점. 교육과정연구, 16(1), 299-330.

김석중(2006). 초등과학교육론. 서울: 형설출판사.

김성일(2010). 신경교육학이 유아교육에 주는 시사점. 한국유아교육학회. 2010년 춘계학술대회논문집, 29-49.

김효진, 권민균(2007). 소집단 과학 활동이 유아의 창의성과 언어능력에 미치는 영향. 미래유아교육학회지, 14(2), 1-20.

농민신문(2010. 8. 27.). 낙농진흥회 · 낙농교육목장추진위, 용인 청계목장 답사.

문연심, 이화영(2009). 통합적 접근에 기초한 영유아 수 · 과학 교육. 파주: 양서원.

박영란(1999). 구성주의 과학활동이 유아의 과학적 문제해결력 및 과학적 태도에 미치는 영향. 중앙대학교 교육대학원 석사학위논문.

박은혜(1996). 반성적 사고와 유아교사교육. 유아교육연구, 16(1), 175-192.

송연숙(2005). 반성적 교수를 통한 예비유아교사의 과학교수행동 연구. 열린유아교육연구, 10(4), 1-22.

안경숙(2003). 유아과학 활동과 통합된 과학능력 평가도구의 개발: 과학적 태도, 탐구능력, 과학적 개념에 대한 평가. 덕성여자대학교 대학원 박사학위논문.

여성가족부(2005). 표준교육과정 공청회 자료.

우현경, 이순형(2005). 면접방식에 따른 유아의 기억 정확성 및 피암시성. 한국가정관리학회지, 23(1), 209-222.

이경민(2001). 상호작용적 교수법에 의한 과학교육이 유아의 과학적 개념 · 탐구능력 · 태도에 미치는 효과. 유아교육연구, 21(4), 261-283.

이선희, 박종석, 전미경(2007). 우리나라 과학교육 관련학회지에 게재된 피아제, 브루너, 오슈벨 이론의 연구동향 분석. 한국과학교육학회지, 27(5), 447-455.

이순형, 권혜진, 민하영, 권기남, 김혜라, 최나야(2010). 영유아 수 · 과학교육. 파주: 교문사.

이순형, 이혜승, 권혜진, 이영미, 정윤주, 한유진, 성미영, 권기남, 김정민(2008). 아동관찰 및 행동 연구. 서울: 학지사

이영자, 이기숙, 이정욱(2009). 유아교수 · 학습 방법. 서울: 창지사.

이은해(1995). 아동발달의 평가 및 측정. 서울: 교문사.

이은해, 이기숙(1995). 유아교육 프로그램 평가척도의 타당화를 위한 연구. 유아교육연구, 15(1), 157-178.

이진희(2006). 유아교육프로그램 평가의 다양성과 깊이에 대한 탐색. 유아교육연구, 26(4), 261-282.

조부경, 서소영(2000). 유치원 교사의 과학교수효능감에 영향을 미치는 관련변인 연구. 아동학회지, 22(3), 361-373.

조형숙(1998). 유아교사의 과학교수에 대한 자기 효능감. 유아교육연구, 18(2), 283-301.

최경숙, 박영아(2007). 아동의 연령에 따른 기억책략 사용의 효율성 분석. 한국심리학회지: 발달, 20(2), 59-76.

한순미(1999). 비고츠키와 교육. 서울: 교육과학사.

한유미(2003). 보육교사의 과학 교수 개인효능감에 관한 연구. 한국생활과학지, 12(5), 687-697.

한유미(2010). 유아과학교육. 서울: 창지사.

Abruscato, J. (2004). *Teaching children science: Discovery methods for elementary and middle grades* (2nd ed.). Boston: Allyn & Bacon.

Backscheider, A. G., Shatz, M., & Gelman, S. A. (1993). Preschooler's ability to distinguish living kinds as a function of regrowth. *Child Development, 64*, 1242-1257.

Baillargeon, R. (1986). Representing the existence and the location of hidden objects: Object permanence in 6-and 8-month-old infants. *Cognition, 23*, 21-41.

Baillargeon, R. (1994). How do infants learn about the physical world? *Current Directions in Psychological Science, 3*, 133-140.

Behl-Chadha, G. (1996). Basic-level and superordinate-like categorical representations in early infancy. *Cognition, 60*, 105-141.

Berk, L. E. (2005). *Infant and children: Prenatal through middle childhood* (5th ed.). Boston: Allyn & Bacon.

Berk, L. E., & Winsler, A. (1997). **어린이들의 학습에 비계설정: 비고츠키와 유아교육**(홍용희 역). 서울: 창지사. (원저는 1995년 출간)

Bess-Gene, H. (1977). *Science with young children*. Washington, DC: National Association for the Education of Young Children.

Brown, A. L. (1989). Analogical learning and transfer: What develops? In S. Vosniadou & A. Ortony (Eds.), *Similarity and analogical reasoning*. Cambridge: Cambridge University Press.

Butzow, J. W., & Butzow, C. M. (2000). *Science through childrens literature: An integrated approach*. Englewood, CO: Teacher Ideas Press.

Bybee, R. W. (Ed.). (1985). *NSTA yearbook: Science, technology, society*. Washington, DC: National Science Teachers Association.

Carey, S. (1985). *Conceptual change in childhood*. Cambridge, MA: MIT Press.

Chaillé, C., & Britain, L. (2000). **유아과학교육의 구성주의적 접근**(이종희, 김선영 공역) 서울: 교육과학사. (원저는 1997년 출간)

Chapel Hill-Carrboro City School District. (1995). *Lower elementary school curriculum*. Author. (North Carolina 주 교육 지침에 따름)

Cohen, L. B., & Amsel, G. (1998). Precursors to infant's perception of the causality of a simple event. *Infant Behavior and Development, 21*, 713-731.

Cohen, L. B., Amsel, G., Redford, M. A., & Casasola, M. (1998). The development of infant causal perception. In A. Slater (Ed.), *Perceptual development: Visual, auditory, and speech perception in infancy*. Hove, UK: Psychology Press.

Denver Public Schools. (1992). *Denver public school curriculum cheeklist-ECE. K-4 grades*. Denver, Co.

Flavell, J. H., Miller, P. H., & Miller, S. A. (2003). 인지발달(정명숙 역). 서울: 시그마프레스. (원저는 2002년 출간)

Fleer, M. (1995). The importance of conceptually focused teacher-child interaction in early childhood science learning. *International Journal of Science Education*, *17*(3), 325-342.

Gardner, H. (1993). *Frames of mind: The theory in practice*. New York: Basic Books.

Gelman, R. (1990). First principles organize attention to and learning about relevant data: Number and the animate-inanimate distinction. *Cognitive Science*, *14*, 79-106.

Gelman, R., Spelke, E. S., & Meck, E. (1983). What preschoolers know about animate and inanimate objects. In D. R. Rogers & J. A. Sloboda (Eds.), *The acquisition of symbolic skills*. New York: Plenum.

Granger, E. M., Bevis, T. H., Saka, Y., & Southerland, S. A. (2009). Learning about space science: Comparing the efficacy of reform based teaching with a traditional/verifications approach. Paper presented at the American Association for Educational Research, San Diego, CA.

Greco, C., Hayne, H., & Rovee-Collier, C. (1990). Roles of function, reminding, and variability in categorization by 3-month-olds. *Journal of Experimental Psychology*, *16*, 94-134.

Gredler, G. R. (1997). Issues in early childhood screening and assessment. *Psychology in the Schools*, *34*(2), 99-106.

Hayne, H., Rovee-Collier, C., & Perris, E. E. (1987). Word learning in children: An examination of fast mapping. *Child Development*, *58*, 1021-1034.

Hedden, J. W., & Speer, W. R. (1997). *Today's mathematics part 1: Concepts and classroom methods*. Upper Saddle River, NJ: Merrill.

Hunt, A. (1996). SATIS responds to new challenges. *School Science Review*,

78(283), 43-45.

Huttenlocher, P. R. (2002). *Neural plasticity: The effects of the cerebral cortex*. Cambridge, MA: Harvard University Press.

Inagaki, K., & Hatano, G. (1987). Young children's spontaneous personifacation as analogy. *Child Development*, *58*, 1013-1020.

Inagaki, K., & Hatano, G. (1996). Young children's recognition of commonalities bewteen animals and plants. *Child Development*, *67*, 2823-2840.

Jean, D. H. (1992). *Science experiences for the early childhood years*. New York: Macmillan publishing company.

Kamii, C. K. (1985). *Young children reinvent arithmetic: Implications of Piaget's theory*. New York: Teachers College Press.

Katz, L. G. (1993). *Five perspectives on quality in early childhood programs*. Urbana, IL: ERIC/EECE.

Klahr, D. (1992). Information-processing approaches in cognitive development. In M. H. Borenstein & M. E. Lamb (Eds.), *Developmental psychology: An advanced textbook*. Hillsdale, NJ: Erbaum.

Kraus International Publication. (1993). *Mathematics teacher resource handbook*. Reston, VA: Author.

Leslie, A. M. (1984). Spatiotemporal continuity and the perception of causality in infants. *Perception*, *13*, 287-305.

Leslie, A. M., & Keeble, S. (1987). Do six-month-old infants perceive causality? *Cognition*, *25*, 265-288.

Mandler, J. M., & Bauer, P. J. (1988). The cradle of categorization: Is the basic level basic? *Cognition Development*, *3*, 3-36.

Mandler, J. M., & McDonough, L. (1993). Coneption formation in infancy. *Cognitive Development*, *8*, 291-318.

Mandler, J. M., Bauer, P. J., & McDonough, L. (1991). Separating the sheep from the goats: Differentiating global categories. *Cognitive Psychology*, *23*, 263-298.

Martin, D. J. (1999). 초등과학교육 구성주의적 접근(임청환, 권성기, 송명섭, 성남희 공역). 서울: 시그마프레스. (원저는 1997년 출간)

Martin, D. J. (2001). *Constructing early childhood science*. New York: Delmar.

Martin, D. J. (2006). *Elementary science methods: A constructivist approach* (4th ed.). Belmont, CA: Thomson Wadsworth.

Massey, C. M., & Gelman, R. (1988). Preschooler' s ability to decide whether a photographed unfamiliar object can move itself. *Developmental Psychology*, *24*, 307-317.

McAfee, O., & Leong, D. (2006). *Assessing and guiding young children's development and learning* (4th ed.). Boston: Allyn & Bacon.

National Research Council. (1996). *The national science education standards*. Washington, DC: National Academy Press.

National Research Council. (2000). 국가과학교육 기준(서혜애, 오필석, 홍재식 공역). 서울: 교육과학사. (원저는 1996년 출간)

NCTM. (1989). *Curriculum and evaluation standards for school mathematics*. Reston, VA: Author.

Nelson, C. A. (2002). Neural development and lifelong plasticity. In R. M. Lerner, F. Jacobs, & D. Wertlieb (Eds.), *Handbook of applied developmental science* (Vol. 1. pp. 31-60). Thousand Oaks, CA: Sage.

Oakes, L. M., & Cohen, L. B. (1990). Infant perception of a causal event. *Cognitive Development*, *5*, 193-207.

Paulson, F. L., Paulson, P. H., & Meyer, C. A. (1991). What makes a portfolio a portfolio? *Educational Leadership*, *48*(5), 60-63.

Piaget, J. (1929). *The child's conception of the world*. New York: Harcourt Brace.

Prairie, A. P. (2005). *Inquiry into math science and technology for teaching young children*. Clifton Park, NY: Thomon Delmar Learning.

Quinn, P. C., & Eimas, P. D. (1996). Perceptual cues that permit categorical differentiation of animal species by infants. *Journal of Experimental Child Psycholgy*, *63*, 189-211.

Rosengren, K. S., Gelman, R., Kalish, C. W., & McCormick, M. (1991). As time goes by: Children' s early understanding of growth in animals. *Child Development*, *62*, 1302-1320.

Seifert, K. L. (1993). Cognitive development and early childhood education. In B. Spodek (Ed.), *Handbook of research on the education of young children* (pp. 9-23). New York: Macmillan.

Seifert, K., & Hoffnung, R. (2000). *Child and adolescent development* (5th ed.). Boston, MA: Houghton Mifflin Company.

Settlage J., & Southerland S. A. (2007). *Teaching science to every child: Using culture as a starting point*. London: Routledge.

Shaffer, D. R. (2000). *Developmental psychology: Childhood and adolescence* (6th ed.). Belmont, CA: Wadsworth/Thompson Learning.

Spelke, E. S. (1994). Initial knowledge: Six saggestions. *Cognition*, *50*, 431-445.

Spelke, E. S., Breinlinger, K., Macomber, J., & Jacobson, K. (1992). Origins of knowledge. *Psychological Review*, *99*, 605-632.

Taylor, M. G. (1996). The development of children' s beliefs about social and biological aspects of gender differences. *Child Development*, *67*, 1555-1571.

Walker, D. (1990). The evaluation of SATIS. *School Science Review*, *72*(259), 31-39.

Weiss, I. R., Nelson, B. H., Boyd, S. E., & Hudson, S. B. (1989). *Science and mathematics education briefing book*. Washington, DC: National Science Teachers Association.

Willatts, P. (1989). Development of problem-sloving in infancy. In A. Slater & G. Bremner (Eds.), *Infant development*. Hillsdale, NJ: Erlbaum.

Wood, D., Bruner, J., & Ross, G. (1976). The role of tutoring in problem solving. *Journal of Child Psychology and Psychiatry*, *17*, 89-100.

Yager, R. E., & Tamir, P. (1993). STS approach: Reasons, intensions, accomplishments and outcomes. *Science Education*, *77*(6), 637-658.

Younger, B. A., & Cohen, L. B. (1986). Developmental change in infant' s perception of correlations among attributes. *Child Development*, *57*, 803-815.

참고 사이트

Carolina Curriculum for Science and Math, http://www.carolinacurriculum.com.

LHS(Lawrence Hall of Science), http://www.lawrencehallofscience.org.

NSRC(National Science Resources Center), http://www.nsrconline.org.

찾아보기

저자소개

◆ 이순형

서울대학교 대학원 아동학 전공 박사
덕성여자대학교 교수 역임
한국아동학회 인간발달학회 회장 역임
서울대학교 생활과학대학 어린이집 원장 역임
현재 서울대학교 아동가족학과 교수
　　서울대학교 생활과학연구소 다문화센터장

◆ 김헤라

서울대학교 대학원 아동학 전공 박사
서울대학교 어린이집 주임교사 역임
서울대학교 생활과학연구소 연수연구원 역임
서울대학교 소비자아동학부 강사 역임
현재 대덕대학 유아교육과 교수

◆ 권미경

미국 뉴욕대학교 유아교육 석사
미국 스테이든 아일랜드 몬테소리학교 교사 역임
신구전문대학 겸임교수 역임
서울대학교 대학원 아동학 전공 박사
현재 숭의여자대학 유아교육과 교수

◆ 서주현

서울대학교 대학원 아동학 전공 박사
국민체육진흥공단 어린이집 교사 역임
한국방송통신대학교 유아교육과 강사 역임
현재 서울대학교 소비자아동학부 강사

◆ 전가일

서울대학교 대학원 아동학 전공 박사 수료
하이닉스 어린이집 주임교사 역임
서울대학교 어린이집 주임교사 역임
수원대학교 교육대학원 강사 역임
현재 한국은행 어린이집 원장

◆ 김유미

서울대학교 대학원 아동학 전공 박사 수료
하이닉스어린이집 원감 역임
한국방송통신대학교 유아교육과 조교 역임
한국방송통신대학교 유아교육과 강사 역임
현재 국민체육진흥공단어린이집 원장

◆ 임여정

서울대학교 대학원 아동학 전공 석사
서울대학교 대학원 아동학 전공 박사과정
서울대학교 소비자아동학부 조교 역임
한국방송통신대학교 평생대학원 유아교육과 조교 역임
현재 하이닉스 어린이집 원장

◆ 김은영

서울대학교 화학교육과 학사
중등학교 과학교사
한국방송통신대학교 유아교육과 학사
서울대학교 대학원 유아교육 석사
서울대학교 생활과학대학 어린이집 과학교사 역임
서울대학교 대학원 아동학 전공 박사 수료

◆ 심도현

울대학교 대학원 아동학 전공 석사
서울대학교 대학원 아동학 전공 박사과정
현재 서울대학교 어린이집 교사

유아 과학교육

2011년 3월 10일 1판 1쇄 인쇄
2011년 3월 15일 1판 1쇄 발행

지은이 • 이순형 · 김혜라 · 권미경 · 서주현 · 전가일
김유미 · 임여정 · 김은영 · 심도현

펴낸이 • 김진환
펴낸곳 • (주) 학지사
121-837 서울특별시 마포구 서교동 352-29 마인드월드빌딩 5층
대표전화 • 02)330-5114 팩스 • 02)324-2345
등록번호 • 제313-2006-000265호

홈페이지 • http://www.hakjisa.co.kr
커뮤니티 • http://cafe.naver.com/hakjisa

ISBN 978-89-6330-620-9 93370

정가 18,000원